人權與國際關係

作者：David P. Forsythe

譯者：高德源

廖福特 博士　　推薦

弘智文化事業有限公司

Divid P. Forsythe

Human Rights
in International
Relations

Chinese edition copyright © 2002
By Hurng -Chih Book Co.,Ltd..
For sales in Worldwide.

ISBN 957-0453-68-0

Printed in Taiwan, Republic of China

目　錄

推薦序
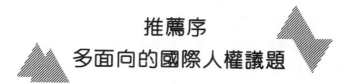
多面向的國際人權議題

　　國際人權議題的思索是多面向的，其可是司法判決的探討，也可以是政治運作之探究；其可是國內問題，更可能是普世人權架構的國際議題；其可是自由主義思考的理想實踐，亦可能是現實主義下的無奈，而Forsythe教授的《人權與國際關係》便是在此多層交錯中的思考。

　　誠如Forsythe教授所論證的，人權一直存在於國際關係中，也就是說人權議題不只是國內問題，而國際社會均無法插手，相對地基於普世人權之價值，人權議題是國際關係中重要議題之一環。然而從另一層面觀之，多數國際人權之落實卻無法向國內法律制度一般，可經由法院判決與執行而實踐之，於是只有部分區域國際組織，特別是歐洲理事會系統下的歐洲人權法院，才能透過所謂的「硬性法律」直接實踐，因而國際人權有相當部分是經由「軟性法律」的推動，這恐怕是從國內法律思考人權議題者所必須調整之心態。然而沒有全面性的硬性法律實踐就代表著絕望的開始嗎？那到不必然！雖然國際關係中充滿著現實主義之思考，但是在現實主義思考中，國際人權

體系的發展卻是相對地比其他國際法系統還要完整，而國際人權體系可說是在現實主義的環境中注入自由主義的思考，哪是一種在現實中實踐理想的堅持。

　　第二次世界大戰後其實才是國際人權理念發展及實踐的重要時期，五十多年來國際上建構了許多重要的人權機制及條約，這些人權機制及條約形成了國際人權系統，當然這也就牽涉國際人權規範的形成與實踐，而國際人權條約涉及各種權利議題，諸如政治權、經濟權、發展權等，人權實踐者更可能擴及國際組織、區域組織、國家、非政府組織及跨國公司，因為國際人權之研究有關龐大的議題及多元實踐者，剛入門者非常需要一本精簡扼要之導論書籍，而Forsythe教授的《人權與國際關係》正是屬於這種類型之作品，因為此書可說是Forsythe教授三十多年來研究成果的精華濃縮，其以洗鍊之筆法與結構探討國際人權規範之形成及實踐，無疑地是一本重要的國際人權書籍。

　　飽受國際封鎖的台灣遠離了國際組織，相對地在台灣國際人權體系亦是一塊陌生的處女地，多年來我們一直缺乏國際人權的著作，中文版的《人權與國際關係》當然可以增進國內對國際人權之瞭解。但是更深一層的問題是，翻譯國外知名著作就是我們的終極目標嗎？答案顯然應該不是的，盼望這本譯作只是一個美好未來的開始，未來我們應該有自己的國際人權著作，甚至將著作帶到國際上。這不也是國際人權多面向的一環！一方面將國際人權帶回國內，另一方面當台灣有能力時，也應該對國際人權有所貢獻。

廖福特　博士

中央研究院歐美研究所助研究員

譯 序

　　《人權與國際關係》是由「劍橋大學出版社」在公元二千年所出版。本書與《現實主義與國際關係》是屬於同系列三本書籍的第二本，另外還有一本為《國家與國際關係》，亦將由「弘智出版社」一併出版。在此仍先感謝李茂興先生的全力配合與幫忙。

　　在完成《現實主義與國際關係》的譯文之後，我就開始著手進行《人權與國際關係》的翻譯。本書的內容相當淺顯易懂，對於國際社會在人權議題上的討論與國際人權建制的發展，都有相當清楚的介紹與說明。民國八十九年十月二十四日，陳水扁總統宣佈成立「總統府人權諮詢小組」，稍早行政院也成立了「人權保障推動小組」，未來我國更將成立「國家人權委員會」。人權已然成為我國所積極重視的民主概念之一。承蒙對人權法有深入研究，同時也身兼「總統府人權諮詢小組」委員的中央研究院歐美研究所廖福特教授替本書撰寫引言，在此也必須表示萬分謝意。

　　與「現實主義」不同的是，人權可說是「理想主義」下的

產物。如何以發揚人權概念，推動人權運動的方式，讓世界各
國能夠繼續朝著民主、自由的大道前進，相信也是吾人所必須
重視的問題。對一般社會大眾而言，透過本書的內容，相信可
得到人權發展的初步概念；對研究政治學、社會學、國際關係
的學生來說，本書也是必備的扼要參考書之一。

　　此書在相當短的時間之內翻譯完成，內容若有失當之處，
當由本人全權負責。讀者若對本書內容有任何建議與疑問，可
與我聯絡。我的E-Mail是 gilbertkao@yahoo.com.tw。

高德源

2002.07.29

前 言

　　本書的主要訴求對象，是以對國際關係有興趣的學生為主。然而，儘管此書所要探討的範圍與所欲達到的目標，與我早期所寫的另一本著作（二版）相近，但是我並不打算將此書變成該書的第三版。相對地，我決定重新思考此議題，並著手撰寫一本關於人權的新作品。眾所周知，隨著冷戰的結束以及共產主義在歐洲地區的崩解，國際關係已然出現巨大的變化。也因此，若只是對早期的著作加以修訂，必然無法解釋當前的局勢，其內容也顯得不夠充分。

　　我的重點將放在政治與外交程序之上。我試圖在本書裡解釋、回答下列有關人權標準的問題：（1）形成人權標準的原因與方式；（2）人權標準如何與為何會影響主權國家的概念意圖；（3）人權標準比其它價值與目標較不重要的原因；（4）除了提升人類尊嚴與社會公義的目的外，還會基於哪些目標而運用人權標準；以及（5）人權標準如何且為何會改變（國家之）行為以改善人類的生活環境。我運用特定的法律個案與重要的

現勢，主要是為了指出決策過程與國際人權的關連性。大抵來說，我認為法律與法律個案都是政治與外交的衍生物。但是我並不打算進一步說明、總結特定人權組織與法院的重大決定與判決。相對地，我只會這些決定與判決的重要性，與彼此之間的相關性提出我個人的看法。我的主要目標，主要還是為讀者勾勒出在國際關係裡，有關人權之相關決策過程的背景，讓讀者可以對人權有概略的瞭解。此外，我之所以提供讀者一個程序分析的（大）架構，主要是為了讓讀者能夠隨時將他們認為重要的元素加入這個架構之中。

　　在本書中，我試圖指出下列兩項重要的趨勢：

　　1、在二十世紀的後五十年裡，人權在國際關係中的變化程度；以及

　　2、在自由傳統的基礎上，使個人人權與由現實主義途徑所主導的國家體制人權協調、合作的困難程度。

　　在說明上述趨勢的同時，我也將反覆解釋人權（human rights）與人道事務（humanitarian affairs）之間的差異。從法律層面與傳統觀念來看，人權是與和平時期裡的基本個人權利有關；而在戰爭時期與其它特殊情況下，對受害者的保護與援助，則是屬於人道事務的範疇。國際人權法與國際人道法，是屬於不同的法律，同時也有不同的歷史背景，其運用的時機與情況也有所不同。但是，在國際關係領域裡，其實並沒有一道相當清楚的分野，來區分不同種類的法律。各種法律間的區隔有時甚至形同虛設。舉例來說，波士尼亞在一九九二年至一九九五年間所發生的戰爭，究竟是國際性戰爭，或者是內戰，或者二者皆是，又或者根本不屬於這二個類別？派遣地面

部隊行動是否很重要呢？索馬利亞在一九九二年至一九九五年的局勢屬於哪一種？一九九八年至一九九九年在柯索夫發生的動亂又屬於哪一種？聯合國（United Nations，簡稱UN）提出所謂的「複雜的非常時刻」（complex emergency）所指為何？我所要強調的論點如下：包含許多不同行為者的國際社會，對身陷可怕處境的人們越來越感到興趣，不管這些困難處境是在和平時期出現，或是在戰爭裡出現，抑或是兩種時期交錯的時候亦是如此。如果國家不能維持一種具有人性的秩序，那麼國際社會就可能得採取若干必要的步驟，這些步驟有時與人權有關，有時則與人道法與外交有關。因此，我們不但必須對有關人權的法律與外交行為有所認識，同時也必須對〈日內瓦公約〉（Geneva Convention）、〈戰爭受難者協議〉（Protocol for the victims of war），以及長期以來作為人道傳統之捍衛者與實踐者的「國際紅十字會」（International Committee of the Red Cross，簡稱ICRC）有更進一步的瞭解。換言之，在我定義下的人權，不但具有廣泛的意涵，同時也具有實用價值－包括戰爭時期與政治動亂中的人權。

　　本書是依照兩項有用但也具有瑕疵的概念所架構而成：分析層次的概念；以及組織會為，或可能為人權而行動的概念。就前者而言，在一段簡單的介紹之後，我將從全球層次（聯合國）開始探討，接著討論區域性（在歐洲與西半球，以及非州）、與國內層次（國家的外交政策）、一直到次國家層次（非官方之人權團體與跨國公司）。換言之，我將討論的全球行為者，例如聯合國與相關的國際戰犯法庭；區域性組織包括歐洲議會、歐洲聯盟、歐洲安全暨合作組織、美洲國家組織，以及

非洲統一組織等；另外則以比較的觀點來解析不同國家的外交
政策（尤其是美國的外交政策）；非官方之人權團體（例如AI，
國際特赦組織）；國際救濟組織（例如ICRC，國際紅十字會）；
國際慈善組織（例如Oxfam，牛津饑荒救濟委員會）；以及跨
國公司，例如「耐吉」（Nike）與「皇家荷蘭殼牌」（Royal Dutch
Shell）石油公司等。這個結構對於組織一個持續發展的資訊體
成爲一個介紹性的概述，可說相當有用。

　　然而，我也必須承認這個結構仍是有缺陷瑕疵的。此結構
並未包含任何關於這四個分析層次的神奇力量。有其他一些作
者甚至使用過更多或更少的分析層次。同時，我們也可以將某
個層次引介到其它層次之中。聯合國是由許多國家代表，以及
許多非由國家所指揮的個人所組成。因此，當我們討論到聯合
國的人權行動時，就必須同時探討、處理關於國家之外交政策
的問題。同樣地，當我們分析到跨國公司對人權的影響時，尤
其是對勞工權利的影響，我們必須同時討論關於國家與傳統人
權提倡團體的角色，例如「人權律師委員會」（Lawyers Com-
mittee for Human Rights，簡稱LCHR）。

　　除了本書所強調的這些行爲者之外，國際間仍有許多其它
爲人權而奮鬥的行爲者。舉例來說，我們可以另外以一個章節
的篇幅來介紹宗教組織，而不是將這些組織納入那些傳統人權
提倡團體，例如「人權觀察」（Human Rights Watch，簡稱
HRW）的人權運動之中。此外，我們也可另行構想以獨立的一
章，來探討傳播媒體與人權之間的關係。

　　然而，基於本書的主要目的，亦即對人權在當代國際關係
中的地位作一簡單的概述，以及出版社給我的篇幅限制等因
素，藉由組合不同的分析層次與對不同行爲者的探究，我們可

以此書中得到精確的檢視。不過，此書提出的觀點畢竟還是一個概論性的敘述。因此，本書並不打算自封為敘述國際人權最貼切的著作。

除此之外，我也試圖將過去三十年來，個人對於國際人權的觀點融合在此書之中。如果讀者發現書中引用了我自己過去的著作，那並不代表我太渴望見到我的名字出現在參考註釋之中。就像其他在某一領域中學有專精的作者一樣，我也試圖要把我過去所累積的—以及經過修正的—各項想法，用一種融會貫通的方式，呈現在這本書中。

當然，在此書的寫作與出版的漫長，且往往是迂迴的過程中，有許多友人一直協助我反覆修正我的思維與論點。其中，對我幫助最大的，莫過於就是Jack Donnelly了，儘管某些人會認為他和我乃是在編寫有關人權之大學教科書上的競爭者。當我為政治系的學生出版第一本教科書時，他立即完成一本內容近似於我著作的第二版的教科書。現在，儘管我認為此書至少也會與他近期的著作有所競爭。但是，他卻指定他的學生必須要先讀我的這本著作，我十分讚揚他的推薦，並且也要求我的學生必須閱讀他的著作，而我也十分樂於誠心感謝他對此書所提供的幫助。我可以很欣慰地說，與其把Jack當成是我的競爭對手，倒不如說他是一位具有和我相同研究興趣的同事。

此外，我也要特別感謝Peter Baehr，因為他邀請我到荷蘭的「人權調查研究院」（Research School of the Study of Human Rights，屬於University of Utrecht）擔任訪問學者，使我有絕佳的機會，能夠專心致力於此計畫的研究。Peter在看過本書的若干內容後，也給了我許多極為精闢的評論。另外，「內布拉斯加—林肯大學」（University of Nebraska-Lincoln），尤其是學院院長 Brian Foster 的支持，對我在烏特勒支（Utrecht）的停留時間一直予以通融，讓我有足夠的時間能夠完成這個計畫。同時，我也應該要感謝「日內瓦大學」（University of Geneva）的「國際學習研究生院」（Graduate Institute of International Studies），邀請我到該校擔任訪問教授，使我能在學校裡完成本書的最後修訂。Danny Warner 則是一再提供協助，安排我造訪與國際人權有密切關係的城市。

除了 Donnelly 教授與 Baehr 教授外，我也要感謝許多預先讀過本書全文，或部分草稿的友人，感謝這些人願意提出獨到的評論，讓我能進一步修訂此書的內容：William P. Avery、David R. Rapkin、Jeffery Spinner-Halev，以及 Claude Welch。

我還要特別感謝 Ms. Barbara Ann J. Rieffer，也就是我的研究助理，從旁協助本書的準備工作。她不但提供了許多技術性的援助，同時也提出若干重要的評論，並協助我進行本書的修訂工作。

另外，Ms. Monica Mason 則是在本書最終版本完成的過程中，擔任我的研究助理，也提供了相當大的幫助。

最後必須一提的是，「劍橋出版中心」（Cambridge University Press）的 Mr. John Haslam，他是最善解人意，也是最體貼的編輯。儘管在寫作的過程中，有一些事情超出我的控制，因而一再延誤此書的完成日期，他也能一直耐心等待，使本書終於能夠出版上市，在此必須一併提出感謝。

第一部分

基　礎

∞ 第一章 ∞

導讀：國際關係中的人權

一直以來，人權向來都被認為是等同於一個人的基本道德權利，而這些權利正是人類自尊賴以為繼的必要條件。因此，人權乃是達到更偉大之社會目標的方法，同時，人權也是一種法律制度，能夠隨時指引我們，讓我們瞭解究竟哪些是社會裡的基本權利。儘管人權被認為是不能讓渡與奪取的，而且人權也是屬於人類的道德特性，國家不能加以否認，但是，權利卻仍然必須被人類加以明確地界定—換言之，被建構—同時必須將這些清楚地納入法律制度之中。[1] 雖然相關理論對於人權的討論已經有相當長的歷史，同時也偶爾被加以實踐，例如十八世紀時，為了創造獨立自主國家而發生之美國與法國革命，就是以人權作為主要號召。但是，即使人權具有普遍性的特質，但卻依舊是屬於國家內部的事務，不管你是否同意此點看法，一直到了一九四五年，全球國際法才真正對人權概念表示認同。

本書的主要目的，乃是企圖在此二十一世紀的開端，對人

權在國際關係中之地位演進，作一詳盡的探討與分析。因此，
此篇擴大的論文的主要宗旨，便在於詳細描繪出解放國際關係
的各項努力—使國際關係能夠符合自由主義者所描述之良好社
會。從古典自由主義者的觀點來看，良好的社會，必須以尊重
個體間的平等與自治爲基礎，而確保此一基礎的方法，就是透
過對個人之基本法律權利的認同與實踐來獲致。在此書裡，自
由主義（liberalism）也就是注重個人權利的同義字。但是，
國際關係裡的基本個體，如眾所周知，通常是指國家，而不是
個人。此外，國家主權與不干涉國家內政這二項原則，也是一
直以來被廣爲接受的論點。因此，在此書裡，現實主義
（realism）也就等於是注意國家利益—主要是指安全—以及國
家權力的同義字。職是之故，談論這個國際人權的議題，也就
是試圖將自由主義的概念投射在一個現實主義的世界裡—亦即
一個數世紀以來，都是由國家與其集體利益所統治的世界。[2]
在第二章裡，我將對這些概念作進一步的探討與分析。

　　若我們套用Charles Dickens的話，那麼當代國際關係裡
的人權表現，正代表著最光明與最黑暗的時代。[3]在第二次世
界大戰結束後之半個世紀裡，對於那些受到國際認同之人權標
準，不管是在法律理論與外交實踐上，確實產生了實質的革命
性發展。過去不被〈國際聯盟公約〉（Covenant of League of
Nations）認同的人權字眼，現在也被寫入〈聯合國憲章〉
（United Nations Charter）之中。聯合國（United
Nations，簡稱UN）的成員國也透過談判而通過關於權利的國
際法案，並且配合其它條約與宣言的配合與補充，承認、接受
人類確實具有某些基本法律權利，而且必須被予以尊重。在一
九九〇年末，約有一百四十個國家（在一九九九年時，聯合國

共有一百八十五個成員國）願意正式接受並遵守〈公民與政治
權利國際公約〉（International Covenant of Civil and
Political Rights），與〈經濟、社會與文化權利國際公約〉
（International Covenant of Economic, Social, and Cul-
tural Rights)的相關規定。此外，有些區域性的發展更是讓
人印象深刻。舉例來說，歐洲議會（Council of Europe）不
但同意通過一項區域性的公民與政治權利公約，同時也成立一
個國際法庭，以審理因為此一條約所引起之各項爭議。甚而，
西半球的國家也通過一項關於人權的區域性條約，並組織一個
超國家的法庭，以通過各項具有約束力的判決。公元一九四九
年的〈日內瓦公約〉（Geneva Conventions），幾乎是由當時
世界上所有的國家共同簽署同意；這些簽署國認為若干人道價
值必須受到絕對的尊重，他們並且將此觀念奉為圭臬，即使是
某些主張武力衝突的國家或組織團體，也接受此一觀念。到了
一九九三年秋天，聯合國大會（United Nations General
Assembly，簡稱UNGA)亦通過設立「人權事務高級專員」（High
Commissioner for Human Rights）一職。在一九九〇年代中
期，聯合國安全理事會（UN Security Council，簡稱UNSC）
成立了一個國際戰犯法庭（international criminal
court），用來審判那些在前南斯拉夫與盧安達犯下違反戰爭
法、進行種族滅絕，以及違反人道之種種罪行的行為者。繼一
九四〇年代的紐倫堡與東京大審之後，再次將國際戰犯的罪行
公諸於世，並做出公正的判決。到了一九九八年的夏天，在羅
馬舉辦的一項外交會議中，與會諸國並通過了與上數兩個特別
法庭類似之一個具有司法審查權之常設國際戰犯法庭的相關法
令規章。

　　其它的發展也同樣顯示出一項重要特點，那就是人權不再必然或總是屬於國家內部的司法審查事務。甚而，國家原則上應當對國際社會展示其對待所有國民的情況與表現。不可否認，國際關係牽涉的議題不僅只有戰爭與貿易，而且也包含了人權議題。至此，人權已然被國際化，而受到國際認同的權利，也已經具有常規化的特質。國際關係牽涉的面向，同時也包括了對於政策問題之公共管裡的治理面向。[4] 而對人權的關注，也就是屬於此一國際治理的一部分。的確，有關個人之平等價值、自由，與福利的考量，也對許多國家的憲法，以及許多國內的公共政策產生莫大的影響。自從一九四五年以來，這些對於個人自治、尊重，與福利的考量，透過若干重要的方式，也開始對國際關係產生（重大的）影響—不管究竟整個世界的權力分配是兩極體系、多極體系，抑或是單極體系。[5]

　　然而，另一方面，我們也可以看到許多慘絕人寰的情景。舉例來說，世界上或許沒有任何其它事件，會比中國在一九五八年至一九六二年間，因爲毛澤東政權所引起的飢荒而吸引更多人的注意，在這四年的飢荒內，估計約造成三千萬人死亡。[6] 然而，國際社會不但沒有對此一事件有任何回應，許多局外人甚至否認國際間正在發生，或曾發生過這麼一個造成無數人命損失的悲慘事件。如果我們以人命損失的數量來估算，那麼，因爲毛澤東主政時期所發生的飢荒而損失的人命，將使他成爲比Hitler或Stalin更爲殘暴的謀殺犯。從許多次大規模的謀殺與造成大量死傷的悲慘事件來看，二十世紀在許多方面來說，都無疑不是一個自由主義價值得到實踐的美好時代。據估計，在二十世紀裡，約有三千五百萬人死於武裝衝突之中；但是或許有一億五千萬至一億七千萬人是死於政治謀殺，或者

可以事先加以預防或減緩的大規模不幸事件，換言之，這一億數千萬人都是喪命於自己的政府手中。[7]

即使是在歐洲共產主義國家垮台，以及在中國與越南等地的共產主義經濟終止後，仍有許多人抱持著傳統的觀點，認為國際關係依然是一個危險的賽局，而那些期待國際社會會因為確保人權而採取堅定果決行動的人，根本就是太過於天真樂觀。[8] 因此，冷戰的結束，並不意謂著「現實主義者」就此讓出主導地位，相對地，他們認為必須繼續將國際關係中追求人權的論點束之高閣，並強調傳統國家對自我利益之追求的優先性。的確，這種現象雖然諷刺，但卻是相當真實的。因為那些民主現實主義者，例如Henry Kissinger等人，不管他們在其國內可能以自由主義者自居，而表現出對民主與人權十分支持，然而，他們卻隨時準備要犧牲外交權利(foreign rights)與外交民主（foreign democracy），以實踐或提升國家的利益。毫無疑問地，民主社會確實擁有自保的集體權利。但是，真正的矛盾在於一個民主的社會是否應該犧牲其他人的人權，以換取該社會的安全與繁榮。然而，就連那些對國際人權感到同情的評論者，亦同意無政府狀態下的國際關係—即缺少中央政府—正代表著在國家相互激烈競爭的環境裡，實在很難將人權議題的考量，加入原本就相當狹窄的政策範圍內。[9]

本書的焦點主要在探討第二次世界大戰以來國際關係中的人權相關議題，將同時分析彼此競爭的自由主義與現實主義觀點。本書亦將清楚地描繪出法律理論與政治行為間的巨大隔閡差距，也就是指官方當局如何同時認同人權標準，且有系統地違背—或無法矯正違背之行為—此一新興規範的事實。在稍後的部分中，我們將解釋為什麼法律與外交進展會幾乎無用，並

　　分析人權對道德與權宜上的影響程度。此外，本章也將同時概述反對法律—外交變革之鞏固的主要來源。因此，此處的分析將探討相關成功與失敗的國際人權行動，眾所周知，後者的例子遠比前者更為常見。同樣地，我們也將注意那些針對自由主義，而非以現實主義為對象之批評論點，例如女性主義（feminism）與馬克斯主義（Marxism）。

　　根據此書的分析，就長期的觀點來看，人權發展的整體局勢是相當樂觀的，不過短期來說，整體情況卻是相當悲觀。我們應該把當前國際關係具有騷亂動盪之特質，同時具有大量矛盾的研究結果與趨勢之事實牢記在心中。[10] 儘管如此，對政治新自由主義者而言—例如作者本人就認為國際人權是有益且是適當的，但其實際應用卻必須符合現實主義之觀點，因而常常導致困難的政策抉擇—他們會認為二十一世紀的局勢應該比二十世紀更好。雖然基於不同理由，不過我和其他觀察者一樣，對於形成一自由主義之世界秩序的長遠願景，都是抱持著一種樂觀且審慎的態度。[11]

　　在進一步提出分析之前，我們必須先承認，這個關於國際關係中之人權的探討主題實在太大也太複雜，因此，無法用一篇以宏觀角度寫成之論文中來加以解釋—或者是以完全樂觀的角度來詮釋此一概念的長期發展。不過，我們仍將以本書的其它篇幅，說明另外四個較小的主題。第一個主題，就是本章所要說明之國際社會對於人權之考量。其次要說明的主題，就是我們應該要正確的認知到人權乃是一種重要且普遍的軟性法律，而不僅僅只是偶爾出現在法院判決中硬性法律而已。第三，我們也必須注意到許多非官方行為者的種種作為，而不是只關切官方的作為。最後，我們要討論的主題，是關於國家主

權正逐漸發生根本上改變的概念，不過，其「最終」的形式
究竟為何，目前仍無從得知。

人權是歷史的終點？

　　歷史或許可能重演，然而，我們卻無法找到任何可重新回
到過去，例如十九世紀初期時之國際關係局勢的可能性。正如
前文所述，以及我們將在第二章與第三章中將進一步談論的細
節，國際關係中的人權標準與基本的外交常規，早已經出現
「制度化」的跡象。[12] 其中一項原因，亦即因為現在有許多條
約、宣言，以及各種不同的機構可以處理國際間認同的人權問
題，尤其是處理那些經過過去五十年間的國際互動，仍無法完
全解決的問題。不過，我們另外也可以看到一些更深層且更有
趣的解釋，只是其中有些被各界所接受，有些則仍受到廣泛地
爭辯。

　　眾所周知，自由民主國家組成了當前國際關係中最重要的
聯盟。而由為數眾多的自由民主國家所組織而成的「經濟合作
發展組織」（Organization of Economic Cooperation and
Development，簡稱OECD），很顯然地並不只是許多利益團
體，或者是菁英國家的代言人。相對地，這些成員國同時也共
同行使可觀的軍事、經濟，與外交權力。他們目前所形塑出的
原動力，其實已經運作了數個世紀之久：亦即國際關係的西
化。[13] 一般而言，這些國家與其內部的許多非政府行為者，已
經將人權引介到世界事務之上，這種引介的過程，在一九四五
年之後尤其明顯。

　　如果軸心國贏得了第二次世界大戰，或者共產主義集團在

冷戰中獲得勝利，今日的國際關係或許就會有呈現出相當不同的面貌─同時也對於人權的支持相信亦會比較微弱。若我們再回顧更久遠的歷史，如果保守的回教行為者打敗西方國家，取得了過去四個世紀以來的世界統治權，人權或許也不會發展地如此順利。當然，我並不是說每一個自由民主國家都打從心裡支持國際關係裡的每一個人權議題。很明顯地，事實也並非如此。法國與美國這兩個西方國家，儘管向來都認為自己是世界上其它國家應該加以效法的人權模範，但是從過去的歷史看來，這兩個國家並沒有完美的紀錄，亦曾發生過許多違反人權的行為。舉例來說，法國就十分支持那些前法屬非洲殖民地的高壓政權，甚至到了一九九○年代還是如此。另外，在一九五四年至一九六二年的阿爾及利亞戰爭期間，法國為了強化本身的軍事結構，還在當地扶植了一個暴虐政權。至於美國，委婉地來說，在冷戰期間也並沒有積極參與中美洲之自由國家的獨立運動。在瓜地馬拉、尼加拉瓜，與薩爾瓦多等地，華盛頓甚至還必須間接地為許多政治殺戮，以及其它形式之鎮壓行為負責。的確，我們可以清楚地發現，在整個冷戰期間，那些民主西方國家為了確保其內部的人權狀況，反而多次拒絕承認世界上其它地方應享有的人權。對那些自由民主國家來說，在其內部實施人權政策，往往要比將人權加入外交政策上，更為重要，且更可能得到實踐。

　　不過，絕大多數的論點還是相當令人信服的。許多具有主導性質的國際規範，與居於優勢地位的主要國際組織，大都反映出國際社會中之多數強大成員國所體認到的價值。舉例來說，「經濟合作發展組織」的組成，就可說是一個強大的國際組織，從基本規範與外交常規的角度來看，更是如此。「經濟

合作發展組織」的成員國，以及其它若干國際行為者，確實已經在國際關係上刻畫出一個自由主義的印記。然而，至少就某方面來說，有時候將國際關係看成是一種「文明的衝突」（crash of civilization），卻也是正確。[14] 因為自由民主國家內部的缺點，以及它們採用之帝國主義的外交政策，自由民主國家已經開始體認到對個人平等自治，以及對個人尊重的價值所在。歷史或許不是沿著這條直線前進，然而，若干概念確實也得到彰顯與提升。如果讓獨裁體制的中國躍居統治國際關係的角色，那麼人權在世界事務中的地位相信必會有所改變。幸運的是，「經濟合作發展組織」在可預見的未來裡，仍將繼續維持其優勢的力量與地位，也將繼續站在支持人權的一方，對這些獨裁國家施加必要的壓力。

對於人權在國際事務上的持久力，至今仍引起許多有趣卻可爭辯的解釋，不過，下列這兩項使人權保有影響力的相關因素，卻可以說是例外：國際制度的影響（意謂著國際法與國際組織不停累積之影響力），以及許多強權國家的政治影響力。此外，第三項因素則可說是政治理論與個人價值。Francis Fukuyama認為所有人類都有被他人尊敬的慾望與需求，而這種能夠滿足個人尊重的最終形式，就表現在人權概念之上。[15] 此外，他也認為歷史的演進過程使得人類逐漸對人權感到認同，因為人權的理想典型（而非是不完美的實踐）構成了人類自尊特質的最完美形式。從黑格爾學派（Hegelian）詮釋目的論的世界歷史之角度來看，自由民主國家之所以有助於人權的制度化，並不是因為它們的軍事或經濟力量，而是因為它們採用了一種無法再被進一步強化、提升的人類尊重意識型態。或者，自由民主國家之所以對人權具有一定的影響力，乃是因為這是

一種能夠合法化、正當化其國家權威的具吸引力的方法。自由
民主國家規定權力的運作，主要必須依循著個人的公民與政治
權利，與之一致符合。其它類型的國家，例如印尼與伊朗，則
或許能夠暫時獲致大眾所欲之目標，如經濟成長或符合宗教之
基本教義派的原則。但是，長期來說，這些國家卻容易出現政
權合法性的危機，因為它們是透過較卑劣的手段來合法、正當
化其政權。換言之，因為其理論上或觀念構成上的優勢，人權
將會成為一種具有持久影響力的支配性概念。既然人權已經成
為一種合法的概念，其正式—合法的勝利也無法被進一步的提
升或強化，因此，我們已經走到所謂「歷史的終結」（end of
history），同時也看到所謂之「最後一位政治人物」（last
political man）。我們也不需要擔心當前人權之實踐，不能
完全完成理論概念的問題了。

　　的確，有許多獨裁國家，尤其是回教世界與亞洲地區的國
家，對Fukuyama所提出之具體化觀點多有批評。這些政權以及
許多西方世界的菁英，從他的論點裡頭看到一種沾沾自喜的自
滿。他們總是認為人權模型，尤其是美國模式，根本就是太過
個人主義，因而有可能對整個社會的意識型態造成危害，甚至
是破壞秩序結構。這種觀點有時候也可在某些特定的亞洲價值
（Asian value）所顯現出來的優越性形式中看得到。[16] 許多
西方的觀察家也批評這種個人主義式的權利範圍，對美國內部
的情況更是不滿。[17] 此外，有些評論認為已經西方世界對於公
民與政治權利的強調已經超出正常的程度，但對於被認為是枝
微末節的權利，即經濟、社會與文化層面之人性尊嚴的重視，
則略嫌不足。還有一些人認為Fukuyama的人權觀點太過世俗性
與普遍化，因而使提供許多人生命基本意義的本土文化與宗教

感到沒有面子。[18] 甚而，有若干觀察家則認爲社會－經濟的全球化，導致排他主義與基本教義派的反動崛起，而形成對普世人權概念之勝利的對立面。[19] 即使是許多新現實主義者也認爲人權只是一種獲致人性尊嚴的工具手段，而且不必然永遠都是最有用的。[20]

　　不過，Fukuyama的觀點卻是正確的，他指出不管是中國的社會模式，或者是伊朗、蘇丹、利比亞，或者是古巴以及任何其它非自由制度的社會，到了二十世紀末，可說都是不具廣泛吸引力的。相對地，自由民主的國家資本主義，就像「經濟合作發展組織」底下之成員國所運行的制度一般，則具有強大的吸引力。我們只要把那些想要加入「經濟合作發展組織」的國家數目，與那些想要加入前述非自由社會的國家數目相比較，就可看出孰優孰劣。然而，這並非就代表「經濟合作發展組織」的成員國不會出現如物質消費、生態超載、民主赤字，或者是許多其它方面的問題。到目前爲止，我們仍無法找到一個真正完美的社會型態。儘管如此，自由民主的國家資本主義確實與那些以公民與政治權利爲主之廣受重視的人權有密切關連，其中，亦包括擁有私人財產的權利。（不過，這也引申出一個問題，亦即以私有財產爲基礎的現代資本主義，究竟是會導致或強化另一種以除了財產權之外的人權爲依據之自由民主制度。）除了美國以外，絕大多數「經濟合作發展組織」的成員國，都已經將經濟與社會人權的概念加入其對基本人權的認知，亦即認爲社會中的個人應該享有這些權利。這種「經濟合作發展組織」的模式的確受到廣泛的注意，就連非西方世界的國家也對其感到興趣。例如亞洲、阿拉伯世界、非洲等地，都確實接受了尊重人權概念的優越性，並且積極組織各種團體，以追求此

一目標。此外，許多非西方世界的菁英也對日本與南韓等地的人權模式表示讚賞。這種情形，就如同以往西方社會提出國家主權之概念被廣爲接受一般，現在，當西方世界又提出尊重人權的概念，自然也獲得其它區域廣泛的認同，此觀念受到的歡迎程度，又以過去五十年間最爲熱烈。造成這種趨勢的一部分原因，或許與西方世界在軍事與經濟成就上的表現有關。不過，另一個主要的原因或許就與Fukuyama所提出之知識與道德霸權有關。不可否認，這種個人人權的概念確實已經具有廣泛的吸引力。

　　此外，Fukuyama提出支持人權的相關論點主要與政治理論有關的看法，也值得我們進一步注意。在本書中，我所要強調的一項要點，正是包括美國在內的西方國家能夠藉由嚴肅審慎地思考國際普遍認可之人權如何能改善其社會的問題，而獲得更大的利益。[21] 不過，有一些極端民族主義者，例如Jesse Helms參議員，就十分抗拒這種關於種族主義者之負擔與其它美國社會中之缺陷的國際評論，我們在第四章與第六章中，將會進一步說明這些議題。事實上，在一些美國決策者與選民的心中，的確還是抱持著一種知識孤立主義的態度。他們尤其容易接受這種概念，因爲美國憲法是極受尊崇的，而且美國政府也確實存有一個獨立運作且強大的司法體制。美國社會並不需要任何國際標準，或者任何對於人權常規實踐的國際評論。然而，他們之所以會忽略了這些極爲相關的證據，最主要的因素就是他們這種知識或文化孤立主義的心態。

　　在冷戰期間，歐洲議會的組成成員只包括自由民主國家（希臘與土耳其政府曾短暫加入）。然而，從歐洲人權委員會（European Commission on Human Rights）與歐洲人權法院

（European Court on Human Rights）的檢視評估來看，這些
自由民主國家違反人權的事例卻也不可謂不少。就像我們將在
第五章中提到的一樣，這些由歐洲人權法院所提出的案例，就
必須被加以修正，以符合大多數且增加中的其它案例。從此背
景來看，認為美國憲法與〈人權法案〉（Bill of Rights）強
調美國版的人權不能從其它國際評估中獲益的看法，將很難再
被維持下去。不可諱言，即便是出自好意的民主國家也會做出
違反某些人權標準的行為，不管是在其國內或者透過其外交政
策加諸在其它國家之上，都可能發生這樣的情況。[22] Fukuyama
的主張並非指西方民主國家（在執行人權上）已經相當完備，
或者不能再加以改進，除非它們能建構出一個合法化權威的更
高政治理論（從一九四五年起，它們用以轉換為國際關係）。
而這種合法化權威的模式，也就是人權理論。

　　在可見的未來裡，國際關係裡有關人權的主要議題，並不
是我們是否應該將它們視為基本的規範。相反地，主要的議題
乃是何時與如何能在特定的環境裡確實執行人權。

人權是軟性法律

　　硬性法律是「白紙黑字的法律」（black letter law），
而最明確的法律（條文）則可經由法院的判決得到清楚的界
定。而軟性法律則有兩種不同的形式。一種是不屬於法院判決
主體的法律規定，儘管如此，這些規定還是能夠影響法律之外
的決策。舉例來說，有些具有影響力的條約根本從未或很少被
用在法院的判決之中。另一種類型則是完全沒有經過立法程序
考驗的規範，不過卻仍然能影響外交政策的制定過程，宛如它

們就是法律一般。舉例來說，即使從法律層次來看，有些聯合國的決議案只是不具約束力的建議，但是這些決議案卻仍然被公認為是相當具有權威性的指導方針。

在國際關係中，許多行為者的長程目標之一，就是要實施、建構代表人權之法治環境。此一目標不但意謂著國際事務將具有人權標準的特質，同時也表示這些一般化的規範會經常被運用在國際與國內法院的判決中，以確保人權。法院的案例會將國際法律原則變換為特定的規定，以提供具體的保護。這是一個相當值得欽佩的目標，而且在一定程度上也已經被落實了。

舉例來說，在歐洲議會之中，以及在〈歐洲人權公約〉（European Convention on Human Rights）的約制之下，我們確實擁有硬性法律。就像第五章主要探討的內容一般，我們不但擁有代表公民與政治權利之公正的法律原則。我們同時也擁有硬性或成文法律：我們有法院的判例，而這些判例是由特定的判決所構成，能明確指出在特定衝突事件中，究竟什麼是合法的行為，什麼又是不合法的行為。此外，屬於此體制之下的歐洲國家也創造出一個跨國法院，提出許多關於人權事務之具約束力的判決，而各成員國透過多邊條約的方式，也能夠遵守歐洲人權法院提出之所有判決。有關人權的國際法，在本質上並沒有任何限制或因素，會阻止其成為硬性法律，甚至是具有效力的硬性法律。

然而，本書並不是寫給法律系學生看的案例書。儘管本書內容包含了一些傳統的法律文獻，不過最重要目的是要強調人權之軟性法律的重要性，甚至在某些時候是其最高優越性。在此談論之軟性法律的主要形式，主要乃是透過非司法手段，而

呈現在國際人權標準之上的關注，例如國家的外交政策、非營利、非政府組織，例如國際特赦組織的行動、營利性企業的行動，以及個人私底下的行動等等。當這些行為者透過不同的行動方式來追求人權標準時，它們的影響力有時候甚至來超越法院判決的效力。眾所周知，南非的種族隔離政策並沒有因為法院判決而終止。歐洲的共產主義也沒有因為法院判決而瓦解。在 Shah（伊朗國王的稱呼）主政下，伊朗內部的凌虐、迫害情況也沒有因為法院判決而停止。薩爾瓦多的「行刑隊」也沒有因為法院判決而被廢止。在這些例子裡，人權反而是透過非司法途徑的行動幫助，而得到相當可觀的進展。本書要強調的是透過政策決定所採行之人權行動的事實—例如政府、政府間組織的（官方）政策，以及非政府組織、企業公司，甚至是個人的非官方政策。

如果我們能將西歐的區域性國際法律，與其內部經由歐洲人權法院與歐洲法院（European Court of Justice）所界定之環環相扣的人權標準結合在一起，當前的全球國際關係必然會得到更大的改善。值得注意的是，雖然歐洲司法法院也對若干人權爭端做出裁決，不過其主要設置目的仍是在處理經濟議題的控訴，並做出裁判。當美國法院對某些會影響外交關係的人權議題做出裁決時，就某種層面來看，也代表著已經在某些涉外議題上，例如舉發它國內部的迫害，獲致某種象徵性的勝利。[23]

但是，除了法院判決與硬性法律之規定外，我們還是可以透過其它方法來促進人權狀況。武裝衝突就是一個明顯的例子。從一八六四年開始，就有許多條約規定了對百姓的法律保護，但是這些規定卻從未在武裝衝突中真正生效。現在所謂的

國際人道法，或稱之為戰爭受害者保護法，或是武裝衝突之人
權法，都顯示出一段相當豐富的規範性歷史。在不同國家的軍
隊建構裡，我們並不缺乏律師。然而，不管我們用什麼方法來
計算，在過去一百四十年中，國內與國際法院依循國際法為之
判決的數目，以及由國際法衍生出來的國內法數目，都可說是
相當稀少的。值得注意的是，儘管與武裝衝突之國際人權法有
關的法院判決並不多見，但是這並非就代表這項法律與武裝衝
突毫無關係。相對地，此項法律（就某種程度而言）卻與軍事
與政治決策，以及例如「國際紅十字會」這類團體之努力有密
切的關係。

　　即使是一九九二年至一九九五年間，因為複雜的前南斯拉
夫版圖爭議而引起之武裝衝突，其違反國際人權法的程度最終
也證實能夠得到緩和。獲致此項成功的方式乃是透過政治手
段，主要是指在一九九五年經由談判而簽訂的〈達頓協議〉
（Dayton Accords）。在衝突中所發生的種種惡行，例如徹底
洗劫、對犯人任意殺戮與虐待，以及攻擊與驅逐無辜百姓的舉
動，儘管都隨著時間的消逝而得到緩和，然而，卻不是經由法
院的判決才得到這樣的成果。本書第四章的內容將進一步說明
下列這項引起爭議的問題：亦即在武裝衝突中，或在其後的戰
爭罪犯審判中，是否真的包含了所欲的行動進程。一言以蔽
之，當獲得歐洲各國政府廣泛支持的柯林頓政府做出必須獲致
前南斯拉夫的和平之政治判斷後—同時對於公民與囚犯的迫害
情形也將隨之減少—他決定不積極追究在一九九五年至一九九
八年間被指為戰犯者的罪行，並且數次拒絕各界欲對特定人士
施以司法審判的要求。本書正是要強調此類與國際關係有關的
政策決定，而不是要說明以法院判決為依據之硬性法律。

　　事實上，所有法律的基本功能，包括國際法在內，都是透過非正式的耳濡目染方式來教育人民。實際上，國際人權法可適用於軍事訓練、外交決策，以及非官方團體組織的行動之上，除此之外，該法也確實達到了一項主要的目標。國際人權法並不必然得依靠法院判例才能顯現出其影響力一有時候則是廣泛的影響。相對地，不管是依法服從或者是在沒有法律強制力時仍然表示順從，這都是相當常見的現象。的確，最理想的狀態乃是法律標準能夠內化在每個人的心中，直到法院判例不再是必要的佐證為止。總的來說，任何有效的法律往往都是內化成功的法律，而僅透過若干試圖懲戒少數違反者的法院判例來加以背書。另一方面，當違反行為不斷擴大，將有可能會凌駕於司法體制之上，同時往往會導致整個法律的崩解。美國在二十世紀初期的禁酒時期就是最好的例證。

　　然而，有許多鼓吹人權議題的律師總是要求制定更多關於人權的硬性法律。沒錯，這的確是相當值得讚賞的目標。「經濟合作發展組織」的成員國就認同法律之前人人平等的原則。凡是違反法律的人，都應該要被起訴審判，而不能有任何「政治」考量的例外。但是從另一個角度來看，想要透過制定許多硬性法律的決定來達到對國際人權標準的追求，在即將到來的世紀中，似乎仍無法得到落實一在所有情境中，似乎也無法成功。在一九九０年代初期，美國曾試圖要逮捕索馬利亞內部勢力最大的一個軍閥，認為他個人必須為許多違反國際法的暴行負責。然而，在一九九三年十月，雙方在模加迪休（Mogadishu，索馬利亞首都）市中心爆發激烈的槍戰，其間共有十八名美國士兵喪生，同時也造成更多索馬利亞人的死傷。也因此，美國決意從此一衰敗的國家撤退。而後，更導致美國

在一九九四年間，要求聯合國必須果斷地插手在盧安達境內所
爆發的大規模屠殺事件。毫無疑問地，美國爲了在索馬利亞追
求司法正義，反而導致當地成爲善意下的地獄。此外，如果美
國與其它國際行爲者能夠不全然以強調罪行觀點來界定其目
標，相信索馬利亞與非洲大湖區的國家與人民，將會從中獲
益。

　　此外，在一九九一年「沙漠風暴」（Desert Storm）戰役
將告結束時，美國與其盟邦決定不繼續追究伊拉克領袖所犯下
之種種罪行。主要的考量在於一旦決意將其行動貫徹到底，將
會使戰火持續不斷，同時盟國也必將派遣地面部隊進入巴格達
（Baghdad，伊拉克首都），以執行逮捕Saddam Hussein與其
黨羽的任務。一旦決定採取此攻擊行動，將會導致更多盟軍的
死傷，同時也會造成巴格達當地有更多平民百姓因爲戰爭而死
亡。當然，美國民意是否支持此一行動，仍然值得商榷。期盼
Bush總統和他的軍事幕僚會不顧這種政治考量，而僅考慮違反
人權情況以及其它對國際法的違背行爲，無疑是像Don
Quixote（唐吉軻德）與風車競爭的情形一般。畢竟，訴訟只是
人權策略的其中一種罷了。[24]

　　一九九〇年代初期，爲了因應薩爾瓦多的動亂，美國、聯
合國，與相關組織決定只有避免在內戰中屠殺百姓或從事其它
違反人權之行爲的兩造對法律正義產生質疑，人權才能得到提
升。人權考量經由許多政治與行政程序的運作，反覆地被提出
討論，但是對過去種種罪行與政治鬥爭卻遲遲沒有加以提起控
訴。同樣地，南非共和國在種族隔離政策時期結束後，由
Nelson Mandela主持的政府決定要成立國家「真相與和解委員
會」（Truth and Reconciliation Commission），並授權其

能夠赦免曾在那段因種族隔離政策而引發之漫長與殘忍的衝突中，做出危害人權行動的任一方，並且使這些人能夠爲其所作所爲坦承且公開地負起完全的責任。然而，這個政策決定卻引起廣泛的爭議。儘管如此，在一九九○年代末期，南非政府決定了政策方向，認爲國家的和平與和解─以及其長程的自由民主目標─唯有不再強調罪行審判，才有可能獲致。

舉凡國際法院是否已經成立，是否擁有足夠的政治與物質資源，或者國內法院是否應該介入某些敏感外交政策問題中的人權議題等等，都是決策者所必須勇於面對的問題。此外，推廣人權議題是否應該以傳統的安全與經濟考量作爲代價，而究竟又該推廣至什麼程度，都是在軟性法律判決中的經典兩難。同時，這也是自由主義與現實主義之間的衝突。外交政策無疑是管理矛盾議題的政策。[25] 而這個事實意謂著決策者會經常需要在人權的提升與追求另一項公共利益之間，尋求妥協。

儘管在「第三波」民主化之後[26]，許多政府依然採用獨裁體制，而且沒有認真考慮過，也沒有興趣去提昇內部的民主或其它權利。尤有甚者，即使是自由民主國家，其內部社會民意與企業意見，往往也不贊同，或不輕易接受政府爲了提升外國人的權益而付出（相當的）代價。就像某位學者曾經爲文指出，即使到了一九九○年代，那些對國際人權感到興趣的行爲者，仍然必須面臨許多「結構上」的限制。[27] 決策者，包括「經濟合作發展組織」底下的各成員國，就在這種環境中執行其任務，並思考如何才能將人類尊嚴提升至極致，以及在合理的成功前景下，究竟能夠計畫哪些作爲，這些都是會引起廣泛討論的議題。本書的焦點集中在軟性法律判決中的這些爭論與兩難困局─但是，並不會因此就忽略硬性法律對於提昇國際人權在

當前世界上之地位的貢獻。

　　由此觀之，本書的取向將同時強調權力與政策抉擇的政治形式，而不僅只是重視法律判決。在國內與國際社會裡，決定法律內容的關鍵，就是政治本身。所有的法律都是透過立法過程而制定，同時此立法過程也總是牽涉到政策抉擇與權力的計算。[28]

　　至於如何運用法律的問題，即使是「經濟合作發展組織」也認為政治決定往往會影響司法或行政部門應用法律的情形。如果美國的聯邦檢察官或州檢察官決定賦予某種罪行—或特定被告—的起訴有較高的優先性，那麼這原則上就是一種政策抉擇；因為沒有任何法律規定檢察官必須做出這種優先性的決定。如果美國的「環境保護署」（Environmental Protection Agency）或其它各州中對等的部門，決定對某一個違反環保法的行為者提起告訴，因為此行為者拒絕接受庭外和解，那麼，這個起訴的決定本質上也屬於一種政策抉擇，而不是依法而治的結果。同樣地，「經濟合作發展組織」的成員國雖然也都具有法治的特質，然而，法律本身並不能自我運作，或者是從自身衍申出更多法律。根據政策抉擇與權力計算結果而為之政治決定，往往會與以法律規定為基礎的判決，以不同樣貌的形式糾結在一起。在國家內部，首席行政官員與其法律幕僚隨時都在討論、制定關於在特定情境下，是否應該採用，以及如何採用法律的政治決定。國際關係也顯現出此一相同的基本情境，不過卻更強調軟性法律過程中的政治決定，而比較少碰觸到司法判例中的硬性法律。

　　由於我的研究途徑不是僅僅在探究「什麼是法律，以及我們如何是法院能夠依據法律而判決？」的問題，在第二章中，

我將進一步解釋古典自由主義者（亦即強調從硬性法律來看待
個人權利者）、新自由主義者（亦即同時強調個人福利之硬性
法律與多樣化的軟性法律判決，而非只是強調權利面），以及
現實主義者（亦即強調國家利益與權力者）之間的差異。

非政府組織（NGOs）

　在西發利亞體制下的國際關係，約是從十七世紀中葉左右
開始，制定（國際）遊戲規則的主要行為者，就是國家本身。
此外，在經由以國家同意為基礎所形塑成的國際法之下，國家
是唯一完全合法的主體，或者說是具有完全合法的人格—明確
的同意是透過條約法，不明確的同意則是透過國際習慣法。正
如前文所述，國家能夠透過司法行動，而確實執行其責任與實
踐其權利，不過，另一項更主要的方法則是透過其超越司法的
外交政策來達成上述目標。然而，這種傳統，且稍微具有法律
觀點的國際關係，有時候確實有無法調節由許多不同類型的非
政府組織所扮演的重要性角色的困難。藉由更加注意非營利與
營利之非官方行為者，本書試圖要擴大這種常見的國家中心論
概念。不管國家是否確實已經無法掌控許多重要的外交政策決
定，而由許多不同的非國家行為者所接管，這其實都是相當值
得爭辯的問題。[29] 此外，很明顯的，就國際關係中的許多議題
來說，包括有關人權的議題，國家會與其它重要的非國家行為
者分享決策—尤其是從政治，而不是從嚴格的法律觀點來看。
　第七章與第八章將集中討論關於國際關係中的個人行動與
人權的關係，此外，對於非政府行為者的討論，則是會出現在
其它各章的內容之中。在此值得注意的是，某些觀察家將人權

非政府組織視爲是敦促國際人權受到更多注意的真正原動力。
從這個觀點來看，一些比較具有國際知名度的跨國人權組織
（例如國際特赦組織、人權觀察、國際法律人委員會
〔International Commission of Jurists〕、國際人權聯合
會〔International Federation of Human Rights〕等等），
以及其它比較不知名的類似組織（例如非洲人權〔Africa
Rights〕、國際人權律師委員會〔Lawyer's Committee for
International Human Rights〕等等），才是促使國家開始
注意人權議題的幕後推手。也因此，如果沒有這些人權非政府
組織的存在，當代國際關係必然不會對人權有如此程度的支
持。

　　另一個相關的觀點則是認爲，並不是非政府組織本身具有
如此強大之與人權有關的跨國影響力，而是因爲這些團體彼此
之間相互合作的緣故，此外，這些團體組織也進而集合成一個
人權網絡。[30] 甚而，也有人認爲這些不同的人權行爲者，例如
國際傳播媒體、天主教教會（Catholic Church）、美洲人權
委員會（Inter-America Commission on Human Rights，簡
稱 IACHR）等等，都對西方社會的某些國家施加有效的壓力，
使這些國家能夠，也願意改善其人權狀況。從此觀點來看，國
家的外交政策對於改善某些地區，如墨西哥等國家的人權狀
況，其重要性相對而言似乎就不是那麼高了，因爲真正能夠形
成與集結許多有效壓力的，基本上乃是所謂的非政府網絡。

　　若依循著前文之脈絡來看，如果某些重要的營利行爲者，
例如多國公司，願意加入這個跨國人權網絡，或者配合此網絡
採取相同的行動，那麼似乎就可以對國家施加更多對人權有利
的壓力—而不管國家的外交政策立場爲何。有些人相信正事因

為這些營利組織一連串的私下決策與運作，才說服了在南非共和國內部實施種族隔離政策的白人至上主義者，使他們放棄了原本少數統治的權力。事實上，當西方投資客認為南非的未來具有高度風險，同時也有安全上與生產投資上的問題，而躊躇猶豫其投資決定時，此種改革的變化也因此加速地進行。在其它的地方，營利行為者則已經採取了許多清楚的人權決定以形塑其多樣化的市場策略，我們將在第八章中進一步探討相關的議題。舉例來說，「百事可樂公司」（Pepsi co.）之所以拒絕在緬甸（Burma/ Myanmar）擴大其生產線，主要就是因為該地是由軍人統治，同時也有許多不同類型的侵權事件。「李維─史特勞斯公司」（Levi Strauss）於一九九三年至一九九八年間，拒絕在中國生產藍色牛仔褲，也是因為中國內部發生若干侵害勞工權益的事件。[31] 另外，由「耐吉」（Nike）、「銳跑」（Reebok）等運動產品公司所組成的聯盟，也決議不在巴基斯坦與其它地方生產足球，除非該地區能確認沒有任何童工在從事生產。

在此同時，如果重要的企業拒絕參與提升人權的行動，而把利益而非人權視為其最主要的考量，那麼，這就成為一項相當重要的因素。在一九九○年代，「皇家荷蘭殼牌石油公司」在奈及利亞的投資角色就引起相當大的爭議，因為當地的獨裁政權、違反人權之行為，以及對生態環境的破壞等等情事，都讓某些國家考慮要對其採取不同形式的制裁。

當前主要的爭論目的，在於考量這些非政府行為者，在處理與政府及其它政府間組織的關係時，究竟扮演著什麼樣的角色，以及究竟具有何種程度的影響力。這是存在已久且相當複雜的爭辯，其情況就類似於有關國內政治與利益團體的角色與

其影響的爭辯一般。有些觀察家與決策者並不接受政府在國際
人權發展進程中，確實扮演著比較不重要的角色的說法。這裡
有兩個例子可說明此論點。有一位作家就認爲真正促成人權概
念出現在〈聯合國憲章〉之中的功臣，應該是杜魯門政府的官
員，而不是其它非官方組織團體（或拉丁美洲國家）的代表。
[32] 同樣的，曾在一九七四年擔任國會議員的Donald Fraser，
就主辦過一連串關於人權與外交政策的聽證會，而被認爲是那
時候將人權帶入美國外交政策議題範圍的主要引導者。根據
他的說法，儘管他致力於推動人權，但是並沒有任何人權非政
府組織在他背後驅使著他這樣做。[33] 他認爲使人權在美國外交
政策上重新得到重視的基本概念是他自己體認到的，他只是邀
請若干人權團體到國會作證，來支持他的目標罷了。我將在第
七章對此議題做更深入的探討。

　　就這一點而言，前述第二種狀況更顯現出典型的社會科學
分析問題。非官方的人權行動經常與公共行動（政府與政府間）
予以結合在一起，或者是相互吻合，因而使得要明確辨認產出
決策或影響某種情況的界線是相當困難的。與在墨西哥當地活
動的非官方組織與跨國網絡相比之下，美國外交政策，不管是
雙邊的協議或者是「北美自由貿易協定」（North American
Free Trade Agreement，簡稱NAFTA）的決議，是否真的在
墨西哥的人權發展上，扮演著比較不重要的角色？如果我們不
能固定其間的界線，或者是乾脆消弭這條分界，我們又如何能
夠只憑著單方面的認知，而重新將歷史呈現出來，進而確定美
國之外交政策是否真的毫不重要？

　　幸運的是，我們並不需要精確找出究竟是誰在哪種特定的
環境裡引發何種影響力。對某些問題來說，只要我們知道公共

行為者與非官方行為者對人權的影響力結合在一起，就會使人權有必然的發展，這樣就已經足夠，舉例來說，我們知道經由國際特赦組織與荷蘭政府的代表共同努力，才使得〈聯合國反酷刑和其它非人或汙辱待遇和懲罰公約〉（UN Convention Against Torture and Other Cruel: Inhuman or Degrading Treatment or Punishment）得以在一九八四年順利通過。[34] 我們也知道〈聯合國兒童權利公約〉（UN Convention on the Rights of the Child）得以在一九八九年通過，主要也是因為許多公共與非官方行為者共同努力的結果。[35]

　　正因為這些非政府與政府行為者在人權事務上的累積作為發揮了效力，我們才能看到國際關係確實產生了可觀的變化。

易變的國家主權

　　本書將國家主權的概念視為一種社會構思的結果。[36] 這是一種由社會生物所設計出來的概念。此概念能夠隨著易變的環境而改變。就像人權改念本身，國家主權的概念也是一種有關公共權威的適當運用的主張，是一種需要由國際社會中的其它行為者所予以公評的主張。因此，國家主權並不是一種一旦設立就永遠無法變動的原則，相對地，國家主權的論點之意涵與範圍，往往可以一再地接受評估。就像在一個聯邦政治體制之下，「國家權利」的本質會隨著政治浪潮起起伏伏，因時制宜一樣，國際關係中的國家主權概念也會有改變的時候。（此外，「人權」概念也會起伏改變。某些原則或許會維持不變且不能轉讓，生存權即是一例。此一原則的特定要旨會因為醫療科技的演進而有所改變—就像生育控制藥丸、事後避孕丸，以

及誘發流產藥丸的進步等等。）

　　在一九四五年之前，個人與國家控制「其」人民的關係，僅是屬於國家的事務。國家幾乎具有絕對的主權，在其管轄範圍內，可以使用最高的司法權威。國際法的存在，只是爲了要讓不同的國家相隔開來，藉由確認獨立的國家管轄範圍，以避免衝突的發生。[37] 在一九四五年以前，關於個人權利是國家事務，而不是國際事務的現象，有四種例外的情況。[38] 從一八六〇年代開始，當戰爭時期，或者是發生國際武裝衝突時，那些交戰國必須允許其控制範圍裡的病患與傷患能夠得到中立國的醫療援助，而從一九二〇年代開始，戰犯就必須被隔離在一個獨立的區域之中。在和平時期，各國境內的外國居民，亦即所謂的合法僑民，必須被賦予若干最低限度的公民權利。此外，從一九二〇年開始，和平時期的勞工也能接受由「國際勞工組織」（International Labor Organization）所發展與監督之公約的合法保護。最後，在一九一九年至一九三九年之間，被認爲是和平時期的歐洲內戰期間，在一些戰敗國中的某些少數族裔被正式賦予若干國際權利，同時也接受「國際聯盟」（League of Nations，簡稱國聯）的監督。尤有甚者，有些歐洲強權國甚至主張，當（衝突）事件影響到公共道德的時候，它們有權在它國境內採取必要的行動。正如前文所述，這些關於「人道介入」的主張，從來都沒有得到集體的認同，而許多原本預計是爲了人道目的而採取的干涉行動，往往也會受到政治考量的極大影響。除此之外，當歐洲國家與非官方行爲者對人權議題爭論不休時，人權卻依然屬於國內事務，而不是屬於國際法或國際政策的範疇。[39]

　　如同本章第一個小節所整裡的內容所指，從一九四五年以

來，國際關係中的國際人權趨勢前前後後就已經有了許多不同
的發展，某些人也因而發現國家主權已經產生根本上的重塑。
於一九八一年至一九九一年擔任聯合國秘書長的Javier Perez
de Cuellar，就看到「公共態度的信念出現一種無法抗拒的轉
變趨勢，認為以道德為名之對受壓抑者的防衛，應該凌駕於國
家疆界與法律文件之上。」[40] 此一說法的提出時間，正好是在
冷戰結束後，國際間呈現多方樂觀主義的高潮時期。之後的繼
任秘書長，也就是Boutros Boutros-Ghali（1992-1996），
則是認為「絕對與獨佔的主權時代・・・已經過去了。」[41] 舉
例來說，由於伊拉克入侵科威特，以及後來對伊拉克人民（主
要是指其境內北方的庫德族）的一再凌虐，伊拉克不但已經國
際社會被歸類為一種「被接管的狀態」，同時也拒絕賦予伊拉
克任何正常額外的國家主權力量。此外，巴格達並不被允許發
展大規模毀滅性武器（WMD），或是與其它國家從事正常貿易，
甚而也不被允許對其領土擁有完全的控制權。此外，由於
Milosevic在一九九九年極力打壓國內的阿爾巴尼亞裔柯索夫
人，其它西方世界的國家於是視他提出之國家主權的主張為無
物，並且還試圖要迫使他改變政策。

　　然而，對於冷戰結束後在歐洲以外所形成的國際關係來
說，我們就不應該過度誇大許多「人道干涉」所具有的重要
性。[42] 根據前文所述，國際法從來沒有賦予那些被自己政府所
壓抑迫害的國民之利益，而採取之人道干涉行動有一清楚的權
利。這種情況尤以開發中國家為最，因為對許多強權國家的行
動感到恐懼，同時也銘記過去被殖民的經驗，因此，這些國家
在一九九０年代依然還反對支持這種法律上的授權行為。即便
是已開發國家，如美國與英國等，當所牽涉到的議題是關於出

現在死刑應用上的種族歧視，或者是聯合國對北愛爾蘭的辯論時，這些國家也會拒絕接受這種以人權爲名，而從國際觀點來介入國內政策的行爲。

藉由比較上述 Perez de Cuellar 等人的論點，我們可以看出一項更具邏輯上之必然的觀點，亦即國家主權的本質確實是變動的，但是「國家權力與威權的現實，卻不容忽視。」[43] 的確，國家之同意，仍然是國際法的基本原則。不過有越來越多的國家，正運用其主權同意的方式來創造許多國際制度（組織），以限制可能隨之而來的國家主權運作行爲。不可否認，凡是脫離蘇聯帝國而獨立建國的東歐國家，幾乎都站在同一陣線上：願意加入歐洲議會、歐洲聯盟，以及北大西洋公約組織。然而，每一個國際組織都會降低國家的自主行動能力。即使是這個星球上唯一超強的美國，也選擇利用其主權威信來加入許多國際制度組織，例如「北美自由貿易協定」與「世界貿易組織」，同時也願意接受其自由選擇的權利可能因加入而受到限制的事實。一般而言，幾乎所有的國家都意識到選擇參與國際法定建制的需要，因爲這些建制會將國家「捲入」國際治理的安置之中。[44] 此外，舉凡對人權有所考量的國際安置形式，都必然會形塑出符合此一趨勢的重要部分。

如此一來，國家也將逐漸願意與許多不同的國際組織，甚至與外國政府，共同分享有關人權議題的司法審查權。常規化的國際外交，更確認了國家與國家間組織（IGO）對所有人權議題之討論的合法性與正當性。這種爭辯，以及所產生之外交壓力形式，則建構出一種國際社會間接保護人權的企圖。國家間組織以及非政府組織都試圖要讓國家依據國際權利標準，而擔負應有的責任。新興的常規則認爲如果國家無法肩負其保護經

國際認可之人權責任，邢麼聯合國安理會或其它一些組織將無視於國家主權之傳統概念，而試圖對人權採取國際直接保護的方式。當政治意願十分充分時，聯合國安理會就會認為既然大規模的人權違反行為可能會是國際和平與安全的一種威脅跡象，因此就會決議允許依據聯合國憲章第七章的規定，而採取必要的權威性的行動。舉例來說，在冷戰結束之後，安理會就選擇運用冷戰時期處理羅德西亞與南非個案時的慣例，對伊拉克、索馬利亞、前南斯拉夫，以及海地採取必要行動。結果可能是選擇軍事強制、經濟強制、或者是組成國際法庭以通過強制性的合作等等。[45]

　　儘管一些觀察家提出區域性國家將會衰亡之預測已有很長的一段時間[46]，不過，直到二十一世紀的前夕，國際關係仍然保持著一種經修正過之國家體系。而區域性國家與其對主權的主張，依舊是國際政治體系中的重要特質。然而，有越來越多的區域性國家被迫與其它行為者共同分享國際舞台。即使在某些議題上，這些國家仍保有較高，或最高的權威。但是，在其它議題上卻必然如此。舉例來說，西歐在移民議題上，就顯得躊躇猶豫。各國行政部門左右為難，一方面得應付個人的需求，另一方面又得受到法院依據國際法所做之支配，變成夾在二者之間的行為者。[47]甚而，在若干議題上，國家的地位甚至被其它組織所取代─例如歐洲人權法院、歐洲司法法院、聯合國安理會，或者是世界貿易組織底下的一個爭端解決小組等等。不過，這些都是國家本身因想望而創造出來之所謂超國家的處理程序。亦有人將這種程序之為「聯合主權」（pooled sovereignty）。換言之，國家本身也同意一點，認為如果為了獲致其它的公共利益，例如繁榮、安全，或者人權，那麼其

獨立性是應該能夠被加以限制的。一旦這些地位優於國家主權
的國際機構被創造了,它們就可能在某些事例上不顧特定國家
的特定需求。然而,這卻是為了獲致井井有條且有益眾人之國
際關係所必須付出的代價,同時這也是一個許多國家社會長期
以來所渴望得到的情境。正如同Eisenhower總統在針對具約束
力之國際判決所做的演講中提到的:「有時候我們在國際法庭
中失去一小部分的結果是很好的,因為我們將會從中得到一個
所有人都可以依循法治且活在和平裡的世界。」[48]

國家主權易變的本質,以及國際規範與組織的易變之本
質,都是因為許多不同的因素所引起的結果。科學與技術的進
展,已經招致可怕的毀滅性戰爭,並形成全球化的市場。依循
著此一浪潮,我們將看到社會全球化的步驟過程,而人權正是
位在最重要的位置之上。一八六四年通過的〈日內瓦公約〉委
託中立國對戰爭中的病患與傷患施以醫療救援,部分也得歸功
於改進過的通訊設施,使得傷患的消息能夠迅速傳遞到大後
方。就像以前在軍隊裡專門照顧馬匹的獸醫數目遠遠多於照顧
傷者的醫生一般,現在,為了維持作戰的兵力[49],歐洲政府認
為它們必須對傷患作更多的事。[50] 這種心態在一九四五年時尤
其顯著,因為當時國際間對於大規模工業化戰爭,正存有一種
道德上的強烈反感[51],而將人權概念國際化的構想,正好能夠
建立起防堵毀滅性作為的關卡。從兩次世界大戰的經驗裡,便
可一窺究竟。[52] 到了一九九〇年代,全球整合市場也逐漸開始
對全世界工人困境有所重視,例如,據估計目前約有二億五千
萬童工。

簡而言之,科技的發展,導致物質與心裡條件發生改變,
以致於國家主權的概念已經不再具有和以往一般的意涵。就對

抗國際行動介入過去屬於國內事務之各項議題的例子來看，國
家主權的概念已經無法再提供一個必然且無法通過的防衛盾
牌。然而，人權的概念卻也與過去有所區別。人權曾經主要是
西方的概念，而被西方國家所推廣成為其政治與法律規範。[53]
不過隨著時空轉移以及許多其它原因的影響，人權開始出現國
際化的現象。[54] 現代戰爭、現代市場，以及現代鎮壓行動在在
都顯現出對人類尊嚴的相同威脅。而人權則被廣泛認為是能夠
在當代國際關係中獲致人類尊嚴的一項有效工具。

結論

　　如果我們檢視全球性、區域性、國家層次，以及次國家之
行為者，以進一步瞭解國際人權，我們將會一再發現自由的規
範的確已經內化在國際關係之中，而且：

（1）人權概念的確存在於國際關係之中；

（2）人權是一種重要且普遍性的軟性法律；

（3）非官方行為者─而不只是政府行為者─扮演著非常重
　　　要的角色，以及

（4）國家主權的概念已經有別於以往。

　　因為這些改變，我們才可以對人權在國際關係中的未來─
或者是現實主義世界中的自由主義─抱持著謹慎樂觀的態度。

討論問題

- 支持國際人權是不是一種西方的帝國主義呢？Francis Fukuyama認為從歷史來看，除了人權以外，沒有其它更好的方法能夠合法正當化與限制政府的權力，這種論點是否正確呢？那些支持「亞洲價值」的人指出在西方世界存有過多個人主義與守法主義，以及太多訴訟爭論的論點是正確的，這種看法是否有其謬誤呢？如果那些以人權為依據之西方自由民主國家表現出如此多的問題，人權怎麼能說是一種很好的東西呢？

- 硬性法律與軟性法律何者較為重要？我們如何才能判斷什麼時候應該採取硬性法律的選項，亦即提起訴訟，而什麼時候又該運用軟性法律的選項，亦即採用司法途徑以外的政策呢？只透過教育的方式，是否就足以瞭解法律了呢，亦即是否就足以提供訴訟所需的法律規則呢？不管我們對於足夠與否的結論為何，你認為軟性法律是否為多數時候的國際關係中的一種必需品呢？

- 我們該如何解析並精確地瞭解非政府組織在人權領域中所扮演的角色與其影響力呢？而其與國家政府與政府間組織的比較情形又如何？我們能否清楚地瞭解非官方組織對於人權在歷史情境中有何影響，例如共產主義時期的東歐，以及採用種族隔離政策時期的南非。將焦點集中再由許多不同行為主所組成之網絡與活動，與將焦點集中在特定非政府組織之上，這二者比較起來究竟有何利弊？

- 你認為國家主權是一種好東西或壞東西？當嚴重的違反
  人權行為正受到爭論，國際社會是否應該忽視國家主權
  的主張呢？國家的最高國內事務中，是否還有其它別的
  議論對象呢？你認為國家權力、國家權威，以及公民對
  民族國家的忠誠，在當代國際關係中仍然相當強烈的論
  點是否為是錯誤的？民族國家與國家主權的概念偶爾會
  伴隨著我們的說法是否有誤？但，其又是以何種形式出
  現？

建議閱讀

Baehr, Peter R., *The Role of Human Rights in Foreign Policy*
(London: Macmillan, 1994). 這是一本關於人權議題相當好的入門
書。

Barber, Benjamin R., *Jihad v. McWorld* (New York: Ballantine Pub-
lishing Group, 1995). 此書認為世界就是一場普世世俗主義（人權
適合之地）與浪漫排他主義，例如在巴爾幹半島、伊朗，以及其它地方
的反覆重申之充滿敵意的民族主義者之間的競爭。

Biersteker, Thomas J., and Cynthia Weber, eds., *State Sovereignty
as Social Construct* (Cambridge: Cambridge University Press,
1996). 這是一本收錄了許多優秀論文的著作，認為國家主權並不是永
遠不變的原則概念，而是會隨著歷史與人類慾望改變而變動。

Burgers, Jan Herman, "The Road to San Francisco: The Revival of
the Human Rights Idea in the Twentieth Century," *Human Rights
Quarterly*, 14, 4 (November 1992), 447-477. 對人權的起源作了簡
要的敘述，並視其為二十世紀中的實際政治與外交。

Claude, Richard P., and Burns Weston, eds., *Human Rights in the
World Community* 2nd rev. edn (Philadelphia: University of
Pennsylvania Press, 1992). 一本涵蓋多個重要面向的著作。

Donnelly, Jack, *International Human Rights*, 2nd edn (Boulder:

Westview, 1997). 由人權領域中的重量級社會科學家所撰寫之入門書籍。理論性極強。

United Human Rights in Theory and Practice (Ithaca: Cornell University Press, 1989). 這是解釋國際環境中的人權論點極為詳盡的著作之一。

Doyle, Michael, *Ways of War and Peace* (New York: Norton, 1997). 這是一本對國際關係中的自由主義、現實主義、以及社會主義有綜合性論述的優秀著作。

Fukuyama, Francis, *The End of History and the Last Man* (New York: The Free Press, 1992). 一位兼具前美國外交官員以及主要的保守派知識分子身分之學者主張歷史的最終階段，反映了將人權視為合法化行使權力的較好方法的認知。

Hoffmann, Staneley, *Duties Beyond Borders: On the Limits and Possibilities of Ethical International Politics* (Syracuse: Syracuse University Press, 1981). 作者為研究美國外交政策與國際關係的重量級哈佛大學教授，本書從自由主義的觀點，檢證了國際道德的理論。

Howard, Rhoda E., *Human Rights in Commonwealth Africa* (Totowa, NJ: Rowman & Littlefield, 1986). 本書對英屬非洲裡的人權狀況作了徹底的檢視，作者認為當地在人權意識發達之前的生活品質，尤其是指女性而言，根本就是被過度地浪漫化（美化）了。

Ishay, Micheline R., ed., *The Human Rights Reader: Major Political Essays, Speeches, and Documents From the Bible to the Present* (London: Routledge, 1997). 本書收錄了許多符合其副標題之概念的優秀論文。

Jacobson, David, *Rights Across Borders: Immigration and the Decline of Citizenship* (Baltimore: Johns Hopkins University Press, 1995). 這是一本內容較為深入的研究著作，作者認為國家，尤其是在歐洲，將會陷在國際人權法與公民自我主張權利的兩難境界中，因而使得國家公民權、民族主義，以及民族國家變得較不重要。

Mullerson, Rein, *Human Rights Diplomacy* (London: Routledge, 1997). 這是一本內容實在的著作，尤其強調具體外交作為。

Ramsbotham, Oliverm and Tom Woodhouse, *Humanitarian Intervention in Contemporary Conflict* (Cambridge: Policy Press, 1996). 這是一本從極廣泛角度來探討有關人權與人道事務之國際行動的著作。

Rosenau, James N., and Ernst-Otto Czempiel, eds., *Governance Without Government: Order and Change in World Politics* (Cambridge: Cambridge University Press, 1992). 這是一本相當優異的著作,顯示出集體管理國際關係問題的極大努力,同時也收錄了一篇由Marc Zacher所寫之有關人權的論文。

Singer, Max, and Aaron Wildavsky, *The Real World Order: Zones to Peace, Zones of Turmoil*, 2nd edn (Chatham, NJ: Chatham House Publishers, 1996). 兩個保守主義者指出為什麼他們對國際關係的未來抱持著樂觀的態度,他們相信目前的獨裁國家與衰敗國家將會學到有關民主資本主義之利益的適當教訓。

Vicent, R. J., *Human Rights and International Relations* (Cambridge: Cambridge University Press, 1986). 這是稍微過時陳舊的導讀,不過依然提供了相當好的哲學與法律觀點。

本章注釋

[1] Jack Donnelly, "The Social Construction of International Human Rights," in Tim Dunne and Nicholas J. Wheeler, eds., *Human Rights in Global Politics* (Cambridge: Cambridge University Press, 1999), 71-102.

[2] 對於不同類型之自由主義與現實主義的詳盡探討,可參考Michael W. Doyle, *Ways of War and Peace* (New York: Norton, 1997),尤其是第41-48 、 205-213頁。

[3] Lynn miller, *World Order: Power and Values in International Politics*, 3rd edn (Boulder: Westview, 1994), ch.1.

[4] James N. Rosenau and Ernst-Otto Czempiel, eds., *Governance Without Government: Order and Change in World Politics* (Cambridge: Cambridge University Press, 1992).

[5] Lea Brilmayer, *American Hegemony: Political Morality in a One-Superpower World* (New Haven: Yale University Press, 1994).

[6] Jasper Becker. *Hungry Ghosts: China's Secret Famine* (London: J. Murray, 1996).

[7] R. J. Rummel, *Death by Government* (Somerset, NJ: Transaction Publishers, '1996).

[8] See John Mearsheimer, "Disorder Restored," in Graham Allison and Gregory Treverton, eds., *Rethinking America's Security: Beyond Cold War to New World Order* (New York: Norton, 1992), 213-237.

[9] Stanley Hoffmann, *Duties Beyond Borders: On the Limits and Possibilities of Ethical International Politics* (Syracuse: Syracuse University Press, 1981).

[10] James N. Rosenau, *Turbulence in World Politics: A Theory of Changes and Continuity* (Princeton: Princeton University Press, 1990).

[11] Max Singer and Aaron Wildavsky, *The Real World Order: Zones of Peace, Zones of Turmoil*, 2nd edn (Chatham, NJ: Chatham House Publishers, 1996).

[12] David P. Forsythe, "The United Nations and Human Rights at Fifty: An Incremental but Incomplete Revolution," *Global Governance*, 1, 3 (September 1995), 297-318.

[13] Theodore H. Von Laue, *The World Revolution of Westernization: the Twentieth Century in Global Perspective* (New York; Oxford University Press, 1997).

[14] Samuel P. Huntington, "The Clash of Civilization," *Foreign Affairs*, 72, 3 (Summer 1993), 22-49; Samuel P. Huntington, *The Clash of Civilization and the Remaking of World Order* (New York: Simon & Schuster, 1996).

[15] Francis Fukuyama, *The End of History and the Last Man* (New York: The Free Press, 1992).

[16] 關於此方面的探討文獻很多,例如Joanne R. Bauer and Daniel A. Bell, eds., *The Eastern Asian Challenge for Human Rights* (New York: Cambridge University Press, 1999).

[17] Michael Hunt 就曾提出對美國的批評,他對這種呈現「侵略性與反社會的個人主義」表示擔憂。詳見*Ideology and US Foreign Policy* (New Heaven: Yale University Press, 1987), 44 and passim. Rhoda Howard在*Human Rights and the Search for Community* (Boulder: Westview, 1995)一書

中，就認爲美國式的人權對社群意識有所損害，但加拿大式的人權就沒有這
項缺點。

18 Michael J. Perry 在 *The Idea of Human Rights: Four Inquires* (New
York: Oxford University Press, 1998)一書中，就認爲宗教是構成人權
之不可或缺的基礎。

19 Benjamin R. Barber, *Tihad and McWorld* (New York: Ballantine
Publishing Group, 1995).

20 可進一步參考 Herbert C. Kelman, "The Conditions, Criteria, and
Dialectics of Human Dignity: A Transnational Perspective,"
International Studies Quarterly, 21, 3 (Septemner 1977), 529-
552; and Harold K. Jacobson, "The Global System and the Realizat ion
of Human Dignity and Justice," *International Studies Quarterly*,
26, 3 (September 1982), 315-332 。關於此議題的討論，在後文中也將
有進一步的說明，尤其是第四章。

21 David P. Forsythe, *Global Human Rights and American Except iona l ism*
(Lincoln: University of Nebraska, University Professor
Distinguished Lecture, 1999); and Forsythe ed., *The United States
and Human Rights: Looking Inward and Outward* (Lincoln: University
of Nebraska Press, 1999).

22 Donald W. Jackson, *The United Kingdom Confronts the European
Convention on Human Rights* (Gainesville: University of Florida,
1997).

23 美國聯邦法院向來堅持主張擁有對它國違反國家法律之侵權行爲（torts）
的司法審查權。因此當某些外國的施虐者進入美國時，往往都會以違反國際
人權的原因，而被成功地被舉發起訴。儘管向來鮮少達成財政上的判決，但
是這些被證明有罪的犯人卻會受到國際旅行的限制。詳見Henry J. Steiner
and Philip Alton, *International Human Rights in Context: Law,
Power, Morals* (New York: Oxford University Press, 1996), 779-
810 。

24 Paul Hunter, *Reclaiming Social Rights: International and Comparative
Perspectives* (Aldershot: Dartmouth, 1997), 41.

25 Stanley Hoffman, "The Hell of Good Intentions," *Foreign Policy*,
29 (1977-1978), 3-26.

26 Samuel P. Huntington, *The Third Wave: Democratization in the Late
Twentieth Century* (Norman: University of Oklahoma Press, 1991).

[27] Jack Donnelly, *International Human Rights*, 2nd edn (Boulder: Westview, 1997).

[28] 關於此議題的探討，詳見 Werner Levi, *Law and Politics in the International Society* (Beverly Hills: Sage Publications, 1976)。

[29] 關於此議題，詳見 Robert H. Jackson and Alan James, eds., *States in a Changing World: A Contemporary Analysis* (New York: Oxford University Press, 1993)。

[30] 讀者可特別參考 Kathryn Sikkink, "Human Rights, Principled Issue-Networks, and Sovereignty in Latin America," *International Organization*, 47, 3 (Summer 1993), 411-442。

[31] Mark Landler, "Levi Strauss Going Back to China Market," *International Herald Tribune*, April 9, 1998, 1.

[32] Cathal Nolan, *Principled Diplomacy: Security and Rights in US Foreign Policy* (Westport: Greenwood, 1993).

[33] David P. Forsythe, *US Foreign Policy and Human Rights: Congress Reconsidered* (Gainesville: University Press of Florida, 1989).

[34] Peter R. Baehr, "Negotiating the Convention on Torture, in David P. Forsythe, ed., *The United Nations in the World Political Economy* (London: Macmillan, 1989), 36-53.

[35] Lawrence J. LeBlanc, *The Convention on the Rights of the Child: United Nations Lawmaking on Human Rights* (Lincoln: University of Nebraska Press, 1995).

[36] Thomas J. Biersteker and Cynthia Weber, eds., *State Sovereignty as Social Construct* (Cambridge: Cambridge University Press, 1996).

[37] 關於此議題有許多相關的文獻，讀者可參考 C. Wilfred Jenks, *The Common Law of Mankind* (London: Stevens, 1958)。

[38] 大致上可參考 Forsythe, *Human Rights and World Politics*。

[39] Herman Burgers, "The Road to San Francisco: The Revival of the Human Rights Idea in the Twentieth Century," *Human Rights Quarterly*, 14, 4 (November 1992), 447-477.

[40] 轉引自 Thomas G. Weiss, ed., *Collective Security in a Changing World* (Boulder: Lynn Rienner, 1993), 14。

[41] "Agenda for Peace," A/47/277 and S/24111. June 17, 1992, para.

17.

[42] Kelly Kate Pease and David P. Forsythe, "Human rights, Humanitarian Intervention, and World Politics," *Human Rights Quarterly*, 15, 2 (May 1993), 290-314.

[43] Oscar Schachter, "Sovereignty and Threats to Peace," in Weiss, ed., *Collective Security*, 20.

[44] Mark Zacher, "The Decaying Pillars of the Westphalian Temple: Implications for International Order and Governance," in Rosenau and Czempiel, eds., *Governance without Government*, 58-101.

[45] 關於衝突情境中不同形式的國際干涉，讀者可參考Oliver Ramsbotham and Tom Woodhouse, *Humanitarian Intervention in Contemporary Conflict* (Cambridge: Polity Press, 1996)。

[46] John Herz, *The Nation-State and the Crises of World Politics* (New York: D. McKay, 1976).

[47] David Jacobson, *Rights Across Borders: Immigration and the Decline of Citizenship* (Baltimore: Johns Hopkins University Press, 1995).

[48] 轉引自David P. Forsythe, *The Politics of International Law: US Foreign Policy Reconsidered* (Boulder: Lynne Rienner, 1990), 55。

[49] John Hutchinson, *Champions of Charity: War and the Rise of the Red Cross* (Boulder: Lynne Rienner, 1990), 55.

[50] Francois Bugnion, *Le Comite International de la Croix-Rouge et la Protection des Victimes de la Guerre* (Geneva: ICRC, 1994).

[51] John Muller, *Retreat from Doomsday: The Obsolescence of Major War* (New York: Basic Books, 1989).

[52] Nolan, *Principled Diplomacy*.

[53] 可參考Burns Weston, "Human Rights," in Richard P. Claude and Burns Weston, eds., *Human Rights in the World Community*, 2nd rev. edn (Philadelphia: University of Pennsylvania Press, 1992), 14-30; and also Jack Donnelly, *Universal Human Rights in Theory and Practice* (Ithaca: Cornell University Press, 1989).

[54] David P. Forsythe, *The Internationalization of Human Rights* (Lexington: Lexington Books, 1991).

ဢ　第二章　ભ

建立人權規範

　　值得我們注意的是，人權概念不但在西方過去的歷史上，
扮演著一個相當重要的角色，在一九四五年之後的國際關係
裡，人權概念的地位也不容忽視。然而，卻沒有任何一個人能
夠清楚、確切地解決及回答關於這些權利之源由與其「真正」
之本質所在的問題。儘管學術界一直沒有停止對於這個哲學議
題的爭辯，但是國際社會—尤其是透過聯合國—卻已然同意並
認知一種現代的人權觀點。國家，亦即國際社會中最重要的行
為者，本來應該是依循著「現實主義」無情的自利原則而行
事，現在卻經由國際法與國際組織等媒介，而採用了「自由主
義」的標準規範，也就是對個人與全體人類的人權有所關注。
[1] 經由國際一致認可的人權，就像是社會建構一般，都是確實存
在於國際關係中的事實。

一種權利哲學？

　　事實上，學術界不乏有許多與人權有關的不同理論的探討。[2] 即使我們只看西方哲學家的意見，也可以發現充滿著許多相異的看法。舉例來說，對 Edmund Burke 而言，人權概念就是一種極端荒謬的虛構幻想。[3] 同樣地，對 Jeremy Bentham 來說，將人權建構在自然權利之上，可說是相當愚蠢且矛盾的，因為「自然權利根本就是無意義的東西···無異於空中樓閣。」[4] 當代哲學家 Alasdair MacIntyre 也告訴我們，世上沒有與人權相同的東西；人權就類似於巫婆、獨角獸，以及其它虛構出來的角色。[5] 就此而言，Karl Marx 並不是在北京出生的。正因為他的家世與其主要考量的原則範圍，他的論點明顯也是相當偏向西方觀點。如果我們冒著過度簡化許多他的論點未必前後一致的著作之風險來看，我們應該可以指出Marx 將許多不同的公民權利等同於天生固有的美善，同時這些權力對於達到社會主義境界是相當有助益的。但是，他卻認為財產權是造成現代世界中之社會病態的主要原因。[6]

　　John Locke的論點也廣受不同學者的詮釋。從西方政治哲學的一個主要觀點來看，他似乎認為自然法將人權以財產權的方式呈現出來—亦即由每一個個人所擁有。人權因而就是道德權利，沒有任何政府權威可以僭越。在他的自由主義觀點裡，不同的個體都是平等且自治的主體，而其自然權利則可凌駕於國家與國際法之上。政府權威的主要目的就在於確保這些權利能夠得到合法的運用與實踐。另一方面，Attracta Ingram卻告訴我們，人權並不是由自然法則中衍生出來財產權。[7] 人權乃是建構在政治過程之中，且具有民主政治的特色，而不是玄

學原則的發現。當然，除了這些學者的觀點之外，我們還能提
出更多關於人權的建構理論或分析理論。[8]

　　除了公民與政治權利之外，Ingram同時也繼續表示她對經
濟與社會權利的合法正當性的支持與贊同。她強調這些積極權
利具有某程度上的重要性，認為人類應該享有食物、衣著、房
舍，以及醫療照顧的最低標準。另一方面，Maurice Cranston
卻主張人權只能是屬於公民─政治的範疇，而不能涵蓋經濟─
社會的領域。[9]　他以若干阻擋政府介入私人領域的消極權利，
作為他認定屬於個人之諸多基本權利的句點。對於這個說法，
Morris Abram表示同意[10]　，但是Donnelly卻不表贊同─他認
為Ingram主張涵蓋經濟與社會權利的說法是正確、有效的。[11]
同樣地，Henry Shue與John Vincent也同意人類應擁有最低
生活權利是第一要務的說法（儘管這些權利主要屬於社會─經
濟的面向，但並非全部都是），而這些權利也應當凌駕於法律
權利之上（亦即公民與政治權利）。[12]　Donnelly接著指出，
人權只可以是個人的，而不能是集體的。William Felice並
不同意這種看法。他極力主張群體權利的正當性。[13]　有些是超
出於第一階段的消極權利之外（之所以稱之為第一階段，乃是
因為這些權利是最先受到認可的），而後也超出第二階段的積
極權利，最後則進入綜合性權利的第三階段：亦即人類應享有
和平、健康環境的權利，發達成長權、甚至是人道援助的權
利。[14]

　　除了上述學者的論點，讀者當然也可以繼續援引其它的主
張與論點，進一步延伸此一議題的爭辯，但是，幾乎每一個與
人權議題有關的概念，最後都會變成政治科學家所謂的一種
「爭辯概念」。Ingram認為，「權利命題乃是在當前政治現實

中的一種普遍且受到爭辯的概念。」[15] Chris Brown 亦曾爲文指出,「幾乎每一種隸屬於『人權』範圍理的事物,都是相互矛盾抵觸的事物。」[16]　然而,由於學術界對個人基本權利的源由與本質尚未達成一致的意見,因此讀者或許會比較同意Vincent 的看法,亦即「關於人權概念之目標的清單,似乎是相當龐大的。」[17]

　　到目前爲止,對人權概念的探討都是與西方社會結合在一起(至今我也只有引用西方學者的論點),而西方文明關於權利爭議的單一性與一致性,則是被過度誇大了。然而,這或許依然是正確的,亦即主要的西方人權觀點仍包含了某些自由主義的成分在內。至少,個人所擁有的權利,被認爲是政府當局所必須予以尊重的。這些權利應當被制訂成爲法律,同時也應該經由獨立運作的法院來加以辯護。然而,隨之而來的爭議,就可能包括下列幾項:究竟誰才應該擁有這種公認的權利(女性、少數族裔、同性戀者,或者是特定政治團體的成員?)、除了人類,還有誰應該享有權利(動物、人群團體,哪一種團體?)、這些權利是否應該凌駕於傳統公民與政策權利之上(社會—經濟權利、文化權利、和平的連帶責任,或者是經濟發展權,又或者是健康環境權?)、權利源自何處(上帝、自然法,或者是人類自創的?),以及什麼才是實踐這些權利的最好方法(法院、司法途徑以外的政策、私人行動,或者是教育?)。

　　儘管有這些歧見,但是人權是一種學術構念,同時也是一種廣泛的政治—法律常規的看法,確實最先是與西方世界產生關連的。其它區域或文化雖然也顯現出道德原則與贊成某種人類尊嚴形式的運動,但是這些卻都並不是源自於權利觀點。[18]

最先認為個人應該擁有基本權利的說法，是起源於西方世界，而後則進一步產生政府部門必須尊重這些權利的制度化主張。英國是發展立憲主義的先驅，亦即寡頭政府將因此受到其他菁英所享有的權利的制約。法國與美國而後也根據從西元一七八〇年代開始的個人權利—至少是白人男性的權利—進一步實行另一種民主政治的類型。在許多非西方的文化裡，個人依然得依賴統治者來判斷何謂好政府的抽象原則；個人不被認為具有私人的權利，同時也沒有能夠迫使統治者對他們表示尊重的手段與方法（例如訴諸獨立運作的法院）。

　　因此，西方世界的國家，或早或晚都會與下列自由主義的原則相結合：個人權利是重要的；那些易受傷害者與被社會忽略的邊緣人，應當要得到更多關心與注意；政府當局應該尊重個人自治與偏好；理性應當凌駕於情感之上；應該以談判妥協取代暴力；進步是可能的。[19]

　　從此觀點來看，同時也誠如我們在第一章中談到的內容，其實與John Locke的論點相當接近，因此，我認為自由主義尤其主張把所有的注意力都放在個人的基本道德與法律權利之上。這些基本權利，以及人權，不但應該被落實在公共政策之中，同時也必須受到應有的尊重。

　　同理，我也試圖區分古典政治自由主義者與新自由主義者。前者十分強調和平與理性的探討，所以往往會成為對司法抱持過多美好幻想的浪漫者，他們也因此反對以強制性的行動來阻止違反人權的種種作為（而應訴諸法律）。另外，他們也過度強調法院判決之角色的重要性，不管是國內或國際判決皆然；再者，這些古典自由主義者更以為在缺少強制性作為的前提下，透過外交手段，依然能夠獲致其所欲的目標，這種觀點

不啻是過於樂觀了。

　　相較之下，儘管新自由主義者與古典自由主義者的出發點假設是相同的，亦即人權普遍而言是一個好東西，但是他們卻認為在人權論述之上，必然存有一更高層次的倫理或道德原則。因此，新自由主義者相信除了刑事司法之外，還有其它不同的司法形式，同時，這些形式有時候也可以基於其它個人價值（例如和平或和諧）的因素，而取法院判決的地位而代之。另一方面，新自由主義者也相信儘管國際關係的重要目標之一應該是維持既有之和平與理性的外交手段，然而，有時候要終止某些邪惡之徒故意犯下的違反人權行為的唯一方法，就是透過強制性的行動。

　　簡而言之，本書之所以決定運用一套簡單或「淺薄」的概念，就是要使本書的分析組織更有條理。這些概念基本上都與若干有獨創性之思想家（例如Locke與Doyle）的論點相符合。儘管自由主義與自由主義者都有許多不同的分支或類型，但是自由主義的基本核心概念卻同樣都是集中在對人權的尊重，而且是以不同個人所具有之相等價值為依據，同時認為人民的偏好也應該被確實落實到公共領域之上。古典自由主義者尤其強調法律上的權利、獨立的法院判決，以及和平的政策制定過程。[20] 新自由主義者則是更強調除人權以外的其它價值、除理性論述之外的其它行為模式，同時也認為應該停止把如何使人性尊嚴與社會司法變得更好的問題，當成是一種必然會面臨的困難抉擇情境。然而，當面臨違反人權之行為時，古典自由主義者往往總是尋求以法治途徑與訴諸法院判決來解決，相對地，新自由主義者則是傾向於採用外交妥協、和解的方式，以及其它司法途徑以外的行動來處理這類行為。不過，總的來

說，對古典與新自由主義者而言，個人的美善或福利依然是其
制定決策時的主要依據。[21]

　　如果我們要對這個議題，尤其是針對權利的自由主義哲學
做出一個簡短的概要總結，Susan Mendus 的看法可說是相當
正確的。她認為一旦有越多哲學家發現與權利有關的理論是不
足的，那麼就有越多政府當局會將人權形於法律，制定為成文
的規範。[22] 然而，在哲學或理論爭辯，以及代表國際認可之人
權的諸多政治協定之間，確實出現了連結溝通上的漏洞—「而
這卻是二十世紀最具影響力的概念。」[23] 根據曾擔任過美國總
統 Jimmy Carter 之國家安全顧問的 Zbigniew Brzeinski 的
說法，「人權乃是當代唯一最重要的政治概念。」[24] 然而，儘
管國際社會通過了許多協定，但是仍無法阻絕對人權之所有面
向的持續性爭辯—在政治圈、法律圈，以及學術界都是如此。

權利的國際政治

　　不可否認，西方強權在國際關係中的強勢地位已經為遲了
約兩個世紀之久，這也就意謂著對我們討論的這個議題來說，
強大的西方國家正佔據著促進或阻撓人類諸多概念在世界事務
上之發展的核心關鍵地位。[25] 從十九世紀中葉左右開始，西方
世界的跨國道德主義就逐漸在國際公共政策上嶄露頭角。十九
世紀與二十世紀初，國際社會也採取了若干反對奴役制度與販
賣奴隸的行動、代表戰爭受害者的行動、保護工業化勞工運
動，以及代表合法僑民運動等等。這種以西方社會為主的道德
主義，實際上具有自由主意的本質，其特別關心那些受到壓迫
的個人，並試圖合法地改變公共政策的方向。

　　就連馬克斯主義(Marxism)都可以被認爲是這種以西方世界爲主之道德主義的一部分。[26] 因爲 Marx 開始對工業勞工在粗野資本主義下之情境產生興趣的時間，大概與 Henry Dunant 對戰爭受難者與「國際紅十字會」，以及西方社會廣泛對奴役制度與非洲奴隸交易產生關切的時間差不多。

　　在西方國家裡頭有一種廣爲接受的主張，亦即政府當局的合法正當政策目標，遠不僅於自我防衛以對抗外在侵略，以及維持最低限度的公共秩序而已。尤有甚者，這種傳統古典自由派（libertarian）或是「守夜人」（night watchman，引申爲堅守傳統信念者）的觀點，不管在哪一個層面，事實上都已經幾乎被新興觀點所取代了。概括而言，這種新興觀點認爲國家應該要去提升人民的衛生健康與福利。另一方面，這種造成西方世界出現許多福利國家之關於政府當局的廣泛性觀點，儘管各國的實踐程度有所不同，但最終都得到了類似的發展結果。舉例來說，由於難民問題與災難問題的嚴重程度超出非官方之慈善團體能負荷的範圍，也因此使得（官方）公共政策的範圍進一步被擴大。[27] 同樣地，世界上的其它區域（除西方世界外），也都存在這些關於道德的原則與運動[28] ，儘管如此，這些區域的重要性程度，卻無法影響那些居於世界事務主導地位的西方國家。

　　讓人感到相當好奇的是，在一八四五年至一九四五年間，受西方世界鼓舞而產生之跨國性道德發展，卻看不到許多有關人權的論述。[29] 許多非官方組織團體，例如總部設在倫敦的「保護人權反奴役協會」（Anti – Slavery Society for the Protection of Human Rights），以及以日內瓦爲總部的「國際紅十字會」，也因此而不斷地督促西方國家要採納那些規範

政府糾正不公義行為的條約（例如阻止非洲的奴隸交易，允許
中立國對戰時的病患與傷患實施醫療援助等）。此外，國際間
也成立了「國際勞工組織」，以保障勞工權益。不過，整體來
說，人權還是被忽略了。換言之，人權大致上依舊是屬於國內
事務，而不是國際性的事務。不過，最值得注意的一些例外，
則出現在第一次世界大戰後的中歐與東歐相繼簽訂的少數族裔
條約與宣言之中。這在些條約與宣言裡，屬於少數族裔的個人
被賦予能向國際組織提出請願的權利，其目的在於希望能打消
因為多數民族暴政，而可能出現的歧視情況。[30] 然而，儘管擁
有部署軍隊的權力，國際聯盟卻無法保證薩爾河（Saar）在一
九三四年能夠舉行民主選舉，同時，國聯也無法讓個人能向
「託管委員會」（Mandate Commission）提出請願，要求委員會
「監管」某些尚未被認為能具有合法獨立或國家地位的領土。

　　此外，尚有其它一些努力已經將對個人的道德關懷順利轉
換成為國際認同的人權規範。少數幾個歐洲地區的非政府組織
在這方面就十分活躍，這和少數幾個國家在一九二０年代與一
九三０年代的情形是十分類似的。在國聯時期，波蘭與海地對
於普世人權標準都大表支持。另一方面，英國與美國曾經試圖
要將個人享有宗教自由的原則加進〈凡爾賽和約〉與〈國際聯
盟公約〉之中，但是，最後仍撤回提案，最主要的原因就是為
了封鎖日本提出種族平等的原則。[31] 正因為如此，國聯對於人
權議題只好繼續保持緘默，然而，過了不久之後，國聯就成立
了社會相關機構與計畫，以處理有關難民，或類似奴役制度之
類的問題。

　　人權不受重視的現象，一直要到Franklin D. Roosevelt
與其他國際領袖認為人權與國際和平及安全息息相關之後，才

接連有若干關鍵性的發展，因而最後才促成國際社會對人權的
認同。不過，我們也不能堅信這種說法，因為人權能夠成為國
際關係裡的正式一部分，究竟是否與重要國家相信普世人權會
影響其國家利益的說法有關，仍然無法得到確認。此外，人權
的詞句之所以能夠被寫入〈聯合國憲章〉之中，其實與西方社
會助人為善的道德聖戰，或者是美國的權宜考量特質都並沒有
太大的關係。不過，〈聯合國憲章〉第五十五條會寫道：「為
創造國際間之和平友好關係所必要之穩定及福利條件起見，並
以尊重人民平等權利及自決原則為根據，聯合國應促進・・・
全體人類之人權及基本自由之普遍尊重與遵守，不分種族、性
別、語言、或宗教」，其實並非偶然。

　　Roosevelt 總統與英國知識分子 H．G．Wells 十分熟稔，
對他提出之人權的國際準則也相當熟悉。[32] 在一九四一年晚
期，FDR（Roosevelt 總統）在一次演說中提出了著名的「四項
自由」（four freedoms），他試圖在演說中，對美國參加第二
次世界大戰找出一個意識型態的架構，同時也為戰爭結束之後
的和平擘畫出一張可行的藍圖。這四項自由（言論自由、宗教
信仰自由、免於匱乏之自由、免於恐懼之自由）則相當程度地
預言了後來的〈國際人權法典〉。在一九四〇年代早期，當美
國計畫籌組一個戰後的國際性組織時，同時也持續對人權表示
關注。Roosevelt，以及在他之後繼任總統的 Truman，都深信
惟有以更廣泛的觀點來詮釋國際關係中的人權，才能有效地防
止一九三〇年代，由日本、德國、義大利所發動之侵略行動的
再現。就在這種考量之下，聯合國就不僅僅只是扮演傳統國家
與國家之間外交的協調者角色，同時，聯合國也必須採用許多
社會與經濟計畫，以處理可能產生獨裁政權或軍事政權—最終

走向戰爭一之各種國家內部形勢。Roosevelt堅信侵略行為是源自於剝奪感與迫害。[33] 此外，國際社會對於普世人權的注意，更是著眼於美國、西方國家，以及世界上的每一個行為者的安全利益而定。因此，若利己觀念能與政治道德規範密切配合，那就是再好不過的一件事了。

然而，美國行政部門在一九四〇年代卻面臨著來自國內保守派與種族分子的壓力，更遑論是態度曖昧不明，而依然熱衷於殖民主義的英國，以及來自蘇聯之獨裁與壓抑政權的壓力，最後只好放棄將具約束力之特定性質的人權詞句寫入國際法之中。也因此，在「頓巴敦橡樹園會議」（Dumbarton Oaks）與其它盟國間的會議裡，有關人權議題的提案也就相對落於少數了。不過，在美國的主持下，於舊金山和會中，聯合國終於成立了，同時也將人權寫入其憲章之中，成為正式成文的規範。[34] 而後，此一普遍性字眼的意涵，又被若干西方社會的非政府組織與拉丁美洲國家予以稍微擴大，然而，卻無法得到美國對保障權利的特定承諾表示贊同。此外，第三個聯盟則是以蘇聯為領袖，儘管此聯盟認同普遍的人權概念，但卻沒有落實此概念的熱忱。

在此，我們可以看到一項關於國際人權的基本，同時也可說是不完整、尚待解決的自相矛盾的說法。簡單的說，國內違反人權的行為，很可能會演變為對外的侵略行動。不過，一旦你建立了一個法治的國際社會，以處理這些侵害他人人權的行為，那麼妳就有可能會使自己的應變處理自由受到限制，同時也會突顯出自己的缺點。Roosevelt與Truman都深信引發第二次世界大戰的主因，就是德國在一九三〇年代的內部政策失當所致。然而，如果他們創造一項精確的國際法，同時具有堅定

的強制性機制，那麼這些安排將會限制美國在制定外交政策時的抉擇自由，同時也會對美國社會產生進一步的影響。簡而言之，若要建立一個強勢的國際法律人權建制，將必須犧牲國家的若干行動自由作為代價。

　　儘管存在著許多矛盾抵觸之處，但是〈聯合國憲章〉依然是世界史上承認普世人權的第一項條約。[35] 然而，即使是在二十世紀中，經歷過兩次毀滅性極強大的世界大戰，也沒有任何一個強權國願意提出一項對個人有益之關於重建國際關係的根本提案。雖然人權被模糊的予以認同，但是它們仍然是傳統國家外交政策所要追求的目標。權利理論是具完全創新的：所有個體都與人權站在同一邊，即使是主權國家也必須對其表示尊重。但是，不管是聯合國或任何其它國際組織，在一九四五年時，都缺乏一種明確的超國家權威已足夠確保其尊重人權的態度。〈聯合國憲章〉同意安全理事會能夠針對安全問題，通過具有約束力的決策，但這些決策卻不能與社會問題有關。此外，憲章也明白指出聯合國禁止干涉任何國家的內部事務。職是之故，在往後幾年內，世界政治的多數時間，都是在處理這個肯定普世人權，以及對國家主權凌駕於國內社會議題之上的再確定，這二者之間的矛盾抵觸問題。

　　正當〈聯合國憲章〉通過前後，第二次世界大戰中獲勝的國家成立了紐倫堡與東京國際戰犯法庭，並將德國與日本的領導人予以起訴。對發動戰爭之罪行與侵害和平之罪行提起國際控訴，進一步強化了個人應該能夠對其違反戰爭法的行為以及進行侵略性戰爭的舉動，負起法律責任的主張。但是關於「違反人性之罪行」的概念，儘管是比較新的概念，同時也是引起關於適當程式爭議的概念，卻也意謂著個別領導人需要為其基

於自身國家人民的理由—至少在戰時—所採取之某些違反人權
的行為負起責任。一旦某些違反人權之粗野行為被大規模的運
作，例如謀殺、奴役、放逐、偽藥實驗，其相關主導人士就必
須被予以起訴、定罪，若事態過於嚴重，甚至會被判處死刑。
儘管上述兩次國際刑事訴訟的過程，不能說是完全公平公正、
毫無偏見，或者是沒有不帶任何「勝利者的正義」，然而，這
些經驗確實也助長了人權的概念，亦即所有個人在承平時期與
戰爭時期，都同樣具有若干基本權利。 36

有關人權的國際法典

　　由於〈聯合國憲章〉只是在文字上提到普世的人權議題，
但卻沒有將其意涵清楚地界定出來，因此早期聯合國總是透過
外交行為，試圖來填補此一漏洞。在一九四八年十二月十日，
聯合國大會在當時「聯合國人權委員會」主席Eleanor
Roosevelt女士的建議下，通過了〈國際人權宣言〉此一充滿
抱負的正式聲明。在此宣言中的三十項原則所涵蓋的範圍，與
長久以來被許多西方國家與非官方行為者所支持贊同的原則基
本上並無二致：政治參與權與公民自由權；免於匱乏的自由，
亦即有權擁有足夠的食物、衣著、住房、健康醫療服務；免於
恐懼的自由，亦即能要求有一國際秩序環境，而宣言中所載錄
的所有其它權利都可獲得實踐。然而，即使聯合國大會通過了
此一正式的宣言，但是卻沒有立即獲得國際法之具約束力的地
位，同時，沙烏地阿拉、南非，與蘇聯及其五個盟國都在投票
中棄權。（除了沙國之外，其它國家的繼任政府都否認曾在一
九九〇年代中期有此棄權的行為。）

　　至於當時（一九四八年）其它四十六個聯合國的成員國，則是相當迅速地以談判方式對此宣言達成協議，儘管彼此之間仍存在著許多不同的爭議點。[37] 絕大多數大會中的成員都是國家政府的代表，也都對此宣言摘要中的個人基本權利概念表示認同，同時也不反對此宣言對人權的闡釋內容。在一九四六年至一九四八年這段期間內，對於普遍性（universalism）與相對性（relativism），以及有關權利的不同世代探討，則比較少見到激烈的爭論。其中尤以西歐民主國家最能適應此國際宣言的精神與內容，因為其規範的各項原則與這些國家所要追求的國內政策目標極為接近。尤有甚者，美國行政部門在一九四〇年代中期，不但強調公民政治權利，對於社會經濟權利也十分重視。當時長期掌握白宮總統職位的民主黨（Democratic Party)試圖解決自一九三二年後開始出現之經濟衰退的問題，透過提出廣泛的政府公共計畫，政府進一步回應資本主義市場的挫敗，以提供人民各項基本所需（同時，必須注意的是，儘管美國參加了第二次世界大戰，但最後仍解決了國內高失業率的問題）。舉例來說，Roosevelt總統在一九四四年提出了一項「經濟權利法案」。[38] Truman總統也強烈支持全國健康醫療照顧的權利法案，不過他卻從未能有機會使他的提案在國會中通過。

　　此外，女性組織在〈國際人權宣言〉的制定過程中不但有相當活躍的表現，同時也試圖將其偏好加進宣言的內容之中，結果也相當豐碩。[39] 女性主義者對於聯合國人權的主流發展情形，其實並沒有多做批評。主要是因為「人權委員會」的主席正是一位女性，而且聯合國還另外成立了一個「婦女地位委員會」（Commission on the Status of Women），這種種作為

讓聯合國內部的主導意見相信，聯合國對性別議題的關注已經相當足夠了—尤其〈聯合國憲章〉更提出不論性別一律平等的主張。

不可否認，在談判協議的過程中的確出現相當廣泛的分歧意見，此外，儘管非洲與亞洲在聯合國的代表席位很少，但在整個過程中仍並不只有西方社會的聲音而已。[40] 除了西歐與北美洲，拉丁美洲之政治菁英的觀感也相當傾向西方社會。該區域裡的國家所反映的是古代「伊比利人」(Iberian)的價值觀，亦即屬於西方社會的觀點，而不是反映這些國家的固有「印地安人」民族的價值觀。[41] 例如，那些與加拿大社會民主主義者，同時也是具有聯合國國際文官身分的John Humphrey共事的拉丁美洲社會民主主義者，就應是宣言中提到社會經濟權利的主要推手。[42] 此外，由於受到法國很大的影響，黎巴嫩也是相當支持國際人權。同樣情形也出現在深受美國影響的菲律賓。一九四八年輕易通過的〈國際人權宣言〉，儘管「只是」一個由聯合國大會所提出之不具約束力的建議案，不過卻被認為是受到國際認可之人權發展跨出的一大步。亦有學者指出，此宣言是「必要的人權文件，是人權的試金石，也是集結了許多其它指導人類行為之教條的人性信念。」[43] 總的來說，國際道德的最基本論述，不管是表面或實質上的意涵，都是從自由主義出發的。

儘管〈國際人權宣言〉只是一個建議案，但是，若要將其轉化為各種具強制性的條約，那將是曠日廢時，且會引起更多的爭議。其次，國際主要強權國家當時需要專心處理冷戰時期的世界局勢，根本沒有多餘的心力來思考相關問題。我們從國際社會需要以將近二十年的時間（一八四八年至一九六六

年），才能完成〈公民與政治權利國公約〉與〈經濟、社會與
文化國際公約〉的制定，就可以瞭解當時的情勢困難所在。這
兩項條約（我們將在第三章中有較詳細的探討）以及〈國際人
權宣言〉，以〈聯合國憲章〉作爲主體，進一步促成了所謂〈國
際人權法典〉的制定。然而，即使這兩項條約的談判協議過程
在一九六六年就已經完全結束，但是，爲了要使條約能夠對所
有國際成員具有法律效力，國際社會又花了十年的時間，才得
到使條約發揮效力的足夠法定簽署成員數目。其中一個主要原
因，應該是各個國家從原本普遍性人權原則的立場，轉移到特
定條約規定內容之上時，會發現自己在外交政策與國內政策上
的選擇自由受到某種程度的限制—或者認爲原本屬於國內政策
的範疇，現在卻變成國際正式的法律。

此外，一九四八年開始的談判之所以相當繁瑣複雜，主要
受到幾個因素影響。[44] 首先，美國並不急著要推動整項條約的
制定程序，因爲行政部門受到來自國會中的保守派人士、極端
民族主義者，以及種族主義者的強烈抨擊（這三種類別並不是
唯一的）。這些團體認爲行政部門企圖壟斷一切權力，想要變
成一個專擅跋扈的聯邦政府，所以才會引介外來且過度普遍性
的原則，而摧毀由美國憲法與其它州／省政府所規範的既存現
狀。其次，蘇聯集團與其它開發中國家也抓住這個機會，進一
步提昇自己的經濟與社會權利，這對西方集團來說，也造成某
程度的困擾。不過，由於社會與經濟權利也逐漸被落實，而且
國際社會也已經開始起草兩項公約的內容一同時也搭配不同的
監督機制，所以西方國家最後也同意以條約的方式來明文規定
這些權利。至於那些有共產主義集團在背後支持的開發中國
家，則是極力催促，意欲將民族自決原則修訂爲一種集體的人

權概念。在強大的壓力之下，西方國家最後也只能妥協，接受當時的政治現實情勢，同意在兩項公約中加入相同的第一條條文，賦予集體自決一種高度模糊的概念。我們發現，在國際法之中，從來沒有明確界定出那個民族真正具有自決的權利、該採取哪一種自決形式，或者是誰對這些爭議的發言最具權威性。[45] 此外，國際間也出現其它的爭論，例如如果殖民國家批准了此項公約，是否就意謂著其必須在其屬地也服從這些人權的相關規定呢？因此，東方與西方之間，以及北方與南方之間的許多關於人權的爭議，就必須透過在聯合國進行辯論而得到解決。

另一方面，聯合國大會組成成員上的變化，尤其是從一九五０年代中期開始，也相當值得我們注意。許多非西方的國家紛紛成為聯合國的成員國。於是，有關人權的複雜談判過程，亦可與一九四八年的情況相比擬。許多這些較新的成員國不但不屬於西方社會，同時也是較貧窮與不民主的國家。因此，它們並在表達對民主權利之支持，以及對組成一個包含許多公民權利的公民社會，或者是對強調經濟權利的態度（甚而對美國造成許多的困擾），顯得更為積極。[46] 不過，這些發展卻相當受到蘇聯與其盟國的歡迎。尤有甚者，誠如前文所述，許多國家即使在聯合國投票時都對〈國際人權宣言〉投下贊成票，但是一旦考慮到自己必須在人權領域中，承擔特定國際法律上的責任，其態度都會顯得相當猶豫—遑論當時聯合國根本尚未成立一個處理人權紛爭的專屬法庭了。正如我們所見，這兩項公約其實並不具有強大的監控能力，或者是強制性機制。此外，即使它們發現若干政策與人權概念結合將較為有益，但是大多數國家函示期盼能在決策上擁有更多的獨立運作空間。

不過，到了一九九〇年代時，已經約有一百四十個國家成
為〈公民與政治權利國際公約〉以及〈經濟、社會與文化國際
公約〉的簽署國。現在國際間約有一百九十個國家，很明顯
的，大多數國家都至少願意給予普世的人權自由概念正式的支
持與贊同。的確，人權概念確實被證實是具有一定程度的吸引
力的，然而，正如同 Francis Fukuyama 所預測的情形，即使
國家對這些公約表示支持，但實際上卻未必真正服從相關的規
範。同樣地，我們也發現，許多國家，包括如美國之類的民主
國家，都希望能兩面俱到。它們希望能對人權概念表示支持，
但是不管是就其國內政策而言，或從外交政策來看，這些國家
同時卻也期盼能維持制定政策時的國家獨立地位。

沒有霸權領導的法律建制

在聯合國內部對於國際人權法之發展有一相當關鍵的問
題，那就是美國政府由於受到來自國內政治的壓力，被迫必須
放棄其在世界上建立國際人權標準的領導地位。[47] 儘管FDR總
統已經將人權發展引領到一定的程度之上。但是，如Truman、
Eisenhower，以及其他幾位繼任的總統，莫不受到美國國內政
治的嚴厲地限制。美國與蘇聯進入冷戰之後，使得國會中的某
些成員開始將爭取社會經濟權利看成是社會主義邁向共產主義
路線的階段性步驟。因此，保守與狂熱運動，例如「麥卡錫主
義」（McCarthyism），使得關於國際人權之理性的國會論政變
得相當難以存在（如果可能的話）；這種瘋狂的運動，只允許
對於美國道德優越性與國家安全的沙文主義式的盲目辯護存在
於華盛頓的政策辯論中。種族主義者亦從中獲取勇氣，同時要

求國際間停止發展有關種族平等與免於種族歧視之權利的各項
觀點。與這些條約法案相比之下，民族主義者仍較支持美國憲
法的最高優越性。另一方面，民間組織也興起一片反對政府簽
署相關條約的聲浪。其中，「美國律師協會」（The American
Bar Association）是最具影響力的保守利益團體。該協會認
為相關條約的附加條款並不足以保障美國的利益，同時也盡其
所能誇大美國一旦簽署這些條約後，所可能產生的國內問題，
因此建議美國政府不要參與簽署〈國際人權公約〉（另外，也包
括〈滅絕種族罪公約〉）。另一方面，反對批准條約的聲浪也出
現在參議院之中。「布里克運動」（Bricker movement）的興
起，就是試圖削弱行政部門在談判與批准這些需要條約時的權
力。因為這些反對聲浪，Eisenhower政府決定不再公開表示對
人權條約的支持。儘管行政部門因此在與國會的拉鋸戰中，保
有其全面領導性的地位，然而卻犧牲了其對於推動國際人權事
務的領導者角色。再者，儘管美國自認為是其它國家的人權範
本，不過，聯合國人權發展卻失去了這個世界上最強大之國家
的支持。[48]（譯者按：來自俄亥俄州（Ohio）的John Bricker
參議員提出透過修改美國憲法的議案，試圖以限制總統締結條
約的權力，來換取行政部門拒絕簽署相關的人權條約，這就是
布里克運動。）

　　至於國際關係中的其它部分或其它議題範圍，則有霸權國
家取得主導地位，以協助建構管理這些重要議題的規範與組
織。[49] 舉例來說，美國在西歐與西半球取得領導地位，並且為
了防衛多邊利益，而在這些地方築起了各項安全建構。不可否
認，北大西洋公約組織以及許多美洲國家的活動，對於美國之
安全觀點都是採取順從與合作的態度。雖然美國並不需要脅迫

其它國家遵從其觀點（但一九五九年後的古巴例外），但是為
了獲致其霸權領導的地位，還是必須透過一連串主動的行動、
承擔大部分的責任，同時也付出許多額外的代價。

　　然而，就全球人權議題來說，美國卻無法扮演其霸權的角
色，主要原因在於行政部門明顯不支持聯合國人權的發展路
線。甚而，國會與公共輿論也都認為行政部門，不管是由共和
黨或民主黨主政，在國際人權議題上的角色都是相當被動和消
極的。的確，從 Dwight Eisenhower 到 Gerald Ford，美國
都沒有在其外交政策上，對國際人權有太多著墨與強調，而這
種取向很明顯地可以從聯合國的各項活動中看出來。這種取
向，一直要到一九七０年代中期才有所轉變。國會的立場不但
與過去不同，而且也開始強調其在一九四０年代大力反對的議
題，也就是在外交政策上強調人權概念。同時，從 Jimmy
Carter 以降的美國總統，才能夠真正將人權形塑為為世界政治
中更突出的一項議題。[50]　另一方面，儘管到了一九七六年之
後，美國還是沒有批准〈經濟、社會與文化國際公約〉；但
是，在若干的條件限制下，美國政府仍然批准了其它人權相關
條約，不過，美國國內仍發生明顯與廣泛的種族問題，此外，
對於將一般普遍、非政治之罪犯判處死刑的比例來說，美國也
比其它工業化民主國家有更高的比例。因此，儘管美國所做的
嘗試遠比冷戰時期來得更多更廣，但是最終還是發現其無法在
聯合國的人權議題上扮演霸權領導者的角色。

國際人權法典之後的發展

　　儘管國際社會在推動人權的過程中，沒有得到美國這個世界霸權的鼎力相助，但是，其它國家、國際文官，以及非政府組織等，都戮力於結合各界的力量，讓聯合國通過了許多和人權有關的條約與宣言。例如，西元一九四八年，聯合國大會通過了〈防止和懲罰屠殺罪公約〉（Convention on the Prevention and Punishment of the Crime of Genocide），主張任何個人如果試圖要摧毀一個社會團體，不管是徹底摧毀或部分摧毀，都必須要承擔被起訴的結果。另一方面，聯合國大會也於一九四九年通過一項規範娼妓賣淫的條約（應是〈人身買賣及剝削娼妓禁止公約〉，The Convention of the Suppression of the Traffic in Persons and of the Exploitation of the Prostitution of Others），以確保女性的人身安全。而後又在一九五一年通過「難民地位公約」（Convention Relating to the Status of Refugees），並於一九六七年增訂了此一公約的議定書（應是〈難民地位議定書〉，Protocol Relating to the Status of Refugees）。這些國際難民相關法案的主要角色，在要求世界各國必須給予那些因為有充分理由擔心會遭到迫害而逃離家園的難民有臨時的政治庇護。一九五三年，聯合國大會修，訂了一九二六年通過的〈反奴隸制度公約〉（Slavery Convention）。同年，大會也通過了〈婦女權利公約〉（Convention on the Political Rights of Women），隔年又通過了〈無國籍人士地位公約〉（Convention Relating to the Status of Stateless Persons）。西元一九五六年，聯合國大會更通過了〈廢除奴隸

制度公約〉(Convention on the Abolition of Slavery)，
國際社會早先在此議題上通過的各項條約與公約，也因此得到
進一步的強化。另外，聯合國也於一九六一年通過〈減少無國
籍狀態公約〉(Convention on the Reduction of
Statelessness)，強化了一九五四年相關條約的內涵。另一
方面，許多非西方社會的聯合國新進成員國，也展現其政策上
的影響力。聯合國大會因此於一九六五年通過了〈反種族歧視
公約〉(Convention on Racial Discrimination)。而後在
一九七三年通過的〈反種族隔離公約〉(Convention against
Apartheid)，則是針對南非共和國內部所實施的種族隔離政策
而有的一項國際公約。到了一九七九年，聯合國大會則是通過
了〈反普遍歧視婦女公約〉(Convention on General Dis-
crimination against Women)，並在一九八四年通過了一項
反對酷刑的公約(應是〈禁止酷刑和其它?忍、不人道或有辱人
格的待遇或處罰公約〉，Convention against Torture and
Other Cruel, Inhuman or Degrading Treatment or
Punishment)。同時，聯合國大會在各成員國普遍支持的情況
下，於一九八九年通過了〈兒童權力公約〉(Convention on
the Rights of the Child)。

　　此外，本是屬於國際聯盟底下之組織的「國際勞工組
織」，在一九四五年後，技術性地成為聯合國的所屬單位之
一，也在此一時期中通過許多有關不同議題的條約，例如結社
自由(1948)、從事集體談判之勞工運動權利(1949)、免於
被迫勞動的自由(1957)、免於社會歧視的自由(1958)，以
及保護原住民(1989)等。同時，「聯合國教育科學暨文化組
織」(United Nations Educational, Scientific and Cul-

tural Organization，簡稱UNESCO）也在一九六〇年時，通過一項關於免除教育歧視的公約。

　　而在聯合國之外，各國也相當關切人權標準的設立，同時也同意進一步發展國際人道法－有時候指涉的也包括在武裝衝突中的國際人權法。在一九四九年八月十二日，國際社會通過了四項環環相扣的〈日內瓦公約〉，亦即〈戰爭受難者保護公約〉（Protection of Victims of War）。而後在一九七四年至一九七七年舉辦的一項外交會議中，在瑞士政府的提倡下（其從一八六四年開始就是人道法的受託國），又通過了補充一九四九年公約的兩項議定書（Protocols）。第一項議定書強化了國際武裝衝突中的人道規範。第二項議定書則是首度提出有關國內武裝衝突，亦即所謂之內戰的小型規範性公約。在一九八〇年時，許多國家都同意接受一項關於傳統武器的架構性公約，不過卻因此引發若干混亂且不必要的麻煩。這些「日內瓦法規」或者是「紅十字法規」－之所以如此命名，是因為背後的支持者乃是總部設在日內瓦的國際紅十字會，也就是由國際紅十字與「紅新月運動」（Red Crescent Movement）所組成的團體－主要關切的對象就是那些在戰爭裡不起任何作用或非從事戰鬥工作的人員。這些相關法律的主旨目標，無非就是要人性化戰爭，亦即使戰爭變得更符合人道精神。總而言之，其主要目的在於保護並協助被俘虜而入獄的戰犯，或者因生病或受傷而無法繼續戰鬥的軍人；一般平民百姓；在佔領區裡的人員；與家人分散或沒有家屬消息的人員；在戰區裡亟需食物、衣服、避難所，以及醫療照顧的人員；受到武器－或其他因素－傷害的人員。[51]　其中最基本的論點就是，即便是在戰爭時期，不管是國際性戰爭或內戰，在法律上參與戰鬥的各造都不

能進行肆無忌憚的摧毀行動，而只能夠針對特定允許的目標進行直接的軍事行動，以使人道的不幸情況降到最少。即便有許多法律專家仍然感到疑惑，因為在國際殺戮行動之中，如何可能會有運用戰爭人道法的時機，然而，此一普遍性原則仍被所有專業化軍事國家所接受。

　　當然，我們都知道有許多文獻是針對關於和平時期之國際人權法與牽涉到國際或非國際武裝衝突時期的國際人權法這二者之間的關係作進一步的探討。而其中最主要與非守法主義的論點，就在於這兩項國際法的主體共同分享了一個主要的目標，亦即試圖創造出各國必須在不同情境中合法服從的人性尊嚴的最低標準。[52] 過去一直在和平時期處理人權相關議題的聯合國，也逐漸發展出各項政策與計畫，以應用在戰爭時期的人道行動之上。而國際紅十字會，亦即在戰時擔任「紅新月運動」的居間協調者，也開始與聯合國相關部門（以及其它行為者）共同合作，採取一致的人道行動。實際上，法律上的差別實在不應被用以模糊共同一致的目標與執行計畫時的合作行為。[53]

　　如果我們把那些透過聯合國大會、國際勞工組織、聯合國教育科學暨文化組織，以及由瑞士經諮詢紅十字會後召開的「外交會議」而談判通過的各項人權與人道條約放在一起來看，那麼，很明顯的，不管在戰時或和平時期，我們都不乏有全世界與普遍的人權標準。當然，我們也可以把其它不同國際組織，針對這些相同的議題而通過的各項宣言與其它形式的軟性法律加進上述的條約列表之中。另一方面，國家也總是希望把自己描述成是支持某些較正面的標準，而非僅擁護惡劣之國家自利的現實主義原則。因此，就連許多非西方社會以及非民主

制度的國家都成爲支持人權條約的合法成員。不過弔詭的是，
這些國家的實際作爲並不是立即就受到檢證。誠如我們在第一
章一開始就曾提過，口頭提出願意遵從這些高貴原則，與在權
力鬥爭中面臨勝敗抉擇壓力時的實際政治作爲（或者是對人類
不幸毫無感覺），這二者間其實存在著一個非常大的鴻溝與差
距。同樣地，人權標準確實是國際關係中的一項自由主義事
實，而且這些標準實際能夠引發若干對提升人權尊嚴的有益影
響力之可能性，是不能被大大低估的。若我們以聯合國的真正
象徵性意涵來比擬，那麼國際人權標準的真正意涵就是：其目
的並不是要帶領我們進入喜樂的天堂，而是要將我們從地獄中
拯救出來。[54]

持續的爭辯

的確，在一九九三年的聯合國維也納人權會議中（Vienna
Conference on Human Rights），大多數與會國家對於國際
認可之人權意涵，不但都有所保留，而且也以不同的角度來詮
釋這些人權（標準）。就以它們對美國這個戮力於推廣及確認
普世人權概念的國家的觀點來說，許多國家在會議中都強調這
些國際人權主要乃是西方社會的觀點，因此不是用於其它社
會。抱持這種觀點的國家，包括有中國、古巴、敘利亞、伊
朗、越南、巴基斯坦、馬來西亞、新加坡、葉門，以及印尼。
[55] 從新加坡的觀點來看[56] ，由於某些國家的人口實在太多，
社會也太過擁擠，因此追求一個較高層次的個人主義式的人權
的說法，往往受到各界的質疑，因爲這相當有可能會危及整個
社會的福利，而這種看法乃是相當合理的。尤有甚者，亞洲社

會長久以來就很明確地強調集體的福利，而這種態度卻顯然是西方社會所缺乏的。某些西方觀察家也發現，美國雖然在國際間推動普世的人權標準，但是實際上自己也沒有完全支持國際社會所認可之社會經濟權利。此外，美國也不顧其它民主國家的反對，持續對普通的犯罪行為施以死刑。同時，美國政府也為了自己的方便，而公然違反難民權利─其在一九八○年代晚期與一九九○年代時處理海地難民問題的政策就是一例─這不啻是一種虛偽的表現。[57]

儘管在不同國際會議中時常會出現上述不同的看法，但是，這些看法與其它歧見卻從來沒有徹底得到解決。〈維也納最終宣言〉（Vienna Final Declaration）重申：「對所有人類之人權與基本自由的普遍尊重與遵守‧‧‧這些權利與自由的普遍性本質是無庸置疑的。」然而，此宣言卻也主張：「儘管我們必須瞭解國家與不同地域的特殊性，以及不同的歷史、文化與宗教背景，但是不管這些國家的政治、經濟與文化制度有何差異，努力推廣與保護所有的人權與基本自由，都是國家必須承擔的責任。」這個說法使新加坡人找到一些「擺動的空間」，而宣稱他們事實上非但不是一個威權體制的國家，而且還設計出一套成功且具有區域特殊性的亞洲式的民主制度（Asian-style democracy）。

然而，即使這些國家提出不同的看法與爭議，但是在維也納會議結束時，贊成只允許（國家）擁有些微程度的自主政策之普世人權標準的看法，仍佔有一定的優勢，不過此一立場卻仍無法完全改變抱持相對看法之行為者的意見。[58]簡而言之，這個主導的觀點也就是認為普世的人權會對諸如政府壓迫人民，以及激烈的資本主義市場等普遍性問題有所回應。許多非

西方社會的觀察家也同樣認同這個說法。[59] 另一方面,不管開發程度有何差異,不論是否位在相同的區域,或者具有同一國籍,人類都需要受到國際社會的保護,而不必對這些問題感到憂慮。舉例來說,不同國家或許會因為採取總統制或內閣制的政府體制來落實人民在決策過程中的政治參與權利,但是它們都必須賦予人民最真誠而非是虛假的權利,以確實做到民主統治。的確,有關人權討論的歷史事實,確實是從西方社會開始的,但是對國家主權概念的討論卻也是如此。也因此,當國家主權的概念被非西方世界所廣泛接受的同時,一般人會認為,人權概念也應該受到普遍的重視。正如同國家主權一般,在人權發展的歷史中,並沒有任何事實上的跡象顯示此概念是不適用於非西方社會的。

此外,在二十世紀即將結束之際,國際社會對於〈國際人權法典〉仍有許多其它的批評。在本書的最後一章裡,我會對這些批評做更深入的討論—尤其將分析女性主義的觀點。在此,我們需要注意的是那些對自由主義的最重要的批評,主要都是由現實主義者所提出的。

當代的現實主義者,例如曾擔任美國國家安全顧問與國務卿的Henry Kissinger,認為國際人權乃是一種對國際關係真正的本質—亦即國家間的權力計算—造成損害之最不適宜且感情用事的非法干涉。現實主義者其實根本無法接受人權外交,因為他們知道如美國或荷蘭這類(民主)國家偶爾會堅持對民主制度有所關切,因此會特別關切公民與政治權利,但是現實主義者認為強調這些概念是相當不明智的作為。在無政府國際關係中的理性國家行為者,往往會全神貫注於對外的權力關係之上,因為只有權力能夠確保國家的生存與國內價值。至於若

干特立獨行與感情用事的國家，尤其是美國，總是會輕率地想將其內部價值與社會條件反映在外部的國際關係之上，卻沒有察覺到這種無政府的狀態與缺乏道德、政治良知的情境，其實代表著一種非常不同的環境背景。⁶⁰

　　不過，有一種被廣為引用的現實主義者立場，認為透過國際行動來阻止對國際認可之人權的嚴重迫害行為，無疑等同於德蕾沙修女（Mother Teresa）的善行（她因為在印度幫助貧苦的百姓而聞名）。⁶¹ 若從此觀點來看，美國與其它國家在索馬利亞進行之阻止大規模不幸事件，以及阻止海地與柯索夫內部的苛政的相關行動，都不是理性國家應該會採取的作為。這類行動基本上應該是由非官方的社會部門來負責，而不是由理性思考的強權國家來主導。因為國家必須要使自己的權力不帶有任何私人感情，而其軍事力量也必須能夠隨時待命，以從事牽涉到傳統重大國家利益的傳統戰爭，而不是將他們的力量浪費在「五角大廈」所認定之「除戰爭以外的行動」（operations other than war）。如果此一現實主義的分析途徑認為解決外國人類之痛苦是毫無效力的政策，那將是相當令人感到遺憾。然而，一個聰明的決策者或外交官並不會受到情感的驅使，而只有在對權力與安全做出冷靜的計算後，才會採取必要的行動。簡而言之，現實主義政策的基石，乃是國家利益，而不是個人福利，也更不可能是普世人權了。

　　有鑑於此，若我們認為當代國際關係的一個主要問題，在於如何使具有自由主義架構之國際人權法，與廣被實踐之認為國家在無政府狀態下之國際關係中，必須自行確保本身之安全的現實主義外交政策相調和，或許仍算是相當適當的。儘管國際法與國際組織著重自由主義的精神，但是傳統國際關係卻

是顯現出現實主義的要旨。

　　不可否認，在自由主義與現實主義的辯證衝突中，人權問題依然是相當重要的一項議題。自由主義的人權概念乃是一種具延展性且會進化的概念。也因此，毫無疑問的，各項有關人權的新規範與新意涵會不斷地被通過，並加進現有的相關法案文件之中，而對人類尊嚴的新威脅也將會不斷地出現。舉例來說，當科學進步到能夠對動物進行複製的時候，有關複製倫理的新辯論也將隨之而起，同時各種相關法律也會跟著出現。同理，當透過科學方法能夠把精子冷凍起來，而且延緩試管中卵子的受精作用，社會上也同時出現了相關的倫理爭辯與新法的制定。的確，人類尊嚴的威脅會隨著時空轉換而有所改變。因此，作為確保人類尊嚴之最低標準手段的國際人權標準，必然也會隨著改變。眾所周知，如果我們要繼續保有那些健全且有效力的人權標準，同時也希望能夠在道德與政治判決之要求下，對人權概念有所改變的話，那麼持續爭論普遍的人權概念就是一個十分正常，甚至是必要的過程。然而，如何保護國際關係中的人權，卻依然是一個相當複雜難解的問題。

討論問題

- 你認為人權是起源自基本的人性原則，而可以在世界上之不同的社會中找到，正如同Lauren教授的主張一般，或者人權是起源自西方自由主義的原則，就如同Donnelly教授的主張一般呢？我們是否應該期望那些非西方的社會，在沒有接觸自由主義一段夠長的時期下，能夠與那些工業化之西方民主國家一樣，接受並保護人權？對人權保護來說，哲學上的傳統思想是否很重要呢？抑或是經濟發展是很重要的因素呢？印度在此爭論中的定位為何？南韓的定位為何？波扎納的定位又為何？

- 由於在哲學論證與人權條約的廣泛認同之間缺少一適當的連結，你認為人權的哲學思想與人權的實踐是否毫不相干？或者，我們在運用人權標準上是否會有更多的困難，因為我們並不真正瞭解自由主義與其它「主義」，如保守主義、社群主義（communitarianism），以及現實主義之間的差別所在。

- 各國對於國際人權法的廣泛正式接受與認同，究竟有何重要性？當國家同意人權條約與外交實踐行為時，這是否是現實主義的虛偽表現？如果國家有時候無法在特定情境下執行這些人權，那麼這是否還算是符合自由主義的一種真誠的承諾？為什麼在國內能夠實踐自由主義與人權規範的國家，有時候會發現很難將人權觀念推廣至國際關係之上？

- 你認爲國際組織的各項政策是否總是出其最強大之成員國的偏好？你認爲國際文官、較不強大的國家，以及非官方組織，是否能夠在這些國際組織中推廣人權呢？若最主要的國家不願支持，這些行爲者的影響力又爲何呢？

- 〈聯合國憲章〉中之所以有人權的概念存在，是因爲基於對人類之人性尊嚴的考量，亦即因爲某種自由主義的思潮而有，或者是基於國家安全的考量，也就是因爲現實主義的考量而有呢？人權可能對促進安全有貢獻嗎？自由主義有時候是否能夠相容於現實主義呢？有時候二者是否不相容呢？

- 你認爲人權是否只包含公民與政治權利，正如同Granston教授（與美國）所主張一般，抑或是還包含了經濟與社會權利，如同Shue教授（以及世界上多數的其它國家）的主張一般呢？我們是否應該認可第三種固有權利，也就是包含發展權利、和平權利、健康醫療權利、或者安全環境的權利呢？在我們能夠更適切地執行既有的人權之前，我們是否應該暫時停止追求更多國際間認可的人權呢？

建議閱讀

Best, Geoffrey, *War and Law Since 1945* (Oxford: Clrendon Press, 1994). 對於當代人道法的發展、其內容，以及實踐該法律的努力作爲有深入的探討與解釋。

Brownlie, Ian, ed., *Basic Documents on Human Rights*, 3rd edn (New York: Oxford University Press, 1992). 這是一本廣泛探討且相當

有用的著作。

Claude, Inis L., Jr., *National Minorities* (Cambridge, MA: Harvard University Press, 1955). 這是一本探究如何在兩次大戰期間運用國際法來保護歐洲少數族裔權利的著作，同時也探討了失敗的原因。

Cook, Rebecca J., Human Rights of Women: National and International Perspectives (Philadelphia: University of Pennsylvania Press, 1994). 本書對一重要性日增的（人權）課題提供了相當不錯的概述。

Cranston, Maurice, "Human Rights, Real and Supposed," in D. D. Raphael, ed., *Political Theory and the Rights of Man* (Bloomington: Indiana University Press, 1967). 對公民與政治權利提出辯護，尤其是針對國家穩定與安全的功利主義者而言，同時也對經濟與社會權利提出抨擊。本書的其它章節也相當值得參考。

Donnelly, Jack, "Human Rights and Human Dignity: An Analytical Critique of Non-Western Human Rights Conceptions," *American Political Science Review*, 76, 2 (June 1982), 433-449. 這是一篇探討人權與其它提升人性尊嚴之方法之間差異的討論文章。作者認為歷史上的人權主要仍是西方社會所建構出來的概念。

Dunne, Tim, and Nicholas J. Wheeler, eds., *Human Rights in Global Politics* (Cambridge: Cambridge University Press, 1999). 本書對人權的立論基礎，以及人權與不同文化、社會的關聯性有更深入的討論。作者質疑人權究竟是否遭到破壞的問題，因為在當代國際關係中的人權概念，根本就具有一些基本的錯誤。

Evans, Tony, *US Hegemony and the Project of Universal Human Rights* (New York: St. Martin's Press, 1996). 一位歐洲學者以批判性的角度來檢視美國在國際人權標準之演進過程中所扮演的角色，同時強調美國國內政治對國際發展的重大影響。

Evans, Tony, ed., *Human Rights Fifty Years On: A Reappraisal* (Manchester: University of Manchester Press, 1998). 以極為批判性的角度來評估自一九四八年〈國際人權宣言〉通過後，國際人權在五十年間的發展情況。

Hannum, Hurst, *Autonomy, Sovereignty, and Self-Determination: The*

Accommodation of Conflicting Rights (Philadelphia: University of Pennsylvania Press, 1992)．作者為一個執業律師，以個案分析的方式，評論關於民族自決的集體權利之要求在世界各地如何被處理的問題。本書透過結合一般法律原則的概念以及對特定問題的認知，提供了相當不錯的見解。

Hunt, Paul, *Reclaiming Social Rights: International and comparative Perspectives* (Aldershot: Dartmouth, 1996)．這是少數幾本以嚴肅態度對經濟與社會權利做深入探討的著作之一。作者認為這些權利是相當重要，同時其中一些權利是可以被正式宣告的。

Hutchinson, John F., *Champions of charity: War and the Rise of the Red Cross* (Boulder: Westview, 1996)．本書針對一八五九年興起之國際紅十字會與紅新月運動的起源，以及其在一次世界大戰後不久的運作情形作一詳盡的探討。作者強調即使非官方組織對戰爭受害者有許多協助，但是民族主義與軍國主義仍具有相當可觀的力量。

Klotz, Audie, *Norms in International Relations: The Struggle against Apartheid* (Ithaca: Cornell University Press, 1995)．對人權觀念在國際關係中所扮演的角色有深入且綜合性的探討。作者主張人權觀念與行動，除了經濟與安全考量之外，同樣都有助於南非的轉型。

Krasner, Stephen D., ed., *International Regimes* (Ithaca: Cornell University Press, 1983)．本書是把 International Organization 對國際建制概念所做的專題討論重新翻印出版。對於國際人權建制的背景有深入的討論，同時也集結了許多社會科學家的觀點。

Lauren, Paul Gordon, *The Evolution of International Human Rights: Visions Seen* (Philadelphia: University of Pennsylvania Press, 1998)．作者強調非官方組織與個人之角色在提昇國際關係中的人權地位時所表現出來的重要性，包括了非西方社會的組織。作者認為人權概念並不全然是西方社會的產物。

Morsink, Johannes, *The Universal Declaration of Human Rights: Origins, Drafting, and Intent* (Philadelphia: University of Pennsylvania Press, 1998)．本書針對〈國際人權宣言〉的十五年制定過程作了詳盡、確切的探討。

Shestack, Jerome, "The Philosophic Foundations of Human Rights,"

Human Rights Quarterly, 20, 2 (May 1998), 201-234. 作者以激進
觀點來解釋人權的不同哲學基礎，雖然提供了相當不錯的概述，但卻沒
有對概念上的爭論有所解答。

Shue, Henry, *Basic Rights: Subsistence, Affluence, and US Foreign
Policy*, 2nd edn (Princeton: Princeton University Press, 1997).
這是一本相當重要的著作。作者認為許多重要的人權都超出傳統類別之
外，因此包括某些公民權利，例如以免於死刑的自由形式呈現的生活
權，以及擁有足夠食物、衣著，以及避難所的生活權。就此觀點來看，
某些經濟與社會權利乃是相當基本的，同時也是要享有其它種權利前，
所必須先擁有的基本權利。

Winston, Morton, ed., *The Philosophy of Human Rights* (Belmont:
Wadsworth, 1989). 本書提供了相當不錯的概述。

本章注釋

[1] David P. Forsythe, "Human Rights and US Foreign Policy: Two
Levels, Two Worlds," in David Beetham, ed., *Politics and Human
Rights* (Oxford: Blackwell, 1996), 111-130.

[2] 確實，我們可以找到大量關於人權的文獻。讀者可參考David P. Forsythe,
Human Rights and World Politics, 2nd rev. edn (Lincoln: University
of Nebraska Press, 1989), ch. 7; Morton E. Winston, ed., *The
Philosophy of Human Rights* (Belmont: Wadsworth, 1989), and Tim
Dunne and Nicholas J. Wheeler, eds., Human Rights in Global
Politics (Cambridge: Cambridge University Press, 1999), Part I。

[3] Jeremy Waldron, ed., *Nonsense upon Stilts: Bentham, Burke and
Marx on the Rights of Man* (London: Methuen, 1987).

[4] 轉引自前揭書，第53頁。

[5] Alasdair MacIntyre, *After Virtue* (Notre Dame: University of Notre
Dame Press, 1981), 61-69. 讀者可同時參考Susan Mendus, "Human
Rights in Political Theory," in Beetham, ed., *Politics and Human
Rights*, 10-24。

[6] 我相當感激Donnelly教授不吝提供關於此論點的建議與指導。

[7] Attracta Ingram, *A Political Theory of Rights* (New York: Oxford
University Press, 1994).

8　舉例來說，讀者可參考Stephen Shute and Susan Hurley, eds., *On Human Rights: The Oxford Amnesty Lectures 1993* (New York: Basic Books, 1993)。

9　Maurice Cranston, "Human Rights, Real and Supposed," in D. D. Raphael, ed., *Political Theory and the Rights of Man* (Bloomington: Indiana University Press, 1967), 43-53; Cranston, What Are Human Rights? (New York: Basic Books, 1964).

10　Morris Abrams, "The United Nations, the United States, and International Human Rights," in Roger A. Coate, ed., *US Foreign Policy and the Future of the United Nations* (New York: Twentieth Century Fund Press, 1994), 113-138.

11　Jack Donnelly, *Universal Human Rights in Theory and Practice* (Ithaca: Cornell University Press, 1989).

12　Henry Shue, *Basic Rights: Subsistence, Affluence, and US Foreign Policy*, 2nd edn (Princeton: Princeton University Press, 1997); John Vincent, Human Rights and International Relations (Cambridge: Cambridge University Press, 1986).

13　William Felice, *Taking Suffering Seriously: The Importance of Collective Human Rights* (Albany: SUNY Press, 1996).

14　關於這些階段的評述，請參考Forsythe, *Human Rights and World Politics*。

15　Ingram, *Political Theory of Rights*.

16　Chris Brown, "Universal Human Rights: A Critique," in Dunne and Wheeler, eds., *Human Rights in Global Politics*, 103.

17　Vincent, *Human Rights and International Relations*, 35.

18　Donnelly, "Human Rights and Human Dignity: An Analytic Critique of Non-Western Human Rights Conceptions," *American Political Science Review*, 76, 2 (June 1982), 433-439. 讀者也可參考另一種不同的觀點，詳見Paul Gordon Lauren, *The Evolution of International Human Rights: Vision Seen* (Philadelphia: University of Pennsylvania Press, 1998); and Micheline Ishay, ed., *The Human Rights Reader: Major Political Essays, Speeches, and Documents from the Bible to the Present* (London: Routledge, 1997)。

19　除了我們在第一章中所引用之Michael Doyle的自由主義之綜合意涵外，讀者也可參考Andrew Moravcsik, "Taking Preference Seriously: A

Liberal Theory of International Politics," *International Organization*, 51, 4 (Winter 1997), 513-554.

[20] 事實上，Locke認為除了面臨到持續且有計畫之對人權的強大損害，否則人民應該將反叛政府的權利視為是面對暴政下的最後一項訴諸手段。Locke也強調應該設置獨立法院以保障人權。

[21] 我個人將自由主義看成是一種政治的(與法律的)哲學。運用在經濟學領域的自由主義是另外一種截然不同的課題，不過政治自由主義提出之人類擁有財產權的主張，卻對於有限(立憲)政府之出現，扮演著一定重要程度的角色。自由主義與經濟學都是相當重要的學科，不過就本書主旨來看，在此則不需要對其細節做出更多的探討。

[22] Mendus, "Human Rights in Political Theory."

[23] Tony Evans, *US Hegemony and the Project of Universal Human Rights* (New York: St. Martin's Press, 1996), 41.

[24] Zbigniew Brzeinski, *The Grand Failure: The Birth and Death of Communism in the Twentieth Century* (New York: Collier Books, 1990), 256.

[25] 詳見第一章的內容，尤其是第7頁與註13。

[26] John Hutchinson, "Rethinking the Origins of the Red Cross," *Bulletin of the History of Medicine*, 63 (1989), 557-578.

[27] David P. Forsythe, "Humanitarian Assistance in US Foreign Policy, 1947-1987," in Bruce Nichols and Gil Loescher, eds., *The Moral Nation: Humanitarianism and US Foreign Policy Today* (Notre Dame: University of Notre Dame Press, 1989), 63-90.

[28] Donnelly, "Human Rights and Human Dignity," 見註16。

[29] Jan Herman Burgers, "The Road to San Francisco: The Revival of the Human Rights Idea in the Twentieth Century," *Human Rights Quarterly*, 14, 4 (November 1992), 447-477.

[30] Inis L. Claude, Jr., *National Minorities* (Cambridge, MA: Harvard University Press, 1955).

[31] Burgers, "The Road to San Francisco," 449.

[32] *Ibid., passim.*

[33] 從一九九〇年代的美國政治背景，尤其是認為聯合國可能對美國安全有所危害的美國右翼人士之抨擊背景來看，有兩位作家認為FDR(Roosevelt總統)

乃是傳統的權力政治家，亦即認爲聯合國是他用以維繫一九四五年之後的和平的現實主義計畫中的一部分。的確，在Roosevelt總統的思維裡，確實存在若干現實主義的要素，然而，他與Truman卻也認爲聯合國藉由抨擊違反人權之行爲，以及解決貧窮問題的作爲，也可同時有利於和平的維繫。詳見 Townsend Hoones and Douglas Brinkley, *FDR and the Creation of the UN* (New Heaven: Yale University Press, 1997).此部分可進一步與 Ruth B. Russell, *A History of the UN Charter: The Role of the US 1940-1945* (Washington, D.C.: Brookings, 1958)的內容作一比較。

[34] Antonio Cassese, "The General Assembly: Historical Perspective 1945-1989," in Philip Alson, ed., *The United Nations and Human Rights: A Critical Appraisal* (New York: Oxford University Press, 1992), 25-54; Cathal Nolan, *Principled Diplomacy: Security and Rights in US Foreign Policy* (Westport: Greenwood Press, 1993), 181-206.

[35] 該憲章以促進國際和平與安全爲由，對人權表示贊同與支持。但是，當提到要把民族自決納入後來的人權法律檔時，國際社會卻反而支持採用集體人權的原則，因而不管在國家政治或國際政治上，都引發許多爭執與造成不穩定的現象。

[36] Christian Tomuschat, "International Criminal Prosecution: The Precedent of Nuremberg Confirmed," *Criminal Law Forum*, 5, 2-3 (1994), 237-248. 而後，關於違反人性之罪行究竟是否只會發生在武力衝突，或者在和平時期也有可能發生的爭辯，仍然沸沸揚揚。

[37] Johannes Morsink, *The Universal Declaration of Human Rights: Origins, Drafting, and Intent* (Philadelphia: University of Pennsylvania Press, 1998).

[38] Bertram Gross, "The Human Rights Paradox," in Peter Juviler and Bertram Gross, *Human Rights for the 21st Century: Foundations for Responsible Hope* (Armonk: M.E. Sharpe, 1993), 128.

[39] Morsink, *Universal Declaration*, ch. 3 and *passim*.

[40] Ibid., *passim*.

[41] 儘管這種抽象的拉丁美洲伊比利人價值與國際人權標準相符合，但是該區域違反人權之現象仍層出不窮。詳見David P. Forsythe, "Human Rights, the United States and the Organization of American States," *Human Rights Quarterly*, 13, 1 (February, 1991), 66-98。我們在稍後第五章的內容中也會有進一步的說明。

[42] Morsink, *Universal Declaration*, chs. 5, 6, and *passim*.

[43] Nadine Gordimer, Reflections by Nobel Laureates," in Yeal Danieli, Elsa Stamatopoulou, and Clarence J. Dias, eds., *The Universal Declaration of Human Rights: Fifty Years and Beyond* (Amityville, NY: Baywood, 1998).

[44] Evans, *US Hegemony*.

[45] 關於這些問題，有許多相關的文獻可供參考。讀者尤其可參考Hurst Hannum, *Autonomy, Sovereignty, and Self-Determination: The Accommodation of Conflict Rights* (Philadelphia: University of Pennsylvania Press, 1992); and Morton H. Halperin and David J. Scheffer, with Patrica L. Small, *Self-Determination in the New World Order* (Washington: Carnegie Endowment, 1992)。

[46] David P. Forsythe, "The United Nations, Human Rights, and Development," *Human Rights Quarterly*, 19, 2 (May, 1997), 334-349. 讀者亦可參考曾擔任過「聯合國人權中心」(UN Human Rights Center)主任的 Theo van Boven 所寫的著作。

[47] Evans, *US Hegemony*.

[48] 除了 Evens, *US Hegemony* 與 Forsythe, "Human Rights and US Foreign Policy," 之外，讀者也可參考 Natalie Hevener Kaufman, *Human Rights Treaties and The Senate: A History of Opposition* (Chapel Hill: The University of North Carolina Press, 1990); and Lawrence J. LeBlanc, *The United States and the Genocide Convention* (Durham: Duke University Press, 1991)。

[49] Stephen D. Krasner, ed., *International Regimes* (Ithaca: Cornell University Press, 1983); Volker Rittberger and Peter Mayer, eds., *Regime Theory and International Relations* (New York: Oxford University Press, 1993).

[50] David P. Forsythe, *Human Rights and US Foreign Policy: Congress Reconsidered* (Gainesville: University of Florida, 1988).

[51] 有許多文獻對法律層面進行深入探討，尤其是從政策取向角度來分析，例如 Geoffrey Best, *War and Law Since 1945* (Oxford: Clarendon Press, 1994); Caroline Morehead, Dunant's Dream, *War, Switzerland, and the History of the Red Cross* (New York: St. Martin's Press, 1998); Francois Bugnion, *Le Comite International de la Croix-Rouge et la Protection des Victimes de la Guerre* (Geneva: ICRC,

1994), English edition forthcoming; John Hutchinson, *Champions of Charity: War and the Rise of the Red Cross* (Boulder: Westview, 1996); David P. Forsythe, *Humanitarian Politics: The International Committee of the Red Cross* (Baltimore: Johns Hopkins University Press, 1977); and Forsythe, *The Internationalization of Human Rights* (Lexington: Lexington Books for D.C. Health, 1991), ch. 6 。　讀者也可參考另一本較不確實的著作 Nicholas O. Berry, *War and the Red Cross: The Unspoken Mission* (New York: St. Martin's Press, 1997)。

[52] 然而，國際法究竟該如何規範非國家行為者在一項非國際武裝衝突中的行為，到目前仍莫衷一是。國際法無疑是以國家為規範主體的。換言之，發動內戰的反叛方，並沒有參與戰爭法的起草過程，也因此就無法確保其必然會遵守這些法律規範。然而，還是有許多反叛者在口頭上承諾願意服從這些人道法，但是其真正的行為是否真的合法，也就無從得知了。事實上，真正重要的是政治上的計算，而不是法律上的技術性細節。如果反叛的一方希望被認為是負責任的行為者，那麼擁有人道行為的名聲就是一項很好的有利條件。

[53] Davud P. Forsythe, "The International committee of the Red Cross an Humanitarian Assistance: A Policy Analysis," *International Review of the Red Cross*, 314 (September-October, 1996), 512-531; Larry Minear and Thomas G. Weiss, *Mercy Under Fire: War and the Global Humanitarian Community* (Boulder: Westview, 1995); and Thomas G. Weiss, David P. Forsythe, and Roger Coate, *The United Nations and Changing World Politics*, 2nd edn (Boulder: Westview, 1997), ch. 5.

[54] Weiss, et al., *The United Nations*, 282.

[55] *New York Times*, June 14, 1993, A3.

[56] Mark Hong, "Convergence and Divergence in Human Rights," in David P. Forsythe, ed., *The United States and Human Rights: Looking Inward and Outward* (Lincoln: University of Nebraska Press, 1999); Fareed Zakaria, "A Conversation with Lee Kuan Yew," *Foreign Affairs*, 73, 2 (March/April, 1994), 109-127; Bilahari Kausikan, "Asia's different Standard," *Foreign Policy*, 92 (Fall 1993), 24-41.

[57] Beth Stephens, "Hypocrisy on Rights," *New York Times*, June 24, 1993, A13.

[58] 針對結合這些普世原則與少許的文化相對主義，或者是以某些特殊／本土之

執行這些原則的不同形式的相關探討，請參考Jack Donnelly, *Universal Human Rights in Theory and Practice* (Ithaca: Cornell University Press, 1989), Part III 。

[59] 有關更詳細的解釋，請參考Onuma Yasuaki, *In Quest of Intercivilizational Human Rights: "Universal" vs. "Relative" Human Rights Viewed from an Asian Perspective*, Occasional Paper No. 2, Center for Asian Pacific Affairs, the Asia Foundation (March 1996), 15 。

[60] Henry Kissinger, *Diplomacy* (New York: Simon and Schuster, 1994).

[61] Michael Mandelbaum, "Foreign Policy as Social Work," *Foreign Affairs*, 75, 1 (January/February, 1996), 16-32. 讀者可同時參考 Stanley Hoffmann 在同一本期刊上對此篇文章所提出的回應文， "In Defense of Mother Teresa," 75, 2 (March/April, 1996), 172-176 。

第二部分

執行人權規範

❧ 第三章 ☙

人權規範在國際間的應用情況

　　在前一章的內容裡，我們提到了一項基本的矛盾，那就是雖然〈聯合國憲章〉中出現了人權的新規範，但是卻沒有設立一個聯合國人權法庭，來專門負責強制執行這些規範。如同我們所知，新的人權目標是在一九四五年被提出來的，同時國際社會也在那之後陸續通過許多人權條約。但是，很明顯地，人們主要還是依賴傳統的外交方式，也就是以國家主權為依歸，來實踐、落實這些人權條約與相關規範。換言之，這也就意謂著現實主義的國家利益原則，仍是最大的考量因素。在本章裡，我們將在全球基礎上，進一步檢證國際社會運用普世人權標準的演進過程。我們將探討國際社會在透過以制度化的步驟來保護人權後，目前是否存有較傾向自由主義的立場。

　　國際法傳統上對於「什麼？」的議題，都比「誰？」的議題有更為清楚的界定。[1] 在相關法律中對於在何種情境中，應該運用何種法律規範的問題，也有明確的強調。然而，法律中卻往往沒有明確指出究竟是誰授權做出這些關於法律上服從的

權威性判決。原則上，這也就意謂著當衝突牽涉到國家本身時，國家依然同時兼任法官與陪審團的角色--此原則被混亂的社會所接受。無疑地，國際人權法與人道事務確實具有分權化的決策特質，也因此在談到順從與否的問題時，往往會引起相當大的模糊空間。正如同我多年前所提出的觀點：「大多數國家，在談判人權協定的時候，往往不希望涉及權威性的國際保護手段。」[2] 的確，許多國家都清楚地對國際認同之人權概念做出自由主義式的承諾。然而，絕大多數國家還是將其獨立性的地位拉高到一定的層次，尤其特別重視國家決策的優先性，而總是認爲這些事務的重要性都是高於普世人權的實踐與落實。

　　然而，這種傳統的看法是否仍然可以令人感到信服呢？本章將會指出，第一，人權的全球強制執行事例，例如國際法院判決與國際社會直接參與之人權規範之運用的其它形式，其實仍然相當罕見。國際組織直接介入保護人權的案例儘管存在，但其實並不常有。不管是國際法院、其它國際法庭，或者是聯合國安理會等組織，其實都沒有直接地參與人權事務，而只是一廂情願地認爲普世人權規範會優於其它競爭性的價值。或許在世紀交替之初，人權的確發生了若干變化，我們看到一九九九年時，北大西洋公約組織以在道德上保護阿爾巴尼亞人爲名義而出兵柯索夫，就是一個很好的例子。然而，這仍然是一種普遍化、概述性的說法。全球國際社會並不經常以人權爲名，而隨意視國家主權爲無物。

　　在此同時，國家總是發現其自身會糾纏在全球治理的過程之中。[3] 在其本身同意之下，國家會發現自己其實就是國際法律建制中的一分子，同時也會因爲外交上的壓力，而逐漸符合

與遵守相關的人權規範。儘管對人權的直接國際性保護或強制作為很少發生，但是以間接方式來執行人權規範的國際作為，卻相當常見。不可諱言，到目前為止仍然沒有一個世界政府能夠凌駕於國家主權之上。但是，我們仍可看到許多關於全球治理的各項安排，能夠限制並重新界定國家主權的範圍與意涵。二十世紀的最後二十五年間，正是這些運用普世人權規範之國際的與間接的行為激增的時刻。許多在執行面向上的努力作為，儘管仍然缺少直接性的強制行動，但是其效能與影響力，卻是相當需要仔細分析與檢證的。[4]

　　國家主權並不會立即從世界事務上消失，不過，此概念卻會在一個持續性與錯綜複雜的過程中不斷受到限制與修訂。而人權規範則是此歷史進化過程中的核心概念。國家或許會利用其主權，而以人權的名義來限制其主權。一般而言，國際認可之人權的重要性是與日俱增的，而國家獨立性地位的價值，則是如江河日下，在逐漸衰退之中。即使有一些例外的情形，不過我們在北半球還是較南半球更能夠看到這種趨勢。總的來說，儘管還是有部分例外情形，不過道德互賴也會伴隨著物質互賴而生—儘管其間會有若干延遲。經過第五章說明區域性的發展之後，相信此概念將更為清楚。對某些國家來說，尤其是歐洲地區的國家，透過國際行動達到人權規範，比維持百分之百的國家決策自由更為重要。換言之，當代自由主義在國際關係上的地位，早已較往昔更為重要與顯著。

主要的聯合國相關組織

安全理事會（Security Council）

　　若我們清楚地研究自一九四五年通過之〈聯合國憲章〉的內容，我們可以發現憲章明白指出安全理事會（以下簡稱安理會）才是必須對國際和平與安全負起責任的主要角色，其所關注的議題也就應該是和平與戰爭的議題。就安全議題來說，安理會根據憲章第七章的規定，可以通過具法律約束力的決策，同時也可要求有強制性行動的配合。除此之外，安理會關注的議題還包括經濟的、社會的、文化的，以及人道的議題。在這些議題之上，安理會與聯合國大會一樣，依據憲章第七章的精神，可以提出各項相關的建議。不可否認，人權確實會落在上述其中一項議題類別之中—例如社會議題或人道議題。然而，〈聯合國憲章〉卻也授權安理會必須要採取行動，以消弭所有不利於和平的威脅。就邏輯上來說，對和平造成威脅的行動有可能就是起源自對違反人權的種種作為。不過從政治事實上來看，在安理會組成的早些年中，若干成員國確實企圖在人權議題尚未與安全議題產生關聯之前，先行提出相關的討論。在早期，安理會都是以前後不一致的態度來回應這些人權議題[5]，主要原因乃是受到冷戰的影響。大約從一九六〇年開始，到冷戰結束為止，安理會開始越來越有計畫地處理與其它課題有所連結的人權相關議題：引起暴力事件的種族主義—尤以南部非洲為最；武裝衝突中的人權；跨國界的武裝干涉行動；以及針對選舉與公投而採取的武裝監管行動等。[6] 在此時期中，安理會偶爾也會聲稱在人權議題與跨國暴力行為間必有關聯性存

在。

　　冷戰結束之後，基於早期通過的一些決策，安理會的成員，尤其是那些與南羅德西亞與南非共和國有關的國家，進一步擴大了國際和平與安全的概念。[7] 然而，區分人權議題與安全議題的界線，卻往往都是相當模糊的。與過去相比之下，安理會不但擴大了憲章第七章的強制行動範圍，同時也主張違反人權之行為與國際和平及安全確有密切的關聯性。在安理會擴大此範圍的過程中，國家主權所捍衛之國家司法管轄權的範圍則是相對受到限縮。此外，安理會也不只一次暗示，所謂的安全，其實可以指涉各國內部人員的安全，此種說法即是以他們的人權為依據，而不僅僅只是指涉傳統跨國界之軍事暴力行為。這些發展，大多發生在一九九〇年代，而與獨立自主的國家主權相較之下，聯合國安理會因而能在一種「聯合」或「集體」的主權基礎上，繼續維持其日增的有計畫之人權行動的潛力。

　　在此，我們可提出五點值得強調的摘要。第一，在冷戰結束前後，世界上仍有許多暴力事件持續發生；但是聯合國安理會並沒有對所有事件採取因應行動。安理會雖然一再強調其具有國際威信，但是對在車臣、斯里蘭卡，與阿爾及利亞等地爆發的猛烈戰爭，卻從未能夠給予太多關切與注意。由此觀之，現實主義的中心原則仍是最重要的關鍵；如果主要國家，尤其是美國，發現自己的利益沒有受到威脅，或者相信相關衝突只會對其它領域的造成影響，那麼安理會將不會採取任何行動。第二，安理會偶爾會反覆重申國家內部違反人權之行為會威脅到國際社會的和平與安全，同時也會暗示安理會將根據憲章第七章的規定而可能採用若干強制性的行動來矯正這些行為。在

一九九二年初，安理會的主要成員舉行一項高峰會議，並提出
了一份議題廣泛的聲明，主張安全威脅可能導因於經濟的、生
態的，以及社會的因素，而不限於傳統的軍事因素。[8] 第三，
安理會有時候會對其威信提出相當誇大的看法，但是卻會以尋
求衝突各造之廣泛性同意的方式來獲致和平，而不願採取積極
的行動。舉例來說，一九九一年春天，當安理會在討論如何處
理伊拉克問題的時候，其內部往往可以有足夠的票數通過決
議，而宣稱伊拉克的暴力行為確實對國際和平與安全造成威
脅，然而，安理會卻無法得到足夠的票數，以支持授權採取集
體因應行動的決議。同樣地，安理會在處理索馬利亞（1992-
1994）、柬埔寨（1994-1996），或是波士尼亞（1992-1995）
等問題時，往往只會在紐約宣稱自己嚴正譴責的立場，並強調
聯合國有廣泛的國際威信，但是，聯合國的官員卻仍然必須努
力獲得各國對安理會通過之授權行動的同意與支持。[9] 第四，
安理會常會根據憲章第六章的規範，在各成員國同意之下，派
遣輕武裝部隊進行「維持和平行動」，不但要以軍事力量為基
礎，協助確保和平，同時也要建構一個以公民與政治權利為基
礎之自由民主的綜合性和平。[10] 第五，安理會根據憲章第七章
的內容，會主張自己具有足夠的威信，能夠成立一個特別戰犯
法庭，以起訴那些犯下戰爭罪行、違反人道行為與種族滅絕之
罪行的行為者。最後，安理會主張聯合國的所有成員國依法都
必須與此特別法庭合作，以逮捕那些犯下嚴重違反國際認可之
人權規範之相關罪行的行為者。我們將在第四章裡進一步討論
這類特別法庭。至於憲章第七章的其它用途，則將在本章中繼
續討論。

　關於安全理事會援引〈聯合國憲章〉之第六與第七章的規

範來處理、解決冷戰結束後的種種安全議題的詳細資訊，我們也可從其它文獻中找到更深入的分析探討。[11] 除了伊拉克在一九九０年入侵科威特事件，以及南非在那米比亞干預行動之外，絕大多數吸引國際社會注意力的事件，都是因爲在相關國家內部有平民大量死傷的情形。（而共產主義南斯拉夫在一九九０年代初期的崩解，則引起相當複雜的問題，亦即究竟該如何來評估、看待此一局勢的問題。從其中一個觀點來看，塞爾維亞與克羅埃西亞對波士尼亞的侵略就是此問題的一部分。）冷戰結束之後，安理會不再因爲集團對立的因素而感到縛手縛腳，反而能夠透過許多不同的方式來回應國際情勢，例如：薩爾瓦多從1990年就出現的鎮壓、壓制以及內戰；伊拉克政府在1991年春天對庫德族與什葉派教徒（Shi'ites）發動的攻擊行動；前南斯拉夫在1992年至1995年間，所發生之有計畫的搶奪、種族清洗，以及其它違反人權的重大行爲；索馬利亞在1992年至1994年發生的大規模營養失調與飢荒；柬埔寨在1991年至1997年間沒有自由民主制度與政治穩定的局勢；海地在1993年至1996年間沒有自由民主制度與經濟不健全的局勢；從1994年開始，在盧安達發生之種族滅絕的道德暴力事件；以及從1996年開始，就在瓜地馬拉境內發生之長時間低強度的衝突事件。在此同一時期中，安理會也相當關切發生在安哥拉與莫三比克等地的殘忍戰爭。

　　除此之外，一九九０年代聯合國安理會在對外行動上，還有另一項令人感到訝異的表現，那就是從處理安哥拉與薩爾瓦多等地之嚴重內戰的例子上，我們可以看到除了國際衝突之外，安理會已經願意插手介入因爲國家內部原因與內部議題所引發的國內衝突。舉例來說，在薩爾瓦多、伊拉克、索馬利

亞、柬埔寨、海地、盧安達、瓜地馬拉、賴比瑞亞、安哥拉，以及莫三比克等地，最主要的衝突議題就牽涉到關於「由誰來治理」以及「要多仁慈」的問題。「由誰來治理」的議題會引起究竟是否採用民主制度的問題—更重要的是自由民主制度的問題。諸如是否有自由公正的選舉，以及宗教信仰自由、言論自由，與結社自由？國際社會認同之政治參與權是否受到一定的尊重？「要多仁慈」的議題則會引起關於尊重其它國際認同之人權規範的問題。

不過，在這些例子裡，有少數幾個衝突個案確實具有國際層面的影響，使安理會必須採取必要的行動來加以因應。舉例來說，伊拉克人逃竄到伊朗與土耳其、海地人逃到美國、盧安達人逃到坦尚尼亞與東部薩伊等，在在都受到國際的注目，也需要若干因應行動。但是，在其它例子上，例如薩爾瓦多與波士尼亞的局勢，國際社會基於擔心暴力行為可能持續擴大，進而波及鄰近的國家，而遲遲不願採取因應的行動。此外，就索馬利亞、柬埔寨，以及瓜地馬拉等地的暴動而言，雖然同樣具有國際層面的影響，但是其影響程度卻不是那麼嚴重，因此，也沒有受到立即的關切。換言之，真正的核心議題，依然是那些與民主及人道的統治有關的考量—這些考量本質上就具有關於人權的爭論。此構想之光明面所代表的情形，也就是指安理會具有高度意願，會進一步擴大安全與憲章第七章的概念，並且透過關注所有人民的人權狀況，試圖去改善不同國家的人民的人身安全。

相對地，此構想較不光明的一面，也就是指在安理會支持人權的諸多決議案，以及許多參考憲章第七章所採取的強制性行動之間，確實存有相當大的一條鴻溝；同時，國際社會也的

確沒有很大的政治意願，肯進一步採取花費龐大的行動，以真
正落實安理會的決議內容。就索馬利亞個案來說，安理會宣
稱，凡是干涉人道救援物資的運送的行為，就等於是犯下戰爭
罪。然而，當部分索馬利亞人不但持續干涉救濟物品的運送，
而且還在一次（埋伏）行動中殺害了十八名美國的突擊隊員
時，美國便下令大部分的人員從索馬利亞撤退。雖然索馬利亞
當地發生之大規模的飢荒最後還是得到控制，可是國際社會終
究還是無法建立該國的和諧與獲致人道的統治。也因此，儘管
盧安達境內發生了明確且大規模的種族滅絕慘劇，但是由於美
國在索馬利亞發生嚴重的傷亡事件，華盛頓因此不願再支持聯
合國派遣和平部隊進入盧安達。另一方面，雖然柬埔寨在聯合
國的協助下，成功舉辦了第一次的國家民主選舉，但是「赤色
高棉」的反對行動卻沒有隨著平息，而且聯合國代表團也離開
得太快─因此，為一九九七年的政變埋下了伏筆，也使得以
Hun Sen（韓森）為主之受到廣泛爭議的政權與其支持者重新
奪回領導地位。再以一九九二年至一九九五年的波士尼亞個案
來看，當時安理會關注的焦點主要在於如何改善當地的人權與
人道事務，以避免處理棘手、敏感的民族自決之決策，以及後
來的波士尼亞集體安全問題。當安理會確實授權多國部隊，對
波士尼亞裔的塞爾維亞人進行強烈手段，而塞爾維亞人也以同
樣激烈的政策予以回應時，例如綁架聯合國人員當作人質等，
安理會就準備要打退堂鼓了。雖然安理會願意在波士尼亞境內
畫出部分「安全區域」，但是卻拒絕提供必要的軍隊以有效防
衛這些區域，這種前後矛盾的政策，也埋下後來在斯雷布雷尼
察鎮（Srebrenica）與其它地區發生大屠殺事件的伏筆。由此
觀之，安理會中最關鍵的成員，也就是美國、法國與英國，對

於在波士尼亞與柬埔寨、索馬利亞與盧安達等地進行堅決果斷
但花費龐大的行動完全不感到興趣。[12]（譯者按：一九九五年
七月十一號，塞爾維亞軍隊佔領了這塊主要是由回教徒居住的
飛地。這個鎮是聯合國宣佈的「安全區」，由荷蘭維和部隊人
員把守。在隨後的幾天裏，七千多名回教徒遭到逮捕，隨後下
落不明。）

　　這種趨勢，使得北大西洋公約組織在一九九九年介入柯索
夫的行動顯得特別值得注意。在中國與俄羅斯並不支持西方世
界所要採取之行動的情況下，西方國家刻意繞過安理會的討
論，北約與美國付出可觀的經費與威信，試圖要阻止並扭轉、
改善由塞爾維亞裔所統治之南斯拉夫政府，施加在阿爾巴尼亞
裔之上的各種鎮壓行為、種族清洗、以及其它種種違反人權的
行為。當時有一項令人驚訝的發展，那就是北約的成員國宣稱
南斯拉夫的自由民主，對北約來說是一項重大利益，因此，儘
管沒有安理會明確的授權，其使用武力的決定也得到了正當
化。

　　雖然美國與其它國家之政策未能有始有終，但是西方國家
最終還是完成某些改善工作。舉例來說，在聯合國廣泛介入之
後，薩爾瓦多與那米比亞的也變成較為人道的地區，尤其是與
過去十年的局勢相比，情況更是有十足的改善。海地、莫三比
克以及瓜地馬拉等國家，最終也慢慢走向對人權較為尊重的道
路。如果安理會能夠依循著憲章第七章之維和行動的規範，進
一步幫助發生衝突的各造朝和解與更加符合人道的統治道路前
進，亦即無須有大規模戰鬥或其它形式之昂貴的強制措施，那
麼聯合國的紀錄不管從哪方面來看，都將更值得眾人欽佩。就
其付出的代價來看，聯合國在提升柬埔寨的民主改革作為上，

已經付出超過二十億美金的經費，不過確實有某些改善─儘管並不完全─得到成效了。

　　從冷戰結束之後，安理會關於人權議題的表現記錄其實是相當複雜的，但卻也無法用一個簡單的總和來說明。不可諱言，安理會在推動運用人權規範的作為上，確實比以前要來得積極、主動，也更具全面性。同時，安理會也在許多場合中一再強調，對人權的保護，可以與對和平與安全的考量有所掛勾。不過，如此一來也必然模糊了國家主權的界線，同時也對各國內部的司法審查權造成一定程度的影響。然而，即使安理會沒有足夠的集體政治意願能夠落實其在紐約所提出之各項嚴正聲明，其仍然還是會擴大第二階段的維和行動，以更多的國際關注來涵蓋更廣泛的人權議題。儘管我們從一九九九年發生之柯索夫事件中，瞭解國際社會不能奢望中國與俄羅斯會在安理會中支持這些具爭論性之關於人權的強制性行動。但是，西方世界，也就是指北約的成員國而言，終究還是發現它們需要整個安理會，以及俄羅斯和中國來共同管理危機結束後的國際局勢。

秘書處（Office of the Secretary-General）

　　雖然並沒有很多文獻對聯合國秘書處與人權之間的關係做深入的探討，但是我們仍可發現有兩項因素可以解釋其關聯性在此範疇中的演變過程。首先，當人權在聯合國事務中越來越趨向制度化的時候，秘書長也就越來越常提到此項議題，其對人權議題的態度也會越顯積極。[13] 的確，隨著時空演進聯合國秘書長針對人權議題所採取的行動日益增多，而且正是沿著直線前進的路線發展。其次，歷任的聯合國秘書長都把解決國際

和平與安全的議題列為優先性最高的考量，不過，他們也漸漸
發現人權與安全其實是息息相關，互相糾結的。只要安全議題
能夠與人權議題脫鉤，那麼權利議題的重要性就可能被降低，
或者只要透過「寧靜外交」（quiet diplomacy）的方式就可得
到解決。[14] 如果 U Thant（吳丹，聯合國第三任秘書長）當年
對共產主義社會違反人權之行為予以直言無畏的大加撻伐，那
麼他是否會被蘇聯（Soviet Union）接受，擔任一九六二年古
巴飛彈危機時的敏感調解者的角色，是相當令人存疑的。就當
前局勢來看，人權議題不但逐漸制度化於聯合國之中，同時也
與許多安全議題產生了密切的結合關係，也因此，秘書長Kofi
Annan也越來越願意對人權的保護表示堅定的立場。我們從他
指派前愛爾蘭總統Mary Robinson女士擔任「聯合國人權委員
會」的第二任人權事務高級專員一職，即可看出Annan對人權
議題的支持。

　　在早期的聯合國組織架構中，是由秘書處的官員透過設立
各項規範、標準的方式，來積極推廣人權概念，不過這些官員
卻無法在特定保護成果上有很好的表現。[15] 然而，從聯合國組
織的最高層級來看，不管是Trygve Lie（賴伊，聯合國第一任
秘書長）或者是Dag Hammarskjold（哈瑪紹，聯合國第二任秘
書長）這二位前後任的聯合國秘書長，都沒有表現出對國際認
同之人權規範感到直接或明顯的興趣。Lie 行事可說成效不
彰，他最後也因為公然對共產主義侵略南韓的事件表示反對，
而辭去秘書長一職。另一方面，如果他也公然反對共產主義者
侵害人權的種種作為，我們或許可以猜想得到，他最後的決定
必然也是如此。最主要的原因是，在冷戰期間，秘書長若是對
任何主要議題表示公開、直截了當的立場，都有可能使他成為

某一個聯盟，或其它成員眼中的「不受歡迎的人物」（persona non grata）。令人感到驚訝的是，雖然Hammarskjold來自於瑞典，同時他也是相當有活力與創造力的一個人，但是在聯合國任職的時候，卻對人權議題沒有太大的興趣。此外，儘管他願意對在比屬剛果（今薩伊）的安全議題採取強勢的立場，甚至不惜與蘇聯與法國發生嚴重的爭執，但是他卻從不願意透過「寧靜外交」的方式致力於推廣過多人權議題。

不過，U Thant之後的歷任秘書長，包括Kurt Waldheim（瓦爾德海姆，聯合國第四任秘書長）與Javier Perez de Cuellar（裴瑞茲，聯合國第五任秘書長），就對人權的保護表現出十分有興趣的態度。澳洲籍的Waldheim曾經在納粹軍隊中服役，因此使後人對他的過去有所誤解（有人曾指他在二次世界大戰時擔任納粹的情報官，他於一九八六年當選奧地利總統。）De Cuellar從前則是秘魯的傳統外交官，以國家主權為其基本信念，對於外交工作相當地熟練。不過，他在擔任聯合國秘書長的第一項重大行動就遭到挫敗，他無法繼續與當時的聯合國人權司司長—荷蘭籍的Theo van Boven—達成協議。[16] Van Boven對阿根廷的反叛軍集團以及華盛頓的雷根政府來說，都是相當棘手的人物，而後他則是選擇與布宜諾斯艾利斯（Burnos Aires，阿根廷首都）合作。然而，與前幾任的秘書長相比之下，Waldheim與de Cuellar二人支持捍衛人權的態度，仍顯得更為積極，其中又以de Cuellar為最。[17] 特別是在de Cuellar處理中美洲的問題時，他瞭解到若要在尼加拉瓜與薩爾瓦多等地獲致和平與安全，就必須有賴人權的改善與進步。因此，他協助這些國家，尤其是薩爾瓦多，制定多項權利協定，同時也透過他的調解與其它外交行動，盡力抑制暗殺隊

與其它違反人權之行爲者的惡行。[18] 不過，與其剛擔任秘書長
職位時的認知相比，在他的第二個任期即將結束之際， de
Cuellar 對於人權的重要性已經有了完全不同的看法。[19]

此外，聯合國第六任秘書長Boutros Boutros-Ghali無疑
是支持人權最力的一位秘書長，尤其是在推廣民主制度之上，
他更是努力不懈。在聯合國大會與「世界銀行」(World Bank)
對於公民與政治權利仍然不十分支持的時候，他便以這些權利
爲立論依據，寫成了《發展議程》(Agenda for Development)
一書，表示他對民主制度發展的強烈支持。[20] 此外，他也極力
要矯正聯合國內部一直以來對於人權計畫的忽視，並試圖要把
人權與各國的發展活動整合在一起。[21]

Boutros-Ghali 同時也指派厄瓜多爾籍的Jose Ayala
Lasso出任首位聯合國人權事務高級專員。他所以選擇厄瓜多
爾人，最主要的原因是爲了降低開發中國家對此新職位的恐
懼，以免這些國家認爲設立的目的，只是爲了要強行對其灌輸
公民與政治權利的觀念。換言之，聯合國秘書長希望能夠鼓勵
開發中國家逐漸去接受此一新設立，且受到爭議的職位。此位
高級專員過去曾經擔任前基多 (Quito，厄瓜多爾首都) 軍事
政府的外交部長。[22] 在Ayala Lasso決定辭去其職務，重新
回到厄瓜多爾政壇之後，Annan秘書長轉而延聘對人權概念有
高度承諾的Robinson女士接下此職務，成爲第二任的高級專
員。經過不停的努力，冷戰已然結束，人權觀念已經與許多其
它安全考量密切地結合在一起，許多強大的西方國家也持續要
求聯合國必須採取更多有關人權的堅定外交行動，以因應各種
變局。

聯合國之所以決定要設立這個「人權事務高級專員」的職

位，主要原因之一就是爲了要分擔秘書長的工作，讓秘書長能
夠專心處理各種安全上的議題，不必同時處理其它公共外交事
務。一個積極有活力的高級專員所能扮演的角色，或許就如同
van Boven 在擔任人權司司長時的角色一般。但是，由於司長
一職是由秘書長所指派，所以也不具有獨立的地位，因此，包
括例如軍事統治下的阿根廷等心懷不軌的國家，往往就會透過
秘書長施壓人權司司長，進而影響到他的決策。[23] 相較之下，
一個獨立超然的高級專員，其職位乃是由聯合國大會所同意通
過，而具有較高的位階，就比較不必擔心有同樣的弊端發生。
第二任的人權事務高級專員 Robinson 女士的態度不但相當堅
決，甚而引起了若干疑問，亦即聯合國，或國際社會對於她的
行動主義個性，究竟是否能夠有足夠的外交作爲來加以配合。
基本上，這個批評是相當諷刺的，因爲第一任的人權事務高級
專員 Ayala Lasso，就曾因爲其太過著重於利用外交途徑，而
在行動上不夠果決的態度引起外界的質疑。

　　簡而言之，聯合國秘書長一職正代表了憲章中所規範之成
立聯合國組織的真正目標。在這些目標之中，國際社會在人權
議題上的合作，正是其中之一。然而，許多假借聯合國名義而
通過的決策，其實卻都是由不同國家所制定提案的。此外，聯
合國秘書長雖然具有獨立的地位，但是卻往往必須聽從不同國
家的指示，而授命聯合國各部門採取集體配合的行動。尤有甚
者，只有當秘書長擁有那些重要國家的信任時，他（未來也許
有可能是女性）才有機會能夠發揮一定的影響力。不可否認，
一旦人權成爲國際社會與聯合國越來越重視的事務，那麼透過
秘書長的不停運作，各種人權行動必然能夠具有其發揮效用的
空間。衆所周知，除了推廣人權的活動之外，秘書長往往必須

透過「寧靜外交」的方式來進行對人權的保護行動。但是，這種方式卻同樣受到各國反應的限制─例如各國對維護國際人權不能提出真正的承諾、對各項優先事項沒有共識，以及沒有足夠的資金等等。

大會（General Assembly）、經濟社會理事會（ECOSOC）、國際法庭（ICJ）

除了聯合國秘書處外，聯合國大會對於推廣人權也是相當有幫助，其通過了約二十四項不同的條約，同時也表決通過許多支持不同種類之人權的「基準」決議案。儘管大會的許多政策目標都相當模糊，但是大會在保護特殊局勢裡的特定人權上，卻仍然扮演了相當重要的角色。

或許有人會以一種極度簡化的途徑來分析大會的角色，並且指出大會並沒有試著要改變「經濟社會理事會」與聯合國人權委員會所採用的某些決策，這些決策即是指涉特定的保護行動（參考以下所述）。[24] 甚而，既然許多監督條約執行情形的機制，最後都必須向聯合國大會提出報告，那麼，或許就可以認為是大會對這些不同的組織進行評估與審查（參考以下所述）。更樂觀一點來看，冷戰結束之後，聯合國大會便通過了許多具體的決議案，來譴責發生在不同國家中的違反人權之行為。[25] 然而，在冷戰期間，安理會對以色列（Israel）與南非內部政策的反覆譴責，並沒有對這兩個國家產生任何立即的影響或使它們願意進一步改善內部的情形，因為這兩個國家認為聯合國大會根本就是對它們懷有偏見。事實上，情況確實就是如此。當大會宣佈「猶太復國主義」（Zionism）就是一種種族

主義的時候，有一項決議案最後也被撤回。不過，若說是因為
聯合國大會一再抨擊南非的種族隔離政策，才使得國際社會逐
漸形成一種特殊的風氣，最後使強權國家決定對南非的種族主
義者施加壓力，迫使其改變政策，這種推論也是相當有可能成
立的。[26] 然而，究竟聯合國大會通過之決議案的真正概念意
涵，如何能夠影響國家對其國家利益之定義，仍然值得吾人進
一步的分析與研究。[27] 不管如何，一旦大會清楚地宣稱凡是針
對特定國家內部之特定人權情勢所作的各項外交討論，都是屬
於常規性國際關係的一部分，那麼即使大會傾向於以通過正式
決議案的方式來處理這些負責與充滿爭議性的情勢，卻仍然無
疑是對國家主權範圍有所限縮。[28]

　　另一方面，作為聯合國主要官方部門之一的經濟社會理事
會，其功能在很短的時間內就受到縮減，而變成大會與其它隸
屬於該會底下各機構的信箱，負責傳遞或確認大會下達給迅速
擴充的許多社會與經濟機構的各項指示。由此觀之，我們或許
可說經濟社會理事會從來都不是一個與人權事務有關的主要行
為者。[29] 不過，理事會的成員國從一九四五年以後，也通過三
項非常重要的決議案，其中一項是負面（對人權有負面影響）
的決議案，另外二項則是正面（對人權有正面影響）的決議
案。第一，經濟社會理事會認為聯合國人權委員會的成員應該
是國家代表，換言之，獨立於國家之外的專家並不具有加入委
員會的資格。此一決議可說是將一群狐狸放進雞舍裡，無異引
狼入室。後來，理事會又通過第一二三五號決議案（RES.
1235），允許人權委員會有權能處理與特定國家有關的特定抱
怨與控訴。此外，理事會也通過第一五０三號決議案（RES.
1503），進一步准許人權委員會可以處理非官方提出之指涉有

計畫嚴重違反國際認同人權規範之行為的請願。

　　另外，經濟社會理事會也組成了一個專責委員會，負責決定各個非政府組織該擁有聯合國體系下的何種諮詢性地位。其中，凡是屬於層級最高的類別的非政府組織，就可以參加聯合國的各項會議，同時也能夠提交報告文件給聯合國參考。也因此，為了取得較高的位階，不管是在冷戰之前或之後，此委員會都是不同非政府人權組織所相互競爭的場域。然而，部分國家卻為了替內部的人權表現情況辯護，便拒絕給予這些非政府人權組織有完整的合法地位，有時甚至是完全不加理會，而此種負面作為偶爾也會成功。不過，到了二十世紀末，這種不合理的情況已經得到相當程度的改善。儘管如此，在一九九０年代末期，某個西方的非政府組織由於與蘇丹政府發生對抗，因此只得花錢贖回在蘇丹長期內戰中被俘虜的人質。該組織的這項「交易」政策，引起相當大的爭議，因為其付出的贖金使得征戰雙方能夠有能力持續作戰，甚而，為了取得贖金，有時候甚至讓同一批人反覆淪為人質。因此，該組織沒能得到聯合國的諮詢性地位。

　　除了聯合國大會與經濟社會理事會之外，「國際法庭」就技術上而言，也是聯合國的主要部門之一。同時，因為組成該法庭的法官都是經由安理會與大會選舉產生，因此具有比較超然的獨立地位。然而，國際法庭卻沒有因為這項優遇，而在人權的保護上有特別讓人印象深刻的表現。主要的原因在於：法庭的審判對象必須以國家為主體，而國家往往不願意在國際法庭上對其它國家提出控訴，或者是被其它國家指控—尤其是與人權領域有關的議題。[30] 由於個人並不具有國際法庭審判標的之合法的地位，因此國際法庭所處理有關人權議題的案例，自

然就相當少了。

　　儘管如此，國際法庭還是偶爾有機會能依循國際人權法與人道法的規範，來處理國際爭議。例如，在一九八六年的尼加拉瓜對美國一案上，該法庭就重申了武裝衝突中的法律人權保護。此外，在一九九五年時，國際法庭也針對前南斯拉夫內部的種族屠殺行動，提出了一些臨時性的禁止令。然而，總的來看，雖然國際法庭受理的人權爭議數目，從每年二至三個，在冷戰後增加到每年約有十至十一個，但其卻未能對人權做出任何有利的重要判決，換言之，其效能仍有待加強。在此同時，各國也還是認為人權是相當重要的課題，而不能全然託付給由十五位不同國籍的獨立法官來管理，更何況這些法官所賴以判決的依據乃是國際法的概念，而不是從國家利益或是民意出發，因此可能對國家造成負面的影響。職是之故，儘管一九四八年通過的〈種族滅絕公約〉有一項條文賦予國際法庭能根據此條約通過強制性的司法判決，但是如美國等國家就因為該項條文的規定，而遲遲不願批准此項公約。在法庭規章的規定下，國家要給予國際法庭完整的司法審判權，以處理所有或部分的法律議題。但實際上，卻很少有國家願意毫無保留地支持此項規定。這種情形即使在冷戰結束之後，仍然沒有得到改善。至少，就國際法庭的例子來看，捍衛主權還是國家最重要的考量，而後依序才是國家利益和符合人道的國際關係。不過，還有一點值得我們注意，那就是即使國際關係的其它部分逐漸朝向自由主義的理念前進，但是在國際法庭的表現上，我們還是可以看到現實主義活躍的蹤跡。

主要輔助機構

　　除了上述主要的聯合國部門外，還有一些輔助機構也認為其與人權規範的運用有所關聯。在此，我們所要介紹的機構主要有「人權委員會」、「國際勞工組織」、「聯合國難民事務高級專員公署」。另外，雖然「預防歧視與保護少數民族小組委員會」（Sub-Commission on prevention of Discrimina-tion and Protection Of Minorities）對人權事務也相當積極，但是其必須對「人權委員會」提交報告。由於篇幅限制，在此就不做進一步的介紹。另一方面，「婦女地位委員會」（Commission on the Status of Women）主要從事的工作乃是推廣與協助的活動，而沒有關於保護人權的表現。至於國際間的兩個特別罪犯法庭，我們將在第四章再做進一步的討論。此外，我們也將順便在這個小節中，對「聯合國教育科學暨文化組織」做簡單的介紹。[31]

人權委員會

　　過去，聯合國人權委員一直被認為是聯合國內處理有關人權議題的最首要的機構，或者是外交中心。不過，在冷戰結束之後，情況就完全不同了。如果安理會將人權與國際和平及安全連結在一起，那麼安理會就會成為聯合國內最重要人權論壇一就如同前文所述一般。因此，除了秘書處與聯合國人權事務高級專員之外，人權委員會只能說是處理傳統或常規劃之人權外交事務的中心。眾所周知，聯合國的體制從來都不是一個具有效率的嚴密組織，而明顯是由各項命令的鍊結所組合而成。

　　事實上，早在聯合國成立之初就已經設立了人權委員會的

機構，不過當時期主要目的是作爲〈國際人權法典〉以及其它
與人權有關之國際文件技術上的起草單位。[32] 誠如前文所述，
委員會是由不同國家代表所組成，這些代表都是由經濟社會理
事會所選舉出來的（該理事會本身就是由國家代表所組成）。
正由於其組成結構，以及原本的重心在於起草法律規範，因此
人權委員會在其成立的前二十年內，並沒有針對特定國家的人
權情勢有任何特殊的調查。我們可引用一句慣用語來解釋其地
位，亦即「無傷大雅」。[33] 導致其重要性無法彰顯的因素，主
要在於冷戰期間，東方共產集團與西方民主集團都認知到如果
它們提出特定的人權議題，那麼隨之而來的調查可能會對其不
利。儘管民主集團掌控了早期整個委員會的運作，但是就連這
些國家本身在種族主義與歧視面向上的人權記錄都受到非議，
也因此在面對是否要抨擊共產集團國家明顯違反公民與政治權
利的行爲時，往往會以相當審慎的態度來仔細考量。

　　不過，大約從一九六七年之後，人權委員會就開始慢慢沿
著採取更多保護（人權）活動的道路前進，而不僅僅是採取推
廣（人權的）活動。引發此種（良性）改變的原因，主要是由
於許多開發中國家陸續加入聯合國。這些國家決定要做些什麼
來因應南非的種族主義問題，同時也要處理中東地區出現之
「猶太復國主義運動」，因爲它們認爲這是一種新帝國主義與種
族主義。這些開發中國家最初並沒有指出要特別關注哪些區域
中的哪些人權議題，它們也沒有料想到這種作法未來可能會對
它們造成不利。在許多西方社會的非政府組織的敦促之下，一
些西方國家在經濟社會理事會與人權委員會中，和這些開發中
國家達成了協議。西方國家同意對開發中國家所關切之有關南
非與以色列的問題進行討論，但是也要求開發中國家必須同時

對海地與希臘等出現類似問題的國家進行討論，這些國家都是受到獨裁政權的統治。如此一來，所有國家有關國際人權規範的行為，都必須受到〈聯合國憲章〉的約束，而接受監督與管理。

前文提到之經濟社會理事會通過的第一二三五號與第一五○三號決議案，授權理事會可以對國家的權利相關行為做特定的評估，而人權委員會則是須對有關違反人權行為之非官方請願有所回應。理論上，這兩種程序都顯示出對絕對與廣泛之國家主權的限制。實際上，二者都無法對特定國家中的特定人權制定出有計畫的、確切的，以及讓人印象深刻的保護行動。或許律師有時會對這些新程序感到興奮，但是對那些人權違反行為的受難者而言，這些程序卻沒有太多的幫助。此外，基於第一二三五號程序，也就是允許對特定國家進行辯論與通過相關決議案的規定，人權委員會有時候可指派「國家調查員」，不管是以什麼樣的名義，到各國進行人權狀況的調查，同時也讓某些國家成為國際社會持續關注的焦點。另一種可能更有效的方式，乃是由人權委員會主動派遣主題調查員，或者是以工作團的名義進行特定議題範疇的調查，如強迫滅絕等。這些途徑都發展出「緊急行動」（urgent action）與「即時介入」（prompt intervention）的技術方法。同時，委員會也開始設立所謂的「緊急會期」（emergency session）制度。然而，如果在緊急會期結束時，根據各國、主題或緊急調查員的報告顯示成員國還沒有完成採取進一步行動的準備，那麼委員會的各項行動最終還是無法對那些違反人權的國家造成任何必要的影響。

儘管如此，要對人權委員會的保護者角色做一總結概述，卻也不是一件容易的事。[34] 如果我們可以詳細瞭解人權委員會

的會議中究竟發生了什麼事情，那麼從一九四七年之後，尤其是從一九六七年開始，透過聯合國各機構部門施壓各國以使它們遵守國際認同之人權規範的成果，必然會有更明確的進展。事實上，大多數的國家還是相當願意嚴肅地來看待人權委員會的行動與決議。因爲它們不希望委員會太過於重視其國家內部所出現的缺失情況。甚至有許多國家盡其所能要封鎖、延緩，或者是削弱委員會與相關機構對其所提出的批評。確實也有許多國家採取這些行動，例如一九八○年代阿根廷的政策，以及一九九○年代中國的表現，皆是如此。儘管有這些蓄意阻撓者的破壞行動，不過透過委員會的努力，還是可以看到若干國家在外交作爲上採取配合的態度。但是，若我們仔細檢視在委員會之外所發生的現象，我們將可很清楚地發現國家其實早已打算繼續從事這些破壞權利的行爲，即使這樣做會帶來不同形式的批評與譴責，國家也絲毫不會在意。如果人權委員會針對強迫滅絕的主題措施能夠對百分之二十五的目標產生保護作用，那麼就將被認爲是相當程度的成功了。在某些地區，例如前南斯拉夫或非洲的大湖區，有許多團體仍以種族團體或政治權力的名義，持續從事殺戮與傷害他人的行爲，完全不顧人權委員會在其根據地日內瓦做了什麼聲明或決議。最後，人權委員會並不具有任何實施軍事、經濟，或外交制裁的權力。也因此，建構在這種毫無強制力的基礎上的外交壓力，或許能對偶發性的人權迫害行爲產生作用，但是實際上並無法有效解決國際間某些國家有計畫的迫害人權行爲。

國際勞工組織

　　「國際勞工組織」向來最為關切的議題就是勞工權利，其最先是與國際聯盟相同的組織，後來則納入聯合國體系內，成為一個專門機構。經過多年的運作，國際勞工組織已經發展出若干用以監督國家在勞工權利範疇中的表現的複雜程序與步驟。一般而言，若不考慮特殊情況，則該組織在協助國際勞工權力之運用上，其實與聯合國人權委員會負責的工作十分類似，可從以下兩個面向來看：其運作方式往往透過間接手段，因此缺乏直接的強制力；難以界定其真正的影響程度。[35]

　　在由國際勞工組織所設立與監管之超過一百七十項條約裡，大概只有不到十項條約是與基本人權，例如組織工會的自由、集體談判的自由、免於強迫勞動的自由等有直接的關聯。世界各國只要同意這些條約，就必須提交相關執行報告給國際勞工組織，並指出其對相關的條約規範採取了哪些執行步驟。這些報告首先會交給一個由專家組成的委員會進行審查，然後才會交給一個較大規模，同時也具更多政治性的機構。同時，專業的國際勞工組織秘書處人員也會協助委員會進行評估工作。在這兩個階段裡，勞工組織都積極地參與其中。其它的參與者則包括有雇主組織與國家代表。國際勞工組織在此三方代表的組成下，至少會降低或延緩在聯合國人權委員會裡頭發生的各項問題出現，例如國際的政治干預而使得嚴謹的審查作業變得相當困難。然而，一旦遇到若干迫害勞工權益的行為，除了公共輿論的批評外，國際勞工組織其實也沒有更為嚴厲的制裁政策。此外，有些議題的審查評估工作也必須歷經數年之久。國家或許沒辦法享受這種來自各界的批評，但是它們也已

經學會如何與這些批評共處,而把批評當成是隨著獲得政治權力與經濟交易所必須付出的代價。

另一方面,不管所有國際勞工組織的成員國是否同意組織通過的各項條約,一旦遇到關於集會結社自由的特定議題,成員國都必須接受一種特殊的評估審查程序。不過,雖然評估的程序不同,但是這些特別程序最後產出的結果卻與一般正常評估程序的結果大同小異。我們也發現工人組織參與運作的態度,遠比雇主組織和國家代表更為積極,此外,對於政府違法之行為的公共輿論批評,必須一再被提起,因為政府的改善作為總是來得太慢。的確,根據一項關於冷戰時期之國際勞工組織與集會結社自由的研究報告結論指出,那些違反勞工權利最嚴重的國家,往往就是對國際勞工組織所施加之改變壓力最為抗拒的國家。[36] 儘管該組織對於「緊急個案」有特別的處理程序,但是這些程序有時候得花上數個月的時間才能完全展開。因此,如果智利的Pinochet(皮諾契)與波蘭的Jaruzelski(雅魯澤爾斯基)決定對獨立的工人運動展開鎮壓,國際勞工組織也沒辦法採取行動來保護這些工人 雉毗 b 短時間內沒有可能。

不過,國際勞工組織還是能採取其它進一步的行動來捍衛勞工權利,例如派遣主任級的特別代表與這些發生勞工問題的國家接觸。此外,國際勞工組織也並非是聯合國底下唯一關切勞工權利的機構。舉例來說,「聯合國兒童基金會」(Nations International Children's Emergence Fund,簡稱UNICEF)就相當關切童工的問題,並指出到一九九七年初為止,就已經有大約二億五千萬名童工遭到嚴重的剝削。[37]

這些外交手段,不管是官方或非官方,長期下來無疑都具

有一種教育性的效果，同時也會對那些關切其在國際社會裡之
名聲的國家造成一定的困擾。然而，確實還是有一些國家認為
其內部之廉價且沒有組織的勞工，是它們在國際市場上能保有
「競爭優勢」的一個主要原因，因此有助於追求國家的整體經濟
成長。此外，壓抑勞工組織的壯大，也有利於統治菁英治理國
家。儘管有些人認為勞工權利是人權的基本部分之一，不過也
有另外一些人認為勞工權利乃是戴上假面具的特權或特殊利益
而已。[38] 還有許多人則是認為西方社會對勞工權利的強調與重
視，根本就是一種「新資本主義」的表現。這些人認為西方國
家透過把勞工權利規範強加在開發中國家之上，進一步截斷開
發中國家經濟成長的動力，而那些開發程度較高的國家在工業
革命的前幾年內，當他們走到「原始的資本主義」之經濟起飛
的階段時，卻從來沒有受到這些規範的限制。因此，這種相對
的觀念認為國際勞工權利對於保護勞工來說是必要的，同時，
為了在國際經濟事務上保有同等的競爭力與競逐場域，相關的
權利規範即使是在已開發國家中也應該一體適用。在二十世紀
即將結束，而全球市場也比過去更為蓬勃發展的情況下，不可
否認，勞工議題仍然是全世界推廣人權規範時所遇到的一項極
具爭議性的問題。關於此項議題，我們將留待第八章討論跨國
企業時，再做進一步的分析。

難民事務高級專員公署

　　第二次世界大戰之後，國際社會懷抱著天真的想法，一廂
情願地認為難民問題不過是戰爭遺留下來的殘渣，應該可以在
很短的時間內就得到解決。[39] 不料，半個多世紀之後，每年符
合國際法定義的難民人數約有一千三百至一千五百萬人左右，

另外，可能還有二千五百萬人認為他們自己的處境，其實與難民並沒有兩樣。在此同時，「聯合國難民事務高級專員公署」（UN Office for the High Commissioner for Refugees，簡稱UNHCR）也成為聯合國底下一個常設的組織，其一年的預算也超過十億美金。就我們所知，西元一九九四年至一九九五年間，約有二百萬人為了躲避屠殺而逃離非洲的大湖區。此外，在一九九九年時，也有大約八十萬名阿爾巴尼亞人被迫離開南斯拉夫的柯索夫省。

　　根據國際法的規定，我們可以瞭解什麼是真正合法的難民－也就是指那些懷著擔心會遭受迫害之恐懼，而穿越國家邊界的個人（通常也稱之為社會的、政治的、或是傳統的難民）。這些人們因此有合法正當的權利，可以不被遣送回到那種險惡的局勢裡，同時這些人們最先到達的國家也應該給予他們賦予暫時性的政治庇護權。但是，除了上述情況外，許多人們在逃難的時候往往沒有紀律可言，但是也並沒有被挑出來重新遭受迫害，此外，還是有其他人發現他們儘管被迫離開家園，但是卻還是在其原本居住的國家中四處逃難。另外還有些人在被遣送回到祖國後，仍必須接受國際社會的保護。冷戰結束之後，幾乎所有傳統願意提供政治庇護的國家，就歷史角度而言，都採取了更為嚴格的政策以判斷難民身分，並決定是否給予政治庇護。這些西方國家也擔心在當前運輸如此便利的時代，前仆後繼的外來客（難民）會淹沒了其傳統的國家價值與優勢。

　　聯合國難民事務高級專員公署最初是一個保護機構，尋求在外交上與法律上擔任合法難民的代表，為其發言。不過，各國還是保有最後的權力，可以決定誰應該被視為合法的難民，同時應該給予哪些人暫時或永久的居留權。因此，此公署早期

的角色主要在於代表這些有足夠理由擔心遭到迫害而離鄉背井的人，與各國合法政府與／或者外交官員進行接觸。不過，晚近以來，難民公署所接手的人道救濟事務有越來越多的趨勢，甚至於使某些觀察加開始認為其已經無法在對難民提供適當的保護，因為難民公署的時間、人員、以及預算都快被救濟事務消耗殆盡了。以其人道救援觀點來看，難民公署基於道德的考量，不得不對那些合法難民、戰爭難民、以及因為政治迫害而逃離家園的人施以救濟，而不顧這些類型之難民有何差別。不管如何，這些人都是需要人道救援的。而這種態度也得到聯合國大會的認可。儘管把這些難民遣送回國，比起讓他們在庇護國定居，更能夠解決難民問題，但是難民公署卻認為這些人之所以流離失所，最主要乃是因為其遭遇到嚴重的人權問題。因此，難民公署的角色逐漸從一個嚴格的人道行為者，轉而越來越向一個處理難民問題根源的人權行為者。[40] 舉例來說，在一九九九年時，難民公署的高級專員 Sadako Ogata 在聯合國安理會作證時表示，造成大量難民逃離柯索夫的主要原因，並不是由於北約所進行的空中轟炸，而是因為塞爾維亞當局在南斯拉夫境內所作的大規模迫害所致。

　　不過，聯合國難民公署在提供這些與其祖國切斷正常關係的難民必要的保護與救援物資時，也遇到許多複雜難解的議題。例如，一九九〇年代初期，難民公署發現當其依照某些戰鬥行為者的意願，在波士尼亞協助人們離開險峻的環境時，卻同時促使種族清洗的事件發生。但是，基於道德考量，難民公署還是願意繼續採取這些行動，而不願意眼睜睜地看著這些人遭到殺害。此外，在非洲的大湖區內，武裝的國民軍與一般的難民混在一起，根本無法分辨。然而，難民公署並沒有實質的

威信或權力能夠維持難民區域的秩序，因此就面臨到一個兩難局面，亦即究竟是要提供所有人必要的救援物資，或者是乾脆撤出所有援助，以犧牲難民權利的方式，表示對那些想要繼續從事戰鬥之武裝部隊的抗議。不過，當一些非官方的救援機構開始撤退時，難民公署則決定繼續留在當地一同時也盡其所能在一些鄰近國家中設立有體制的難民營，以安置這些難民。

　　儘管我們可以看到若干管理不當的缺失，但是聯合國難民事務高級專員公署卻仍然是一個很值得尊敬的聯合國機構。該機構不但是一個重要的聯合國救援機構，而且也企圖要重建一個完善、健全的保護記錄，同時更是對婦女難民之特殊問題提出關切的先驅。

特定條約機構

　　聯合國是一個分權且極度不協調的體制，乃是眾所周知的事實。到目前為止，大多數國家仍不願意創立一個人權法庭，以負責協調對國際認可之人權的保護行動，因此，每一項人權條約只得設立屬於自己的監督機制。（例如一九四八年通過的〈種族屠殺公約〉，到一九九七年為止，已經有一百二十三個國家正式簽署，便將相關的爭議交由國際法院來審理。）顯而易見的是，聯合國人權委員會、國際勞工組織，以及難民事務高級專員公署並無法解決所有或很多的人權問題，於是，國際社會便出現一種趨勢，那就是以通過專業化的條約，並結合獨立的監管體制，來因應各種急迫的問題。儘管各國仍不斷通過相關的人權規範，但同時卻也持續避免以有效的強制行為來解決較困難的議題。然而，如此卻造成了國際間有越來越多執行不

力的機構，彼此之間的協調與溝通也明顯不足。因此，各個條約監督機制的首長也開始密集會面，針對此問題交換不同的意見。而從一九九三年開始設立的聯合國人權事務高級專員一職，可能相當程度地改善了原本協調上的不足。（我們也將在第四章對國際罪犯法庭作初步的分析。）在此，我們將會對兩項基本公約底下的監督機制做較多的說明，然後對其它特定條約的機構作簡單的介紹。

人權事務委員會(The Human Rights Committee)

截至一九九九年為止，約有一百四十個國家正式簽署〈公民與政治權利國際公約〉，該公約賦予人權事務委員會兩項主要的保護性功能。該委員會是由這些簽署國所提名選出的專家所組成，其主要目的在審查與評論各簽署國所提交的報告。另外，只要國家同意加入該公約的一項「隨意協定」（optional protocol），委員會也可處理以個人身份提出之有關違反該項公約行為的請願。在一九九七年，已經有九十四個國家對此項協定表示認同。（讀者要注意的是，對於是否加入此協定，並沒有任何強制性的規定，故稱「隨意」。）除此之外，委員會還具有一套解決國家與國家間之爭論的程序，但是卻從未實際運作過。

如前所述，各國必須向人權事務委員會提交執行報告，報告中應該詳細記載其採取了哪些措施以使國內法律能和公約規範相接軌。然而，該委員會的角色在冷戰期間卻出現了分裂的現象。簡單來說，絕大多數歐洲社會主義國家的人民還是認為人權事務委員會的唯一功能，就是在促進主權國家之間進行對話。若深入點來看，則委員會的功能應該還包括指出究竟國家

提交的報告有沒有正確地呈現出執行狀況，以及指出國家究竟有沒有遵守公約的相關規定與法律責任。從冷戰結束之後，委員會的功能也越來越廣。[41]　不過，我們又發現同樣的矛盾情形，亦即委員會最後除了對那些在報告中只提出（執行良好）單一面向的國家，表示嚴正的公開批評譴責之外，其實並無它法。甚而，人權事務委員會提出洋洋灑灑的許多評論與執行成果，與其針對若干違反公民與政治權利之國家採取的實際因應行動，其實根本不成比例。[42]　不過，一些國家，主要是指西方民主國家，確實也對其國內法律作了若干修訂，同時也採取了必要的行動來回應委員會的質疑。然而，做為民主國家領袖的美國，卻是最為反抗人權事務委員會的國家。諷刺的是，美國參議院「外交關係委員會」（Foreign Relations Committee）的立場竟與老舊歐洲的共產主義者的立場相仿，總是對委員會通過之關於美國對於公約規範的保守、認知，以及評論所作的判決提出異議。[43]

即使當各種國家補救措施都已用盡，而個人還是決定根據「隨意協定」向聯合國提起控訴時，情況其實也不會有多大的改變。人權事務委員會經過調查證實後，會將其觀點公諸於世，而往往總是會明言這些國家有違背其應盡之責任的行為。這種錯誤行為的範圍很廣，可小至一個技術上的缺失（加拿大個案），而大致許多嚴重的違反人權行為（烏拉圭個案）。然而，究竟這些發生問題的政府採取了多少改善情勢的措施，而究竟這些措施又有多少是與人權事務委員會有密切關係，到目前為止仍然是沒有確切答案的問題。不過，烏拉圭最後仍然同意不再進行大規模的鎮壓行動，有部分原因是因為其一度成為全世界擁有最多政治犯的國家（以人口平均來計算）。事實上，究

竟這些正面的改變與人權事務委員會有沒有關聯，而其程度又
為何，仍是相當令人質疑的。

經濟、社會及文化權利委員會（Committee on Economic, Social and Cultural Rights）

　　儘管到一九九九年為止，全世界已經有大約一百四十個國
家簽署〈經濟、社會及文化權利國際公約〉，然而，此項公約
卻是國際人權運動中最不受重視的條約之一。某些國家在聯合
國大會或其它政治論壇上發言時，或許會提及此項公約的重要
性，但其目的往往卻是為了要轉移各界對於其違反公民與政治
權利行為的注意力。同時，只有相當少數幾個國家真正嚴謹與
持續地關注此公約的運作。同樣的問題也出現在此公約的實際
運用情況之上。

　　在〈經濟、社會及文化權利國際公約〉（E/S/C Covenant）
於一九七六年正式取得法律地位後，國際社會又花了整整兩年
的時間，才啟動了各項相關的監督機制。其中最先開始運作的
機構，乃是由經濟社會理事會之成員國所組成的一個工作團
隊，由於此團隊能力不足，因此表現紀錄可說是慘不忍睹，後
來，則由一個獨立超然的「專家委員會」（Committee of
Experts）在一九八六年取而代之。該委員會的表現令人耳目一
新，不但在行事上較有效率，同時也勇於面對一些棘手的問
題；公約內容在用字遣詞上的不精確；缺少可界定責任的法律
基礎；在相關事務上缺少廣泛且持續的國家政府利益；沒有太
多國內與跨國性非官方組織，有興趣把社會經濟與文化權利視
為不同權利，而非僅是將其看成是發展過程的幾個面向；同

時，除了前述問題之外，還缺少能夠獲致合理判決的相關資訊。[44]

除了上述的積極作爲外，此「專家委員會」最先遇到的問題，就是各國無法對其遵守公約規範的情形提出一份報告，而根據該公約的規定，各簽署國是有必要繳交這份報告的。這個問題在整個聯合國關於人權報告的體制中，是相當常見的且普遍的，不過就屬此公約的問題卻最爲明顯。此外，委員會也面臨到另外一個普遍的問題，那就是儘管各簽署國確實提交了執行報告，但是其內容卻總是刻意迎合其應該擔負之正式的責任規範，而不是對其針對〈經濟、社會及文化權利國際公約〉所爲之表現予以完整與坦白地加以敘述。該委員會因而堅持試圖要成爲一個有效力的催化劑，使各國決策者能夠嚴肅地看待此領域的相關問題，同時，委員會也試圖針對經濟、社會及文化權利的相關規範，對不同國家建立起最低限度的規定─而不是要建立適用於全世界的規則。[45] 經過各種努力，已經有一些人認爲當前社會經濟權利已經受到比以往更多的重視與關注，同時，也有新的監督機制正蓄勢待發，準備啓動。[46]

其它條約相關機制

許多公約底下都設有相關的「管制委員會」（control committees），例如〈兒童權利公約〉（至一九九八年只有一百九十一個簽署國）、〈禁止種族歧視公約〉（有一百四十八個簽署國）、〈禁止酷刑公約〉（有一百０二個簽署國）、〈消除對婦女一切形式歧視公約〉（有一百六十一個簽署國）、〈禁止種族隔離公約〉（有一百個簽署國）等等。各國對這些領域的國際人權的支持，往往與其提出之執行報告不一致，同時，國家

往往也不願意對由超然之專家所組成之管制委員會提出的批評，做出肯定且迅速的回應。誠如我們先前討論過的其它人權條約，因為預算不足的問題，聯合國秘書處所能提供的援助其實十分不足。因此，有些非政府組織對特定一項或數項條約投下特別的關注。舉例來說，國際特赦組織（Amnesty International，簡稱AI）就特別支持「禁止酷刑委員會」（Committee Against Torture）通過的各項決議。然而，包括「禁止種族歧視委員會」（Committee Against Racial Discrimination）以及「消除對婦女一切形式歧視委員會」（Committee on Discrimination Against Women）等，卻通過嚴格的決議案，限制使用非政府組織的各項情報與資訊。此外，「消除對婦女一切形式歧視委員會」甚至不允許個人對聯合國提出請願，相當程度是因為「聯合國婦女地位委員會」（UN Commission on the Status of Women）並不受理此種請願的緣故。同樣地，負責處理種族隔離問題的委員會，也只受理相當少數的非官方請願，因為許多歐洲以外的國家並沒有同意委員會能夠接受此類請願。絕大多數的條約對於受理國家之間的控訴，都有相當嚴格的規定，但是這些規定往往都是沒有發揮作用的。另一方面，各國基本上也不願意對它國提起人權方面的控訴，主要還是擔心會自作自受，反而引發對自己不利的影響。然而，「禁止酷刑委員會」（Committee Against Torture）卻反其道而行，其相關公約有一項條款，明訂委員會有自動進行調查的權限，除非目標國明確表達保留支持該條款的權力；不過，很少有國家會採取這種抗拒的行動。此外，因為「兒童權利委員會」（Committee on the Rights of Child）正式運作的時間太短，以致於我們無法評估其到底有多大的影響力。

儘管國際社會做了相當多的努力，想要提升這些以條約為依據的監督機制的協調性與合作程度，但是沒有人可以在短期內清楚指出究竟這些努力加起來，或者是分開來有沒有發揮任何影響。

總的來說，有關這些人權條約與其監督機制的建制其實並並不是具有強大能力的建制，到目前為止，也仍然無法對國際間違反人權之行為產生任何顯著的影響。[47] 另一方面，管制委員會也透過社會化的過程，以及各種正式與非正式的人權教育管道，試圖要長期性的推廣相關的人權概念。[48] 而國家也必須定期提出執行報告，而且接受各種不同形式的評估與審查。由此觀之，國家的主權已經不是絕對性的，而是受到某種程度的限制。然而，直到今時今日，或許真正有效施壓各國，以要求它們在短期內改善其人權紀錄的主要行為者，是聯合國安全理事會與聯合國秘書長－同時或許也包括人權事務高級專員在內，而不是這些與諸多公約有關的各項建制。

國際人道法

如果國家在承平時期就不願意執行普世的人權規範，或者實施那些為了促進當代國際關係和平的相關條約，那麼，國家更不願意對違反國際人道法之行為，以及其它形式之迫害提出控訴，這是一點也不令人感到驚訝的。[49] 就所有國家而言，包括自由民主國家在內，要將國家的軍隊派到危險的地區，然後再指控其成員做出若干違反與人道價值有關之戰爭法的行為，這可說是一種相當困難的政治抉擇。就國際層面來看，要指控敵人犯有戰爭罪行，也被證明是相當困難的一件事。通常這種

指控若要成功，那麼當事人就必須能夠控制罪犯的行動，或者是掌握能夠通過司法調查的書面證據。然而，若要逮捕這些罪犯，或者是取得相關的書面證據，都可能需要經由戰爭方式，也因此將有可能造成更多的死傷與破壞。由於提出控訴有實質的困難，同時，要採取其它集體組織化的制裁行動也並不是那麼容易，因此，相關當事國若要對這些罪行有所回應，就必須透過外交管道，或者其它有關人權規範的政治手段來採取行動了。

　　根據一九四九年通過的〈日內瓦公約〉以及一九七七年通過之與國際武裝衝突有關的〈附加議定書〉（Additional Protocol I），參與戰鬥的國家應該要指派一個中立國擔任「保護者」（Protecting Power）的角色，以監督各種適時的國際法的運用情形。不過，從第二次世界大戰以來，只有少數幾個國家曾擔任過「保護者」的角色。也因此，使得「國際紅十字會」這個非官方的瑞士機構，能夠根據成文的國際法律規定，去探視被俘虜者、傷者，以及生病的軍人等等，而根據其它保護規範的規定，該組織也能進入佔領區以及其它戰爭區域探視該地的平民。可是，整體紀錄仍然不令人感到滿意，其中又以各國內部的武裝衝突情勢更為嚴峻，因為其國內法律通常較為寬鬆，而且征戰的各造有時候甚至無法得到關於人道規範的相關資訊。[50] 不過，偶爾也會有比較正面的表現，例如在一九八二年的「福克蘭／馬爾維納斯戰爭」（Falklands/Malvinas war，阿根廷人將福克蘭群島稱之為馬爾維納斯群島）裡，阿根廷與英國雖然進行戰鬥，但多少還是遵循著人道法的規範（該場戰役死亡人數超過一千人）。此外，即使是一九九二年至一九九五年的前南斯拉夫戰役中，從人道保護與援助行動中獲

益的百姓，還是比遭到刻意射殺、搶奪、虐待、傷害，或者受到其它形式的攻擊與迫害的人數更多。然而，這依舊是一種難以處理的比較與判斷。有史以來，在武裝衝突中從來都沒有發生過這麼高比例的傷亡，同時，也從來沒有這麼多的規範與行為者，試圖要去把殘酷的戰爭予以人道化。[51] 等我們在第四章裡提到對罪犯起訴的細節時，將對此主題進行更深入的探討。

　　如果我們從設立人權規範，以及實踐這些規範的角度出發，來比較聯合國與國際聯盟的表現，那麼，我們可以清楚地發現國際社會對於個人人權的自由價值所作之承諾，有日漸增多與強化的趨勢。不過，我們卻可同時發現這些承諾，基本上都是「形式上的」，換言之，也就是毫無誠意的承諾。聯合國的成員是以個別國家為主體，而這些國家還是積極地要保有其獨立地位與自由的意志，同時避免在權利議題上受到權威性的國際監督。然而，就像我們將在後面幾章繼續說明的內容一般，隨著時代的變遷，即使堅持獨立自主權力的現實主義思想並未完全消失，但是各國也開始重新界定其國家利益的意涵，並容許對人權有更多的關注。

討論問題

- 你認為分權化，或者是在西發利亞體制下，且各國都運用人權規範時的國際法與外交行為，是否能夠完全發揮效用？此外，你認為當前世界各國為了透過聯合國來保護國際認同之人權規範，其與過去西發利亞體制究竟出現多大的差異？

- 我們是否能夠清楚地區分安全議題與人權議題？你認為一種推論性的人權議題是否也可能是一種安全議題？你認為在處理違反人權之行為時，聯合國安全理事會引用憲章第七章的規範，而通過具約束力的決議案是否恰當？

- 你認為一個國家，或者是國家群在其它國家的內部使用強制行動以保護人權的做法是否得宜？一旦沒有聯合國安全理事會的認可，情況又會是怎樣？北大西洋公約組織在柯索夫境內的行動，帶給我們何種教訓？你認為這種人道干涉模式是否應該被各界認同，而且國際社會也應該運用此種行動模式以解決今後類似的危機？

- 從法律觀點來看，以及從實際行動的立場來看，當我們打算在衝突中採取保護人權之行動時，你認為國際武裝衝突與國家內部之武裝衝突（內戰）有何差別？

- 除了安全理事會之外，你認為聯合國體系的哪一個部門在運用人權規範上也有相當值得注意的表現紀錄？你認為影響其表現的原因，是直接的保護行動所致，間接的保護行動所致，亦或是長期的教育所致呢？你認為根據

憲章第六章與和平的或準和平的外交手段，對聯合國之
政策與其對人權之保護行動作一歸納是否有可能成立？
人權與聯合國複雜之維和行動之間有何關聯？

· 你認為有關人權之國際法與牽涉到以實際行動在特定
「失敗國家」與「複雜的緊急狀況」中提升人性尊嚴之國
際人道法之間有何差別？

建議閱讀

Alston, Philip, ed., *The United Nations and Human Rights: A Critical Appraisal* (Oxford: Clarendon, 1995). 本書收錄了許多對人權議題學有專精之專家的論文，是讀者必須研讀的一本著作。

Cohen, Roberta, and Francis M. Deng, eds., *The Forsaken People: Case Studies of the Internally Displaced* (Washington: Brookings, 1998). 以權威性的觀點來分析日益嚴重之人權問題，認為流離失所的難民並沒有真正得到國際社會對正式難民所提供之各項保護與援助。

Bartolomei de la Cruz, Hector G., Geraldo von Potobsky, and Lee Swepston, *The International Labor Organization: The International Standards System and Basic Human Rights* (Boulder: Westview, 1996). 此書的論點相當適切中肯。

Damrosch, Lori Fisler, ed., *Enforcing Restraint: Collective Intervention in Internal Conflicts* (New York: Council on Foreign Relations Press, 1993). 本書收錄了許多詳盡的歷史個案，並提供了若干概述性的論點，主要的論文撰寫者為法律專家。

Durch, William J., *The Evolution of UN Peacekeeping: Case Studies and Comparative Analysis* (New York: St. Martin's Press, 1993). 這是一本從歷史角度來撰寫之優良著作。

Farer, Tom, ed., *Beyond Sovereignty: Collectively Defending Democracy in the Americas* (Baltimore: Johns Hopkins University Press, 1996). 本書對西半球國家作了詳盡的分析，認為自由民主國家的集體行動是有其優勢與限制的。

Goldstein, Judith, and Robert O. Keohane, eds., *Ideas and Foreign Policy: Beliefs, Institutions and Political Change* (Ithaca: Cornell University Press, 1993). 本書認為除了物質權力之外，思想也在國際關係中扮演相當重要的角色。不過，思想究竟如何影響政治，仍不甚清楚，是一個值得討論的問題。其中，由Kathryn Sikkink所撰寫之關於人權議題的章節，更值得讀者一讀。

Guest, Ian, *Behind the Disappearances: Argentina's Dirty War Against Human Rights and the United Nations* (Philadelphia: University of Pennsylvania Press, 1990). 作者是一個記者，他揭露了阿根廷如何在雷根政府的支持下，拒絕讓聯合國調查團對其於一九八〇年代軍事統治下的殘忍政策進行調查。

Humphrey, John P., *Human Rights and the United Nations: A Great Adventure* (Dobbs Ferry: Transnational, 1984). 作者是聯合國秘書處人權司的首任司長，在此書中，作者將他的經驗詳細地呈現出來。作者是一位加拿大籍的社會民主主義者，儘管在台面上，法國籍的Rene Casin似乎較有知名度，不過作者在台面下對於〈國際人權宣言〉的起草卻有更為強大的影響力。

Loescher, Gil, *Beyond Charity: International Cooperation and the Global Refugee Crisis* (New York: Oxford University Press, 1993). 本書以廣泛的觀點來解釋聯合國難民事務高級專員公署的運作，以簡短的篇幅提供了簡潔的論述。不過，儘管作者提出的構想被各國所仔細研究，但是卻沒有太多國家將其構想加以落實。

Luttwak, Edward, "Where Are the Great Powers?" *Foreign Affairs*, 73, 4 (July/August, 1994), 23-29. 一個保守的華府人士指出因為主要國家的勉強態度，使得若想達到任何外交政策的目標，包括人權目標在內，幾乎都得付出相當大的代價。作者並針對北約介入柯索夫事件的前五年時間，作了特別深入的分析。

McGoldrick, Dominic, *The Human Rights Committee* (Oxford: Clarendon, 1991). 作者透過法律觀點，對〈公民與政治權利國際公約〉底下的各個監督機制所通過之所有決策作了詳盡的整理與收錄。

Mayall, James, ed., *The New Interventionism: United Nations Experience in Cambodia, Former Yugoslavia, and Somalia* (Cambridge:

Cambridge University Press, 1996). 作者以歐洲人的觀點來檢視聯
合國在各種複雜情勢下的行動，其結論雖然相當充分，但是卻帶有些許
模糊性。

Minear, Larry, and Thomas G. Weiss, *Mercy Under Fire: War and the Global Humanitarian Community* (Boulder: Westview, 1995). 對國
際社會如何在複雜的緊急情況與戰爭中處理人權與人道援助行動，有相
當深入的分析與探討。

Nowak, Manfred, *UN Covenant on Civil and Political Rights: CCPR Comments* (Arlington: Engel, 1993). 作者是一位著名的歐洲律師，
他深入分析了聯合國人權事務委員會所提出之各項評論。

Ratner, Steven J., *The New UN Peacekeeping* (New York: St. Martins's
Press, 1995). 作者對第二階段或者是複雜的維和行動作深入的分析，
認為此類行動不但是用來阻止暴力行為，同時更要創造一個自由民主的
和平局勢，並把柬埔寨作為深入探討的國家。

Rivlin, Benjamin and Leon Gordensker, eds., *The Challenging Role for the UN Secretary-General: Making "The Most Impossible Job in the World" Possible* (Westport: Praeger, 1993). 這是本相當不
錯的論文集，對人權議題也有著墨。

Roberts, Adam, and Benedict Kingsbury, eds., *United Nations, Divided World: The UN's Roles in International Relations*, 2nd
edn (Oxford: Clarendon, 1993). 本書收錄了許多法律專家所撰寫
的論文，並對人權議題有深入的分析。其中，由Tom Farer與Felice
Gaer所撰寫之有關人權的文章，更可說是當時學術界該議題領域中最
好的短篇論文。

Thakur, Ramesh and Carlyle A. Thayer, eds., *A Crisis of Expectations: UN Peacekeeping in the 1990s* (Boulder: Westview, 1995). 本書針
對為何預期心理在複雜維和行動中具有相當大的影響力，而使聯合國不
去考慮其所擁有之資源多寡的問題。

Tolley, Howard, Jr., *The UN Commission on Human Rights* (Boulder:
Westview, 1987). 儘管此書稍嫌過時，不過卻是那個年代裡相當重要
的一本著作。而且，我也沒有發現有任何一本書可與之相比擬了。

Weiss, Thomas G., David P. Forsythe, and Roger A. Coate, *The*

United Nations and Changing World Politics, 2nd edn (Boulder: Westview Press, 1997). 這是一本相當暢銷的書籍，此書的第二部份則是對人權與人道事務有詳盡的探討。

本章注釋

[1] David P. Forsythe, "Who Guards the Guardians: Third Parties and the Law of Armed Conflict," *American Journal of International Law*, 70, 2 (January 1976), 41-61.

[2] David P. Forsythe, *Human Rights and World Politics*, 2nd rev. edn (Lincoln: University of Nebraska Press, 1989), 46.

[3] Mark W. Zacher, "The Decaying Pillars of the Westphalian Temple: Implications for International Order and Governance," in James N. Rosenau and Ernst-Otto Czempiel, eds., *Governance Without Government: Order and Change in World Politics* (Cambridge: Cambridge University Press, 1992), 58-101.

[4] B. G. Ramcharan, *The Concept and Present Status of the International Protection of Human Rights* (Dordrecht: Martinus Nijhoff, 1989), 37 and passim.

[5] Sydney D. Bailey, "The Security Council," in Philip Alston, ed., *The United Nations and Human Rights: A Critical Appraisal* (Oxford: Clarendon Press, 1995), 304-336.

[6] *Ibid.*

[7] 一九六〇年代中期，安理會援引憲章第七章處理南羅德西亞的問題，但是卻沒有清楚界定究竟主要的議題是其非法脫離英國獨立的行為、種族主義與其它違反人權之行為，包括否認民族自決與多數統治，抑或是「愛國陣線」（Patriotic Front）與 Ian Smith 主持之政府之間的戰鬥。後來在一九七〇年代中期，安理會再度援引憲章第七章的內容來因應南非共和國的局勢，然而，安理會還是沒有清楚指出其最關切的議題究竟是當地對多數統治的反對，或者是其內部之政治暴力與不穩定局勢。以政治理由來說，安理會有時候的行為模式會讓研究國際法的學者感到相當困惑。

[8] S/23500, January 31, 1992, "Note by the President of the Security Council."

[9] 關於索馬利亞個案，請參考 Mohamed Sahnoun, *Somalia: The Missed Opportunities* (Washington: US Institute for Peace Press, 1994)。

關於柬埔寨個案，請參考 Steven J. Ratner, The New UN Peacekeeping (New York: St. Martin's Press, 1995).

[10] 除了 Ratner, *The New UN Peacekeeping* 一書外，讀者可另外參考 Ramesh Thakur and Carlyle A. Thayer, eds., *A Crisis of Expectations: UN Peacekeeping in the 1990s* (Boulder: Westview, 1995); Paul F. Diehl, *International Peacekeeping* (Baltimore: Johns Hopkins University Press, 1993); William J. Durch, *The Evolution of UN Peacekeeping: Case Studies and Comparative Analysis* (New York: St.. Martine's Press, 1993)。讀者另可參考 David P. Forsythe, "Human Rights and International Security: United Nations Field Operations Redux," in Monique Castermans-Kolleman, Fred van Hoof and Jacqueline Smith, eds., *The Role of the Nation-State in the 21st Century* (Dordrecht: Kluwer, 1998), 265-276。

[11] Lori Fisler Damrosch, ed., *Enforcing Restraint: Collective Intervention in Internal Conflicts* (New York: Council on Foreign Relations Press, 1993); James Mayall, ed., *The New Interventionism: United Nations Experience in Cambodia, Former Yugoslavia, and Somalia* (Cambridge: Cambridge University Press, 1996).

[12] Edward Luttwak, "Where Are the Great Powers," *Foreign Affairs,* 73, 4 (July/August, 1994), 23-39.

[13] David P. Forsythe, "The UN Secretary-General and Human Rights: The Question of Leadership in a Changing Context," in Benjamin Rivlin and Leon Gordenker, eds., *The Challenging Role of the UN Secretary-General: Making "The Most Impossible Job in the World" Possible* (Westport: Praeger, 1993), 211-232.

[14] 除了前揭書之外，讀者尚可參考 Theo van Boven, "The Role of the United Nations Secretariat," in Alston, ed., *United Nations and Human Rights*, 549-579。

[15] John P. Humphrey, *Human Rights and the United Nations: A Great Adventure* (Dobbs Ferry: Transnational, 1984).

[16] Theo van Boven, *People Matter: Views on International Human Rights Policy* (Amsterndam: Beulenhoff Netherlands, 1982).j

[17] 在諸多急迫性的議題中，de Cuellar認爲人權議題的重要性屬第二位，僅次於裁減軍備。詳細討論請參考他所寫的 "The Role of the UN Secretary-General," in Adam Roberts and Benedict Kingsbury, eds., *United Nations, Divided World: The UN's Role in International Relations,*

2nd edn (Oxford: Clarendon, 1993), 125 and passim。

[18] 關於完整的細節，請參考David P. Forsythe, "The United Nations, Democracy, and the Americas," in Tom J. Farer, ed., *Beyond Sovereignty: Collectively Defending Democracy in the Americas* (Baltimore: Johns Hopkins University Press, 1996), 107-131。

[19] 此項論點很早就有學者提出，在我和幾位與de Cuellar在紐約任事時期有密切接觸的人士進行面訪後，我又再次確認了這個觀點。

[20] A/48/935 (1994). 更詳細的討論，請參考David P. Forsythe, "The United Nations, Human Rights, and Development," *Human Rights Quarterly*, 19, 2 (May 1997), 334-349。

[21] Theo van Boven, "Human Rights and Development: The UN Experience, "in David P. Forsythe, ed., *Human Rights and Development: International Views* (London: Macmillian, 1989), 121-136. 讀者可與另一篇文章的論點一同比較，詳見James Gustave Speth, "Poverty: A Denial of Human Rights," *Journal of International Affairs*, 52, 1 (Fall 1998), 277-292。

[22] Ayala Lasso乃是聯合國田野官員從事人權調查行動的創始者，這些官員在部分同意此行動的國家中，從事草根性的人權活動。

[23] Iain Guest, *Behind the Disappearances: Argentina's Dirty War Against Human Rights and the United Nations* (Philadelphia: University of Pennsylvania Press, 1990).

[24] John Quinn, "The General Assembly into the 1990s," in Alston, ed., *United Nations and Human Rights*, 55-106.

[25] Soo Yeon Kim and Bruce Russett, "The New Politics of Voting Alignments in the United Nations General Assembly," *International Organizations*, 50, 4 (Autumn 1996), 629-652.

[26] Audie Klotz, "Norms Reconstituting Interests: Global Racial Equality and US Sanctions Against South Africa," *International Organization*, 49, 3 (Summer 1995), 451-478.

[27] Judith Goldstein and Robert O. Keohane, eds., *Ideas and Foreign Policy: Beliefs, Institutions, and Political Change* (Ithaca: Cornell University Press, 1993); and Albert S. Yee, "The Causal Effects of Ideas on Politics," *International Organization*, 50, 1 (Winter 1996), 69-108.

[28] Antonio Cassese, "The General Assembly: Historical Perspective

1945-1989," in Alston, ed., *United Nations and Human Rights*, 25-54.

[29] Declan O'Donovan, "The Economic and Social Council," in Alston, ed., *United Nations and Human Rights*, 107-125.

[30] A. S. Muller, D. Raic, and J. M. Thuranszky, eds., *The International Court of Justice: Its Future Role after Fifty Years* (The Hague: Martinus Nijhoff, 1997). 其中由Mark Janis所負責撰寫的篇章值得讀者進一步細讀。

[31] David Weissbordt and Rose Farley, "The UNESCO Human Rights Procedure: An Evaluation," *Human Rights Quarterly*, 16, 2 (May 1994), 391-414.

[32] 此項論點與其它與人權委員會有關的看法，都是引自Alston, ed., *United Nations and Human Rights*, 126-210。

[33] Tom J. Farer, "The UN and Human Rights: More than a Whimper, Less than a Roar," in Roberts and Kingsbury, *United Nations, Divided World*, 23.

[34] Howard Tolley, Jr., *The UN Commission on Human Rights* (Boulder: Westview,, 1987).

[35] 對此論點抱持比較正面看法的文獻，可參考Virginia A. Leary, "Lessons from the Experience of the International Labor Organization," in Alston, ed., *United Nations and Human Rights*, 580-619。讀者也可與下列文獻一併比較：Hector G. Bartolomei de la Cruz, Geraldo von Potobsky, and Lee Swepston, *The International Labor Organization: The International Standards System and Basic Human Rights* (Boulder: Westview, 1996); and Bicolas Valticos, "The International Labor Organization," in Karel Vasak, ed., *The International Dimensions of Human Rights*, edited for the English edition by Philip Alston (Westport: Greenwood, for UNESCO, 1982)。

[36] Ernst B. Haas, *Human Rights and International Action: The Case of Freedom of Association* (Stanford: Stanford University Press, 1970).

[37] 聯合國兒童基金會也促成〈兒童權利公約〉的簽訂，在該項公約中就包括了一些與童工有關的規定。Lawrence J. LeBlanc, *The Convention on the Rights of the Child: United Nations Lawmaking on Human Rights* (Lincoln: University of Nebraska Press, 1995).

[38] Lance A. Compa and Stephen F. Diamond, *Human Rights, Labor Rights,*

and International Trade (Philadelphia: University of Pennsylvania Press, 1996).

[39] 關於此論點，以及稍後要提到的幾項論點，請參考Gil Loescher, *Beyond Charity: International Cooperation and the Global Refugee Crisis* (New York: Oxford University Press, 1993, for the Twentieth Century Fund)。

[40] Gil Loescher, "Refugees: A Global Human Rights and Security Crisis, " in Tim Dunne and Nicholas J. Wheller, eds., *Human Rights in Global Politics* (Cambridge: Cambridge University Press, 1999), 233-258.

[41] Ineke Boerfijn, "Towards a Strong System of Supervision," *Human Rights Quarterly*, 17, 4 (November 1995), 766-793. 此篇論文對此觀點表現出樂觀的看法。

[42] Dominic Mc Goldrick, *The Human Rights Committee* (Oxford: Clarendon, 1991); Manfred Nowak, *UN Covenant on Civil and Political Rights: CCPR Comments* (Arlington: Engel, 1993).

[43] William A. Schabas, "Spare the RUD or Spoil the Treaty: The United States Challenges the Human Rights Committee on the Subject of Reservations," in David P. Forsythe, ed., *The United States and Human Rights: Looking Inward and Outward* (Lincoln: University of Nebraska Press, 2000).

[44] Philip Alston, "The Committee on Economic, Social , and Cultural Rights," in Alston, ed., *United Nations and Human Rights*, 473-508.

[45] Robert E. Robertson, "Measuring State Compliance with the Obligation to Devote the 'Maximum Available Resources' to Realizing Economic, Social, and Cultural Rights," *Human Rights Quarterly*, 16, 4 (November 1994), 693-714.

[46] Mario Gomez, "Social Economic Rights and Human Rights Commissions, " *Human Rights Quarterly*, 17, 1 (February 1995), 155-169.

[47] Jack Donnelly, *Universal Human Rights in Theory and Practice* (Ithaca: Cornell University Press, 1989), ch. 11.

[48] David P. Forsythe, "The United Nations and Human Rights 1945-1985," *Political Science Quarterly Review*, 100 (Summer 1985), 246-269; and Forsythe, "The UN and Human Rights at Fifty: An

Incremental but Incomplete Revolution," *Global Governance*, 1, 3 (September-December 1995), 297-318.

[49] Hazel Fox and Michael A. Meyer, eds., *Effecting Compliance* (London: British Institute of International and comparative Law, 1993).

[50] Larry Minear and Thomas G. Weiss, *Mercy Under Fire: War and the Global Humanitarian Community* (Boulder: Westview, 1995).

[51] David P. Forsythe, "The International Committee of the Red Cross and Humanitarian Assistance: A Policy Analysis," *International Review of the Red Cross*, 314 (September-October 1996), 512-531.

ဆ　第四章　ca

國際刑事法庭

　　在二十世紀的最後十年內，聯合國創立了兩個國際刑事法庭（international criminal court），其中第一個國際法庭在聯合國成立近五十年後才成立。後來，國際社會也在一次外交會議中，通過一項計畫設立一個永久國際刑事法庭的條約，並認爲此法庭須與聯合國保持一定程度的關聯性。基本上，凡是做出違反國際社會認可之人權規範之行爲的人，例如做出種族屠殺、戰爭罪、以及違反人道之罪行的人，都應該接受國際刑事上的司法審判，此一論點其實是被一般大眾所接受的。如果我們有一個常設的國際刑事法庭，或者只是一個可靠的特別國際刑事法庭體系，我們將可以對那些罪犯施以更確實的懲罰，讓受害者與／或其親屬能夠得到一點安慰，並可嘗試去打破集體暴力的惡性循環，同時更希望能藉此嚇阻其它行爲者，以防止未來出現類似的迫害。

　　儘管整個國際關係已經即將邁入二十一世紀，而我們也可看到似乎有一種越來越常運用司法判決的趨勢正開始形成，[1]

然而，許多國家的決策者卻明顯不太願意透過國際法庭的審理，來追求國際間的司法正義。有時候這種猶豫不決的態度是受到麻木不仁且無批判力的現實主義態度所影響。但是，有時候這種猶豫的政策，卻是經過仔細的推理與嚴謹的道德爭辯後的結果。

換言之，對於國際刑事法庭抱持躊躇態度，並不一定就是對世界上想要提高自己的鎮壓特權，以反抗對保護國際人權的 Saddam Hussein 一類的獨裁者所產生的一種反射行動。相反地，有些具有自由信念，同時也相當重視人性尊嚴的人們，有時候也會提出類似的告誡。一般來說，這些人都是支持人權概念的，但是偶爾他們也會發現，不以國際刑事司法的管道來保護人權，也可算是一種審慎的政治態度，而且在道德上也是說得通的。我把這種看法立場稱作是「新自由主義」（neo-liberalism）。此一觀點，正好與「司法浪漫主義」（judicial romanticism）形成強烈的對比。後者漠視政治與外交的考量，堅信刑事司法乃是解決違反人權行為的萬靈丹，而「免除」這些違反行為之罪行，是絕對不被允許的。

歷史背景

與國際事務有關之刑事訴訟的歷史—包括國際與國內的—其實是相當廣為人知的，至少，某些法律學者對其發展是十分熟悉的。[2] 由於坊間已經許多專書針對此一議題作深入的探討與分析，因此我在此書裡就只強調一些特別重要的論點。儘管時代不停地進步，甚至一九九〇年代都即將結束，但是我們只要大略回顧一下過去的歷史，就不難發現許多國家的決策者都

以很多理由爲藉口，試圖規避國際性的審判，不幸的是，這種
情形在國際間並沒有太多的例外。其中最可能的情況就是政治
考量凌駕於法律規範之上。正如同 Werner Levi 所言：「政治
決定誰是立法者，以及法律該以哪種形式出現；法律的目的是
在闡述這些決策，並且將之結合在一起。這種功能上的分配，
使法律十分依賴政治。」[3]

　　儘管在第一次世界大戰後，國際間對於是否要對德國領袖
提起國際刑事訴訟的問題有許多不同的討論，然而，最後卻是
功虧一簣未盡全功。[4] 一直要到第二次世界大戰之後，才真正
出現了首次的國際刑事訴訟，但是卻充滿許多明顯的缺失。[5]
本來同盟國領袖一度傾向於要將那些德國高層決策者立即處以
死刑，但是最後卻以簽訂一項旨在成立「紐倫堡法庭」
（Nuremberg tribunal）的條約而告終結。儘管該法庭的成立
目標相當崇高，但是從戰勝國的司法公正來看，卻是充滿了許
多污點與瑕疵。在紐倫堡（以及東京）大審中，只有戰敗國需
要接受審判，然而，我們卻清楚知道，盟國領袖同樣曾經運用
傳統炸彈、燃燒彈，以及原子彈，對敵國的城市進行轟炸攻
擊，這種攻擊行動往往無法分辨究竟誰是軍人，而哪些人又是
平民，因而也造成許多無辜人民的死傷─而將戰士與百姓區
隔，乃是國際人道法的根本原則之一（亦即，戰爭法傾向於保
護戰爭中的受難者）。不過，後來國際社會還是根據一些具有
追溯效力的法令，對前述領袖提出了某種控訴與定罪。個人需
對戰爭罪行負起責任的概念，從一九三九年開始就已經透過各
國國內法得到完善的建立。但是對於破壞和平的罪行，以及迫
害人道之罪行的概念，則是要等到一九四六年，才真正成爲立
法與檢察當局的關注重心。同樣地，對於公平審判程序上的保

證，也得到相當程度的改善。[6] 在紐倫堡大審的第一輪審判中，共有二十四位德國政、軍領導者被起訴，其中有十九位罪犯坦承其罪行。這十九位罪犯中的十二位則是被處以死刑。在國際間與各國法庭裡，也有許多德國人受到審判的案例。在美國軍方命令的許可下，在日本的東京也舉行了多次對日本領導者的訴訟。[7]

這些審判對於德國與日本後來的思想發展會有一定程度的影響，這是可想而知的事情。但是紐倫堡與東京大審，也就是透過對個人刑事責任的強調，是否真的迫使德、日兩國去面對過去的歷史，同時也面對那些曾經存在的個人道德抉擇呢？儘管日本在二十世紀即將結束的時候，積極擺出要和過去所做之殘酷行為達成妥協的姿態，但是，一般還是認為德國比日本更努力要朝這個方向前進。實際上，這兩個國家卻都是經歷過相似的國際刑事審判。一個在《國會季刊》（*Congressional Quarterly*）任職的研究人員曾經為文寫道：「在這些被告眼中，（國際）審判都是不合法的，同時，在大多數德國與日本的百姓眼中，也有同樣的感覺。」[8] 至少以德國來說，關於究竟是民眾整體或是部分菁英必須為「大屠殺」負責，仍是持續受到爭論的問題。Daniel J. Goldhagen就認為，許多願意接受大屠殺行為的典型德國人，其實並不是被脅迫而得支持當時德國採用之集權領導形式。[9] 但是，其他學者卻強烈無法苟同這種看法。部分學者認為Goldhagen錯誤解讀了歷史的紀錄。因此，即使是把德國與日本當成研究對象，關於國際刑事審判對於酷刑責任所能發揮之真正效力為何，我們還是並不十分清楚。[10] 由於紐倫堡與東京大審至今已有將近五十年，但是國際社會卻沒有再針對其它重大的殘酷行為進行任何國際審判，因

此，我們可以很清楚地發現一九四○年代的國際審判，對於其
它的殘酷惡行並沒有實際的嚇阻作用，因為這些為惡者並不必
然會被提起訴訟，於是他們絲毫不會感到威脅，而能夠繼續我
行我素。儘管如此，這兩個國際法庭卻還是澄清了某些相關的
事實，因此能夠提供部分撫慰心靈與援助的幫助。更明確一點
來說，國際法庭真正提供了懲罰惡人的機會。

　　在第二次世界大戰結束之後，一直到冷戰結束之前，國際
刑事訴訟有很多時候都沒有真正發揮效用。舉例來說，在韓戰
（Korean War）期間，由於大多數的國際武裝衝突都沒有完全
得到解決，所以自然沒有任何無條件的投降或屈服，也因此，
想要對那些可能做出違反國際法之行為，但是卻不受外界拘禁
的行為者提交審判，可說是相當難以成功的。此外，在一九九
一年的波斯灣戰爭（Persian Gulf War）裡，儘管盟軍以壓倒
性的軍事力量擊敗伊拉克，但是最後也沒能迫使敵方無條件投
降，而獲勝的盟軍也無法進一步控制伊拉克。布希政府因此認
為，若要企圖逮捕伊拉克領導者，則在逮捕行動中必然會造成
更多傷亡與損失，如果最後只是要讓這些領導者接受國際審
判，那麼這些死傷似乎是不值得的。此政策邏輯似乎是相當合
理的，同時也兼具道德上的考量。因此，國際社會幾乎普遍都
支持這樣的政策。然而，稍後美國國會眾議院（House of
Representatives）卻以壓倒性的表決結果通過支持設立一個
伊拉克戰爭刑事審判法庭。可是根據國會對於美國一九八○年
代在黎巴嫩，以及一九九○年代在索馬利亞之表現的反應來
看，不管是布希政府或柯林頓政府，若試圖要發動所費不貲的
地面戰爭以逮捕伊拉克領導者，都將會受到國會嚴正的批評與
抨擊。

　　不過，因為民族主義的驅使，國際審判卻也可能在若干情
境中得到設立。儘管蘇聯介入匈牙利，以及美國介入格瑞那達
的行動，最後都得到完全的勝利，但是這兩個戰勝國卻不願意
採用國際審判。一個主要的原因或許是美、蘇兩國也擔心審判
過程中，國際社會會發現它們在使用武力時，有若干可能違法
的情事。換言之，美、蘇追求的價值，並不全然是人權面向、
人道法面向，或者是刑事審判的面向，相對地，卻可能是為了
保全國家的（人權）良好記錄，同時也確保它們在未來能有更
自由的決策空間。

　　的確，不管是任何形式的武力對抗，往往都會發生若干戰
爭罪行。這種罪行，又以一九五六年中東戰爭（Middle East
War）期間，以色列被揭發屠殺了許多埃及囚犯的行為最為嚴
重。[11] 不管是不是刻意的行為，當迫於情勢所需，或者亟欲強
化控制力時，即使是自由民主國家的成員，也會同樣犯下戰爭
罪行。此外，雷根政府和布希政府都是自稱以出自好意的心
態，分別對格瑞那達與巴拿馬發動攻擊，當美國根據國際法的
規範，對合法的軍事目標進行轟炸時，卻同時炸毀了精神病
院，而且也造成許多平民死傷，其數量甚至被認為超出因戰爭
造成的平民死傷。同樣地，在波斯灣戰爭中，美國因認為一個
位在巴格達的地下碉堡藏匿著伊拉克的軍事人員，於是下令發
動攻擊，最後卻發現裡頭全是平民百姓。在那次攻擊行動中，
許多無辜百姓就這麼喪生了。另外，北大西洋公約組織在一九
九九年對南斯拉夫進行空中轟炸的行動，也同樣造成許多平民
死亡或受傷。

　　職是之故，從上述蘇聯在匈牙利或阿富汗的行動，以及美
國在格瑞那達、巴拿馬、南斯拉夫等地的攻擊行動中，我們都

可以發現，不管是非自由民主的國家，或者是自由民主的國家，之所以會對是否進行國際刑事訴訟的決定感到猶豫不決，其政治因素的考量都是可以理解的。此外，當戰火的煙霧消散之後，即使自由民主國家發現它們曾經在戰爭期間犯下不法之行爲，在深思熟慮之後，必須做出將相關軍事人員提起國際刑事訴訟的困難的政治決定。但是，其國內民意也通常會反對政府採取這樣的政策。

　　除了國際刑事審判之外，國家尚可考慮另一個國內審判的選項。包括與種族滅絕、違反人道之罪行，以及違反一九四九年八月十二日通過之〈日內瓦公約〉裡有關戰爭受難者的重大侵害行爲等的普遍司法管轄權概念，在理論上都允許各國政府當局以其司法權，對國外與國內嫌疑犯進行審判。因此，根據此邏輯的主張，西班牙有一位堅信行動主義的檢察官，便在一九九八年時要求英國必須引渡 Augusto Pinochet 將軍到西班牙，讓他能夠出庭爲他在一九七〇年代時，於智利所進行之各項有計畫的酷刑與迫害行爲，以及其它違反人權之行動提出說明。

　　至於在違反人道罪行的議題上，在一九九〇年代以前，只有法國與以色列根據此概念而進行過國內審判。英國、法國、蘇聯與美國儘管都願意運用此概念去追溯納粹德國與帝國日本的責任，但是其中只有法國將此概念（稍微）引介到其國內法裡。法國與以色列是相當少數的案例，同時，除了在耶路撒冷進行的「艾克曼大審」（Eichmann trial）之外，這二個國家在實踐上也遇到相當大的政治困難。（當以色列在阿根廷將艾克曼逮捕之後，其在外交關係之上的處境就越顯艱困。）法國遇到的艱困情形更爲明顯，因爲其指控法國公民協助德國人進

行「大屠殺」之違反人道的惡行，因而在法國歷史上寫下痛苦
的紀錄。在第二次世界大戰期間，當時屬於維琪政權（Vichy
government）的官員掌控了法國政府一半以上的權力。其中有
些法國籍的官員對於猶太人的敵意甚至與德國人仇視猶太人的
程度不相上下。

另外，一直到一九九〇年代中期，關於種族滅絕以及在波
士尼亞和盧安達發生的罪行，國際間都沒有任何國家以此概念
作為國內審判的依據，只有西非的赤道幾內亞曾經對若干嫌疑
犯舉行過審判。同樣地，曾經是許多前南斯拉夫難民落腳之處
的德國，也在國內設立了一個法庭，對南國一九九〇年代之戰
爭罪行與種族滅絕行為進行審判。[12] 而盧安達的國內法庭對於
此議題也進行過許多次的審判。

值得注意的是，就算這類國內審判是在自由民主國家之中
進行的，這些國家的軍法也不能完全發揮效力（其軍法乃是從
國際法衍生而出的）。舉例來說，沒有任何一位美國高級軍官
需要為美軍在邁萊（My Lai，越南城市）的暴行負責。尤有甚
者，儘管Calley中尉應該為屠殺二十到七十名越南平民的行為
負責，但是尼克森總統迫於民意的壓力，依然減輕對他的懲
處。同樣地，以色列政府對於那些在爭議區犯下許多違反人權
行為的軍事人員，也是以相當寬厚的態度來加以處置。加拿大
政府同時也發現無法與該國在索馬利亞當地的軍隊達成完全的
協議。在國際社會裡，就只有義大利人對其士兵犯下之虐待索
馬利亞人的罪行，施以迅速且嚴正的懲治。羅馬因而認為這類
討論中的事件表現，只是受到若干「壞蘋果」的影響，而並不
是整個體系上或結構上的問題。

從諸多影響國內戰爭刑事審判的原因來看，民族主義權力

的高漲，或許是最具影響力的一項原因，其在推論上與道德上都可以迫使各國政府不支持審判。然而，我們卻找不到任何令人信服的政治或道德論點，能夠解釋為什麼美國軍事司法體系無法公正的處理「邁萊屠殺」的案件。[13]（最初，軍方企圖要掩蓋此項事實。後來軍方則將各界關注的焦點轉移到排級的層次，使外界能夠忽略真正訓練、指揮步兵行動的乃是更高層的指揮官。然而，軍方從來也沒有受過與此罪行相符的懲治。）換言之，帶有防禦性與情感考量的民族主義，往往會影響到公正的刑事審判。如果這種情形在國家審判的層級上是確實的，那麼，我們可意識到，其表現在國際刑事審判上的影響程度將更為深遠。如果各國政府無法親自起訴這些犯下惡行的行為者，那麼，其它國家或國際組織要將這些人提起訴訟有多困難，就可想而知了。從此面向來看，塞爾維亞與美國其實並沒有兩樣。

　　簡而言之，國際刑事訴訟的案例可說是相當罕有的，因此我們對於這些訴訟的影響，也就沒有很多的瞭解。同樣的情形也出現在各國對於違反人道罪行與種族滅絕罪行的刑事訴訟案件之上。基本上，我們最常見到的，就是各國自動提起之以觀戰爭罪行的訴訟，而這些訴訟案例—主要是由自由民主國家所提起的—卻也受到持續強大的民族主義的影響，而逐漸居於下風。

概念背景

　　即使我們只是對歷史作一粗略的回顧，我們還是可以從中找到若干與國際刑事審判有關之普遍盛行的基本觀點。我並不

打算重新詮釋那個大家都知道的現實主義論點，亦即在戰爭與
類似的暴力衝突裡的唯一價值就是獲勝的論點。儘管此論點在
某些特定情境中是適用的，但是並沒有任何重要的軍方證明可
支持此一觀點是軍事上的主要原則。此外，我也不想重複僵化
的民族主義者的觀點，也就是指不應該做出任何會破壞國家紀
錄的行為。雖然這兩個觀點是有關聯的，但是前者是以政治計
算為依據，而後者卻是以愛國情感主義為依歸。

　　然而，更有趣、複雜，以及棘手的論點乃是究竟國際人道
法，與其它人權規範，尤其是那些與刑事審判有關的規範，是
否能夠被嚴肅地視為成文的法律。對自由主義者來說，真正的
議題在於究竟人權是否能夠在戰爭、動盪，以及種族淨化此類
的情境中得到一定的保護，同時，如果答案是肯定的，那麼該
怎麼作？此問題對於現實主義者，或者情感豐沛的民族主義者
來說，是比較沒有意義的。此外，這個議題也在一九九八年的
一次辯論中，得到完善的表達與建構。

　　擔任「喬治索羅斯基金會」（George Soros Foundation）
底下的「開放社會研究所」（Open Society Institute）之主
席，同時過去也與「人權觀察」（Human Rights Watch）保持
密切關係的Areh Neier曾經指出，國家已然同意在承平時期與
戰爭時期中，都會服從國際人權的相關規範。[14] 他接著說，
人權運動應該將此關於普遍人權的背書牢牢記住。針對美國外
交政策，Neier認為此運動應該要發展出一種新的態度與立
場，亦即人權的推廣不應被視為若非即是的考量；不管嚴重的
違反人權行為在哪裡發生，此運動都應該要強調對人權的絕對
保護，包括刑事訴訟—而不管美國在這些國家中有什麼其它的
利益存在。如果國際社會無法做到上述要求，那麼必然會出現

一種雙重標準,而且會進一步危害到人權運動。[15]

　　Neier 並提到,透過兩個聯合國的特別法庭,以及南韓、衣索比亞、宏都拉斯等其它國家的配合,對於起訴嚴重違反國際人權之行爲者的相關步驟已經開始被執行了。雖然他對南非的發展感到相當矛盾,同時他也不願意對薩爾瓦多有太多著墨,但是,他卻對拉丁美洲南錐(Southern Cone)地帶國家免除其內部政治暴力行爲之罪行的決定,大加撻伐。儘管這些國家有官方的「真相委員會」負責調查過去那些嚴重的暴力行爲,並將事實予以公開,但是委員會卻強調和解的重要性,以規避起訴過去參與內戰或暴力動盪的政治犯。

　　Jeffrey E. Garten 對 Neier 的論點有不同的看法,並提出一項比較不合法律及司法概念的替代方案。[16] 他的論點基本上就是屬於新自由主義者的觀點。曾經擔任過美國商務部部長(Secretary of Commerce)的 Garten 認爲,對那些「廣大新興市場」,如土耳其、印尼、中國等國家的人權狀況提出正面的抨擊,基本上是不會有任何作用的。他認爲這些國家基本上都太過於強調民族主義,以致於根本不會對外界高分貝的批評有任何的讓步。儘管 Garten 對人性尊嚴相當有興趣,但是他卻發現政治背景會對人權議題產生相當程度的影響。雖然他並沒有對此論點提出較清楚地說明,但是他卻明白指出一項值得注意的特點,那就是在人權論述之外還有所謂道德規範的存在。

　　Garten 論點的主旨在於他認爲我們可以透過強化經濟與社會面向的發展,而使這些國家裡的人民能夠享有更好的生活環境。「Neier 會否認中國人民因爲與世界各地的國家從事更廣泛的商業接觸,而使他們的生活變得更好嗎?他會否認印度人民沒有因爲美國企業首度提供電力給印度的學校與醫院,而享

有更好的生活嗎？」[17] 因此，Garten所提出之模糊的論點，正是指出不管世界上是否刑事審判的存在，要改善人權的唯一途徑，就是盡量為善。除了反覆強調人權的重要性之外，他認為還有其它管道能夠獲致改變整個世界的自由主義目標，例如積極改善個人的生活水準。大抵，除了重要的經濟強權國家外，他的論點也能夠適用於其它國家之上。

Garten接著提出補充的論點，認為某些經濟與社會層面的發展，確實有助於提升某些人權。「難道Neier會否定美國企業在印度建立現代電信化系統，而使印度人民能夠使用電話、傳真、網際網路的結果，沒有讓他們得到更大的自由嗎？難道他會認為美國企業在巴西的工作場所裡建立高標準的工業操作程序，來確保健康與安全的環境的努力，對人權沒有一點影響嗎？」[18] 換言之，Garten所強調的論點，乃是一種追求「人權環境」（human rights environment）的務實之彈性與合作性的途徑[19]，而不是一種可以在法律文件中找得到的僵化的刻板人權論點。Garten尤其反對國際社會就短期的人權問題提出公開與正面的批判。在他的論文之中，他並沒有對刑事審判做特別的強調，但是也認為不應該私下進行國際刑事審判（不過前南斯拉夫特別法庭確實提出了若干祕密而非公開的起訴）。

就某種程度來看，Neier與Garten都是談論過去已發生的歷史。前者尤其對人權運動中的道德持續性最感興趣，並要求美國外交政策應該要能夠符合這種非官方的立場。後者則是對合作性與相互有利的國家間關係有濃厚的興趣。然而，他們二人的觀點卻明顯相互抵觸。Garten支持對最終能夠提升人性尊嚴以及人權的政策做彈性的政治判斷。Neier則是主張以堅定的觀點來看待嚴格界定的權利，並十分強調刑事審判。由此可

知，他們二人的觀點，其實乃是新自由主義（Garten）與古典自由主義（Neier）或司法浪漫主義之間的爭論。

前南斯拉夫法庭

從表面上來看，由聯合國安全理事會通過成立的「審判前南斯拉夫的國際刑事法庭」（International Criminal Tribunal for the Former Yugoslavia，簡稱 ICTFY，以下簡稱前南國際刑庭），無疑是反映出 Neier 的論點。[20] 一九九三年五月，當南斯拉夫當地的戰爭與各種殘酷行為尚未結束時，安理會就投票通過設立成立一個平衡且在程序上符合一般準則的國際法庭，並依法要求所有聯合國會員國必須在憲章第七章的規定下，確實與此法庭合作。而那些犯下戰爭罪、違反人道之罪行，以及種族清洗惡行的行為者，都將會被起訴。然而，若更進一步從 Garten 的觀點來看，則似乎可看出下列任一項批判性的推論：此國際刑事法庭可能造成更大的傷害，而不是帶來利益，因此那是一個善意的地獄；或者，波士尼亞的刑事審判只是一場主要議題外的額外表演，因此並不值得付出強制性行動的代價。

有一些評論者試圖要創造出一種印象，亦即尋求對前南斯拉夫進行刑事審判的舉動，是一種相當清楚與簡單的事務。曾擔任美國國務院為戰爭罪所成立之部門主管的 David Sheffer，就以類似 Neier 的論點，對國際刑事法庭的成立提出他的看法：「安理會因為認知到確實執行國際法乃是一項立即優先的事務，所以只好暫時擱置其它政治與軍事要務。」[21]而曾擔任聯合國律師的 Payam Akhavan，則是說道：「對於此

法庭的成立與恢復前南斯拉夫境內的和平與安全，確有一政治
上的合意。」[22] 不可否認，由於許多西方文獻都表現出對一九
二〇年代之仲裁條約的欣羨，因此我們可從這二人的論點裡看
出某些最明顯的守法主義—道德主義之論據。[23] 而這也明顯就
是司法浪漫主義的再現。不管公開的官方文件（與公然的態度）
目標有多麼高尚，該法庭的設立仍有很大部分是因為國家權宜
的考量，而不是真正基於對人權規範有任何道德或法律上的承
諾。[24] 雖然如美國之類的國家，會因為感到傳播媒體的報導壓
力，而被迫採取行動以阻止發生在其它地區之殘暴的行為。但
實際上，美國與其它安理會的成員國並不想要進行這種可能造
成大量該國國民傷亡，以及大量金錢上損失的實質干涉行動。
可是，這些國家一方面又覺得它們應該作些什麼。因此，它們
便先行創造了這個法庭，以回應大眾動員的要求，並讓許多矛
盾慢慢地顯現出來。

　　自從一九九三年前南國際刑庭設立以來，一直到一九九五
年雙方簽署〈達頓協議〉，許多決策者與觀察家都抱怨該法庭
的設立根本就妨礙了外交調停的進行。[25] 這其中的推論過程其
實相當明確。參戰國是否會藉著要求其它主要參戰國在其對戰
爭負責的官員被送交刑事審判後，必須進行談和的方式，來拉
長整體作戰的時間？這些征戰國難道不會傾向於繼續作戰，反
而會與它國合作以獲致可能會使其遭到逮捕與審判的和平協
議？這些問題的答案當然都是否定的。

　　事實上，這並不是一個新的兩難困局。有一項論點是長久
以來都被接受的，那就是如果征戰的一方願意交出戰爭犯—一
種人道的隔離—而非總是否認對手的地位，那麼，雙方就有可
能會達成和解，而不至於得征戰至死。然而，此一論點卻無法

運用在一九九八年的柬埔寨案例上。當時，一些野蠻的赤色高棉領袖對外宣稱他們願意投降，但前提是國際社會必須能夠寬恕與赦免他們過去的惡行。而本身以前是赤色高棉低階成員的總理Hun Sen，對於這項說法的態度卻前後不一。他首先強調和平與國家和解的價值，而擱置刑事審判的重要性，希望和平能夠來到。但，他的立場卻馬上就改變了。最主要的原因就是所謂刑事審判的主要意涵，根本就是「處罰」。

這種介於和平與審判，和解與處罰之間的傳統兩難，也讓國家社會進一步要求創造一個新的（專門）法庭。然而，此提案卻未能得到國際社會真心的配合。其中，在John Major主政時期的英國更是如此。當時英國政府就是在玩一個虛偽的兩手策略。它表面上投票支持成立國際法庭，但是私底下卻百般阻撓法庭的運作。倫敦當局當時比較傾向使用外交手段來解決爭議，而不贊成透過這種司法審判的途徑來解決，並私下表示外交手段是獲致和平與確保人類安全較好的一條道路。撇開英國表面上的姿態不管，其操弄的策略就屬於新自由主義的類型，亦即是綜合了自由主義與現實主義的策略，而非只是對司法判決表面上的支持而已。就連Sheffer在進入國務院服務之前，也心繫著薩爾瓦多與南非的情況，他認為：「儘管在這些（未指明的）案例中，強硬派不停地批評人權規範，同時也必須要擔負未必能打破報復與暴力之循環的風險，可是『和平勝過司法審判』的選擇，有時候還是獲致和解的最有效的手段。」[26]我們應該嚴肅地來質疑國際刑事審判的正確性，同時也應該思考究竟其終極目標是否確實反映出司法浪漫主義。

不過，「審判前南斯拉夫的國際刑事法庭」的第一位檢察官Goldstone也指出，真相委員會的設立對刑事審判有一定的

幫助，因為其能夠把事實以一種能被大眾接受、瞭解的形式呈現出來，因此對於教育社會大眾，與撫慰人心上有很大的幫助。在進行國際審判與設立真相委員會的立場上，他當然是表示支持的。[27]

〈達頓協議〉顯示，至少從表面上或理論上來看，我們是有可能同時獲得和平與某種程度的正義—亦即，若能夠將那些犯下戰爭罪行、違反人道行為罪行，以及種族屠殺罪行的人提起公平的刑事審判，那麼我們將可以終止大部分的戰鬥行為，並且降低人類不同種類的迫害與死傷程度。[28] 然而，在巴爾幹地區，就像在柬埔寨一般，國際社會只能對正式協議抱持有限的信任。的確，此一論點是相當明確的。舉例來說，柬埔寨的赤色高棉雖然簽署了所有種類的協議，但是他們根本就不支持這些協議，而且也沒有任何想要遵守協議的意圖。此外，儘管克羅埃西亞在達頓會談中也做出支持和談的承諾，但該國卻總是拒絕將相關人員與證據提交給國際刑事法庭。即使是在西方社會的壓力下，札格拉布（Zagreb，克羅埃西亞首都）也只是勉強和國際刑事法庭合作，以換取擺脫西方社會的箝制。到了一九九七年秋天，儘管有幾個克羅埃西亞籍的嫌犯被解送到海牙法庭受審，但實際上，情形並沒有顯著的改變。

更重要的是，波士尼亞塞爾維亞裔的高層並沒有參與達頓會談，同時也沒有簽署任何協議—因此自然就不必接受刑事審判。甚而，如果國際社會想要得到 Slobodan Milosevic 以及他所控制之大部分由塞爾維亞人組成之南斯拉夫軍隊的合作，那麼在達頓會談中就必須確保他能夠不受到起訴。諷刺的是，雖然海牙法庭的首席檢察官 Richard Goldstone 鄭重強調拒絕任何政治力干涉他的調查工作，然而，他最後並沒有對

Milosevic 提起任何指控，而 Milosevic 卻比任何人都應該為前南斯拉夫的崩解，以及進行種族清洗的行動負責任。從這些公開紀錄以及國際局勢的推論來看，在 Milosevic 的個案上，儘管國際法庭的律師的理由乃是他們找不到任何法律判例可以用來指控 Milosevic，但，實際上我們卻發現必須以免除將若干人士提起刑事審判的條件，來換取達到外交調停的可能。

同樣的兩難情況也發生在柯索夫。和當初的波士尼亞一樣，Milosevic 不但是引爆柯索夫事件的縱火犯，也是消弭戰火的消防員。他在柯索夫（新南斯拉夫的一省）採用高壓政策，同時也強制驅離當地居民。這種暴行引起占當地百分之九十以上人口之阿爾巴尼亞裔的不滿情緒。然而，西方社會卻必須和 Milosevic 打交道，因為他擁有控制當地的權力，而且也有權能夠掌控在柯索夫省進行戰爭行動的南斯拉夫軍隊（或說塞爾維亞裔）。職是之故，兩難局面於焉出現。國際社會如何能夠一方面威脅要將他提交刑事審判，另一方面又期盼他能與國際社會合作，不要繼續從事違反人權的行動呢？儘管國際法庭的檢察官辦公室想要對柯索夫的局勢進行調查，並決定以個案方式來起訴每一個行為者，但是 Milosevic 還是拒絕相關人員進入柯索夫。因此，過去支持起訴伊拉克戰犯的美國國會，也開始要求柯林頓政府必須盡快和 Milosevic 達成交易－讓他能在某個友好國家裡得到庇護，來換取他放棄對新南斯拉夫的控制權。最後，國際刑事法庭的檢察官辦公室還是起訴了 Milosevic 和他幾位在貝爾格勒（Belgrade，南斯拉夫首都）的高階幕僚，因為他們下令軍隊在柯索夫省執行各種違反人權之行動。

從達頓會談之後，一直到我提筆寫作此書之時，關於刑事

審判究竟是否會造成更多傷害，而不是有正面影響的恐懼，仍然持續以其它形式出現。其中一種恐懼就是對於戰爭嫌疑犯的起訴，有可能會使原本就脆弱的〈達頓協議〉進一步瓦解。例如在一九九六年初，某些波士尼亞塞爾維亞裔軍官誤闖由波士尼亞回教徒所控制的地區，並且被以涉嫌犯下戰爭罪的名義遭到逮捕。由於此一逮捕事件，波士尼亞塞爾維亞裔拒絕繼續依照和平協議的規定，在北約「和平執行部隊」（the implementation force，簡稱 IFOR）的監管下，進行停止戰鬥行為的談判。一場政治危機就此爆發，使美國外交官不得不介入穿梭，進行調解。最後，遭逮捕的塞爾維亞裔軍官還是得到釋放，而沒有解送到海牙法庭去接受審判。從此顯著的例子可以看出，只要對法律審判的要求有一點小小的抗議出現，就會危及原本可以化解戰爭衝突以及相關違反人權行為的更廣泛的政治協議。

　　另一種相似的恐懼，是擔心對波士尼亞案例尋求刑事審判的結果，將會使之成為另一個索馬利亞。一九九三年，國際社會試圖要在這個東非國家裡逮捕一個主要的軍閥Aideed將軍，結果導致十八名美國突擊隊員遭到埋伏而喪生，在擔心會發生更多傷亡的情況下，美國立即從索馬利亞撤退，並且越來越不願意支持聯合國在其它地區的軍事部署行動，如盧安達。國際社會想要在索馬利亞達成國家和解與實施自由民主制度的目標終究沒有實現，一般認為有部分原因即是與美國在一九九四年退出國際行動的決定有關。有了索馬利亞的前車之鑑，國際社會也擔心美國若在波士尼亞發生類似的傷亡事件，則美國也有可能會在剛涉入之初就下令北約軍隊撤退（包括和平執行部隊以及和平穩固部隊─ the stabilization force，簡稱

SFOR），如此，將有可能使得〈達頓協議〉的所有努力都告白費。此外，參與北約軍事部署行動的歐洲各國也明白指出，一旦美國從軍事行動中退出，那麼它們也將同時召回其所屬軍隊。於是，在一九九三年至一九九五年間，北約軍隊所採取的策略乃是消極的「不逮捕」政策。不過在一九九五年之後，則有若干逮捕行動出現。儘管如此，北大西洋公約組織並不打算逮捕那些策劃與下令對波士尼亞境內之回教徒進行種族清洗行動的塞爾維亞領袖。相反地，這些人是被聚集在一起，而且受到完善的保護。華府當局尤其擔心一旦爆發軍費龐大的戰爭，則國會原本對於派遣美國軍事人員到巴爾幹地區的脆弱支持，將完全消失。

另一個不同的論點是針對〈達頓協議〉而有，認為協議中有關刑事審判的規定根本無法在合理的時間，以及合理的資源下得到落實；因此，若就這麼貿然把美國與北約軍人派到如此危險重重的地區，似乎在政治上或道德上都是說不通的。至此，我們就碰到了政治倫理這個傳統的爭議，亦即若要合乎道德，那麼任何政策都必須要有合理的成功機會。否則，在可能造成北約組織大量人員傷亡的前景下，草率的決定只是一個不切實際的承諾而已。然而，這個論點與其相關的分析都是十分複雜的，因為，除非等到事件完全終了，而我們也能夠從歷史角度來分析，否則我們往往不知道某個政策究竟是合理的，或是不合理的。因此，包括決策者與觀察家其實都是在政治科學家所言之「有限理性」下為之抉擇。亦即，我們是在不知道最終「事實」的情況下，為之推論。

至於前南斯拉夫的案例，許多分析者，如《紐約時報》的資深記者Thomas Friedman就相信〈達頓協議〉所承諾的是一

個民主且多種族的聯邦制波士尼亞，與該國家當前被分割成許多不同種族社群的事實完全不符。[29] 對他來說，若要徹底解決危機，若不是〈達頓協議〉的內容要進一步修正以符合南國內部實際的分裂情形，那麼，就是南國內部的分裂情形必須被整合以符合〈達頓協議〉的規劃。根據 Friedman 的看法，第二個選項若要得到實踐，北大西洋公約組織必須要能夠做出相當長期的承諾，也就是得長期派兵駐守在當地，以協助完成當地人民的遷移，如此才能打破並預防戰爭期間的種族淨化暴行再現。同時，北約也必須持續維護該地區的和平，透過潛移默化的教導，讓不同的族群都能夠接受自由民主的容忍價值。Friedman 認為逮捕並審判那些嫌疑戰犯的行為是應該要作的正確的（「道德的」）事情，但是從任何方面來看，此一行為對波士尼亞的未來似乎並沒有顯著的影響。

　　但是，Friedman 提出之論點的後半部分，卻引起不同的爭論。包括五角大廈與其他為了提升與波士尼亞的權力、和平無關之「道德」議題的「附屬效果」而繼續部署在危險地區的人，都對此論點有所意見。亦有一些學者，如 Payam Akhavan 等人，或許會認為把罪犯逮捕起來，並進行審判的決定，的確會對未來可能發生之殘暴行為有實際與真實的嚇阻價值。然而決策者，尤其是自由民主國家的決策者，卻只是想要找到在合理的代價下，能夠在短期內就在波士尼亞獲致和平的實際途徑，而不是想要為以後可能發生的衝突作些什麼好事。

　　某些觀察家，例如 Akhavan，對於逮捕、審判，以及監禁 Radovan Karadzic 與 Ratko Mladic 等人的種種行為，在短期內會與和平與權力發生關聯的說法，大多都是持反對立場。[30] 如果將這些強制性行動排除在協議之外，那麼，或許會更有助

於增加各造在落實〈達頓協議〉上的合作機會，因爲這些行動基本上會在難民與流離失所的百姓要回到其原居地時構成強大的阻力（而且這些行動也形成反對北約在當地駐軍阻力）。Friedman則進一步指出，就算沒有一個「超民族的」波士尼亞塞爾維亞裔領袖，在聯邦制的波士尼亞裡頭，絕大多數波士尼亞塞爾維亞裔以及克羅埃西亞裔還是會互相敵視，同時回教徒也將具有相當的影響力。其實，波士尼亞塞爾維亞裔大多已經和南斯拉夫塞爾維亞裔融合在一起，而波士尼亞克羅埃西亞裔也與純克羅埃西亞裔深深結合在一起了。一九九七年在這些區域裡所選舉出的某些「領袖」，其實根本不曾在其管轄範圍內居住過，或是曾經在管轄範圍內擔任過任何公職。

　　對於那些相信〈達頓協議〉下的波士尼亞實際上將會成爲一個新的「威瑪共和」（Weimar Republic）（就像德國在一九二○年代的情形一般）—不過這在理論上對當地不自由的政治文化現實情況來說，實在有點太過自由了—Friedman的論點或許是相當具有說服力的。〈達頓協議〉所做的承諾，其實根本就超出當地政治意願所能完成的範圍，這也正是北約部隊在一九九八年夏天之既定退出時間之後，還繼續駐守在當地的主要原因之一。甚而，Henry Kissinger認爲不同民族之間的古老敵意，將使〈達頓協議〉的努力最後還是徒勞無功。[31] 相較之下，Friedman的觀點就比較正面、積極，而不像Kissinger一般消沈、悲觀了。[32]

　　另外也有一些學者，例如Anthony Lewis，認爲〈達頓協議〉其實是有可能成功的，只要美國繼續在當地進行協助工作。[33] 也有些人則是小心翼翼地計畫如何去逮捕那些已經被起訴的人。尤有甚者，波士尼亞塞爾維亞裔也明顯分裂了。如果

他們分裂的目的是要避免在一九九六年〈達頓協議〉通過後遭到逮捕,那麼,或許權力配置的情況就會從而改觀了。

　　Friedman的論點強調他對於當時情況的認知,有人或許會再指出只要有可能發生小的困難,美國就會擔心發生和索馬利亞一樣的情形,而不願輕易介入。[34] 我們也已經注意到,所有「強權」基本上都不願意為了任何理由而犧牲自己的國民,而且在後冷戰時期的世界裡,對傳統國家安全概念的傳統軍事威脅,幾乎是已經不存在了。[35] 然而,這卻無法確實預言美國是否能繼續保有如此強大的力量。相對地,冷戰結束之時,就已經有人預測了美國領導地位的動搖以及其持續性力量可能逐漸消逝。[36]

　　總而言之,對前南斯拉夫問題進行特定的國際刑事審判,在西方決策者的眼裡,其實較符合Garten的背景政治分析理論,而比較不像是Neier的法律道德一致性考量理論。政治推論往往都必須受到法律規範的限制。但新自由主義者的論點卻凌駕於古典自由主義或司法浪漫主義之上。大多數的決策者是從廣泛的政治背景脈絡來看待刑事審判的議題,認為對嫌疑犯的逮捕與審判行動乃是在外交調解上的第一要務,,同時也是〈達頓協議〉想要成功的一項重大關鍵。最初,某些決策者會發現外交和平與刑事審判的追求上,確實存有實際的衝突。而後,有些決策者就會其實並不值得冒著可能會有損失的風險去追求刑事審判,因為〈達頓協議〉所指涉的自由承諾,其實已經超出了一九九五年與一九九九年之間所發生之不自由的事實。反對國際審判的立論基礎,並不只是因為那可說是抽象的「共善」,而可說是一種當前事件的實際議題,亦即是政治性與道德性的。尋求刑事司法所帶來的壞處可能比好處更多,或

者，那跟波士尼亞的穩定根本沒有重大關聯。如果後一項論點是正確的，那麼，要正當化任何因執行〈達頓協議〉所造成之人道損失，似乎就相當困難了。

　　直到一九九九年初為止，「前南國際刑庭」已經花用超過一億八千五百萬美金。有超過八十個人已經被起訴，其中大多都是塞爾維亞人。在許多不同的事件之後，仍有五十八個人必須為他們的罪行負責。其中也有二十六個遭起訴的人正囚禁在牢獄之中。有五個人已經認罪，而另外有兩個人則是因為坦承罪行而已經被判刑。在這些被起訴的人當中，最重要的莫過於就是一個曾經擔任監獄副座的罪犯了。毫無疑問，「前南國際刑庭」可說是對紐倫堡與東京大審進一步修正後的產物，同時，透過該法庭對個人為內戰或違反人道行為之罪行所擔負之責任的判決，也進一步提升了國際法的規範。此外，國際社會也越來越傾向於把掠奪罪行看成是一種有計畫的預謀行動，而非是獨立事件，同時也越來越關注此種罪行。然而，此特別法庭的運作技巧與能力卻仍然太過脆弱，以致於無法藉由接受刑事審判的必然與可靠性，對未來可能發生的暴行產生可觀的嚇阻作用。不過，此法庭的存在，還是對設立一個永久常設的國際刑事法庭有很大的貢獻，而這也是我們稍後要提到的重點。簡而言之，「審判前南斯拉夫的國際刑事法庭」就代表了對殘暴、兇惡行為的懲罰。

盧安達法庭

聯合國成立第二個特別刑事法庭的原因,與成立「前南國際刑庭」的理由十分雷同。安全理事會的成員國,尤其是美國,並不想要立即介入已造成約五百至八十萬人死亡的一九九四年盧安達大屠殺,主要還是擔心會因為介入行動而造成其國家人民的傷亡。索馬利亞的案例已經明白顯示,國際社會一旦介入一個人人都帶有惡意,且進行殘暴與不人道的權力鬥爭的惡劣情勢,將可能演變成為一場不安全的危險行動。最後,美國與其它國家則是願意付出數百億美金的代價,以試圖解決種族屠殺的問題。不過,若要談到人員性命的損失,不管是職業軍人或自願赴戰場的士兵,卻又是另一回事了。然而,由於這些國家感到它們應該要做些什麼,以緩和動盪的局勢,因此安理會的成員國便設立了第二個刑事法庭,並賦予該法庭有和「審判前南斯拉夫的國際刑事法庭」差不多的司法管轄權與威信。不過,也因為如此,就像前南斯拉夫的情形一般,此法庭並不特別重視能使安全理事會採取進一步行動的道德規範與法律規則。值得慶幸的是,美國與安理會其他成員國由於對這種慘絕人寰的暴行在道德上與法律上都感到相當不安,所以終究還是採取若干行動,來起訴那些犯下種族/部落屠殺等惡行的行為者。

由於篇幅限制,我們並不能對「盧安達國際刑事法庭」(International Criminal Tribunal for Rwanda,簡稱ICTR,以下簡稱盧安達國際刑庭)做詳細的說明,不管如何,該法庭的效率極差,同時在我撰寫此書時,也沒有做出太多重要的判決。這個國際刑庭其實有許多缺失,例如組織上的腐

敗、失當的管理政策、沒有足夠的國際支持，同時許多盧安達人也對此法庭表現出模糊的敵意。[37] 不過，在一九九九年初，有三十六個人被公開起訴，這當中有二十六個人正遭受監禁（同時還有五個未被起訴的嫌疑犯）。另外還有兩個主要的判決被傳遞下來，其中牽涉到一位首相與一個市長。盧安達國際刑庭也對種族屠殺的罪行提出控訴，並且把有計畫的掠奪行為視為屠殺的一種。除此之外，還有兩點，或者三點值得我們進一步說明。[38]

首先，國際法庭在突茲人（Tutsi）主政盧安達時期起訴胡圖思人（Hutus）的決定，根本不可能對化解非洲大湖區長期以來的種族暴力循環有任何助益。儘管胡圖思人確實是一九九四年殺戮事件背後的計畫、組織，以及執行者。但是若我們將此事件與發生在前南斯拉夫的種族屠殺事件相比，其嚴重程度似乎是小巫見大巫了。塞爾維亞人在一九九二年至一九九五年間所為之暴行，可說是當時最嚴重的國際事件，不過克羅埃西亞人與波士尼亞回教徒卻也不全都是受害者，他們也同樣犯下許多殺戮行為。也因此，當前南國際刑庭起訴的對象主要是塞爾維亞人時，便引來其判決帶有嚴重偏見的抨擊。[39] 此種模式的起訴根本不能打破團體忠貞與團體敵意。到了一九九八年，前南國際刑庭也起訴了某些回教徒，但是塞爾維亞人的合作態度卻沒有跟著改善。同樣地，既然突茲人過去的暴行沒有遭到國際社會的起訴，那麼現在只起訴胡圖思人之暴行，似乎不能使他們重新評估其行為。[40]

其次，在盧安達國際刑庭運作的時期裡，非洲大湖區仍然持續發生嚴重的種族暴力事件，與一九九四年的情況相比，嚴峻的程度只有稍微緩和一些。從大量證據可以發現，突茲人在

一九九七年時為了取得對東薩伊的控制權，而在衝突中屠殺大量的胡圖思人。同時，由於新剛果的總統Kabila是得到突茲人的支持才能取得政權，因此他一直想要報答突茲人的恩情，也因此他總是試圖要封鎖聯合國的調查部隊進入該地查看屠殺的真相。突茲人與胡圖思人的戰鬥持續地進行，發生衝突的地點則包括盧安達與蒲隆地，以及其它鄰近的地區。兩造都一再執行謀殺與酷刑政策。職是之故，國際法庭在得不到雙方兩個種族群體的支持與尊重的情況下，我們如何能夠確實期待該法庭去改善當時的局勢？此外，如果該法庭認為該地區的和平穩定與否，其實根本不會對世界造成太大的影響，那麼，我們又怎麼能夠期待這個法庭會有貢獻呢？就如同Friedman對波士尼亞的看法一般，如果刑事審判只是國際社會在非洲地區的一場順便為之的表演，那麼只重視短期目標與利益的決策者，又為什麼要特別重視該地區的發展呢？再者，懲罰惡劣的行為者是一回事；但是要嚇阻未來可能發生類似的行為，卻又是另一回事了。

當然，就像在前南斯拉夫一般，學者知道國際社會必須要為其冷漠的態度與失敗的作為付出一定的代價。無法發揮效用以及不重要的國際刑事法庭會給未來留下更多的負面包袱。如果這兩個特別的聯合國法庭無法得到很正面的評價，那麼國際社會在未來一段長時間裡，將有可能會因為挫折感太重，而不對其它重要的刑事審判訴訟感到樂觀。這種情形，就類似由於兩次大戰間的少數族裔條約沒有發揮功效，使得國際社會在後來的半個世紀裡，無法對少數族裔的權益有進一步的保障。同理，如果各界對於盧安達與南斯拉夫法庭的評價過低，那麼未來對於懲罰嚴重違反人權的行為的可能性，就相對受到阻撓與

限制了。然而，這種長遠的觀點卻沒有對五角大廈與其它國家內部之決策者造成任何影響，這些決策者還是比較重視究竟會有多少國民會因為介入行動而喪命或受傷，而相對輕忽了未來可能會發生的各種危機。不過，另一項可能的演變則是這兩個特別法庭最後會整合成為一個新的常設性法庭，這也是值得我們期待的發展。

一個常設的刑事法庭？

一九九八年七月十七日，各國在羅馬召開了一場外交人員會議，根據會中決議通過的條約內容，國際間需設立一個永久刑事法庭，該法庭並與聯合國保持鬆散的結合關係。該項條約共包含一百二十八項條款，篇幅比〈聯合國憲章〉更長。[41] 主要的管轄範圍涵蓋了種族滅絕、違反人道之罪行、戰爭罪—以及在國際法有足夠明確之定義下的侵略罪（破壞和平的罪行），此項並不是一九九八年七月時的規定。該法庭的法官是由條約簽署國所推選而出；這些人是以個人身分為之行事，而不是特定國家的代表。此外，該法庭也有一個享有獨立地位的檢察官。儘管在外交會議中有許多不同的意見，但是這項條約最後還是以一百二十票贊成，七票反對（美國、以色列、中國、伊拉克、蘇丹、葉門、利比亞），而其它國家棄權的結果順利通過。

在這一百二十個投票贊成的國家中，只要有六十個國家正式批准此項條約，那麼這個刑事法庭就可以開始運作，而其主要是扮演一個遞補性的角色。亦即，只有在特定國家無法或不願意對某一事件進行調查時，該法庭才會接手並開始發揮其功

能，甚而，若得到足夠的授權，則該法庭也可以對條約涵蓋的任一罪行提起訴訟。此外，如果發生犯罪行為的國家是條約的簽署國之一，或者當事國是被告的時候，那麼獨立檢察官將可以自行從事調查工作。不過，檢察官必須取得事先審理議院（pre-trial chamber）的同意，而其提出控訴的決定也必須經過此議院的允諾。由於這個獨立檢察官也是由條約簽署國所選舉產生的，所以此項規定乃是為了避免檢察官做出政治性或其它不適當的行動。聯合國安全理事會也可以把某些案子送交給此法庭，由其負責審理的工作；或者，安理會也可以提案使整個訴訟的程序拖延長達一年之久，而這個以拖延為目的的提案是可以被一再提出的。之所以會有後面這項規定，主要是希望能夠爭取更多時間，期盼能透過外交手段來解決爭端，而毋須一定得提出法律控訴。

經過分析，我們也可以發現這個法庭基本上是一個志趣相投的國家團體所創造出來的產物，並且是由加拿大以及許多非政府組織所輪流主導。大約一年前，這些主導者在加拿大的渥太華集會，並且討論要簽訂一項關於禁止殺傷性地雷的條約，儘管美國清楚反對此項條約，但是它們最後還是決定盡力去做。諷刺的是，美國竟是支持這個常設刑事法庭的主要國家之一，但卻不支持其決定。同時，在羅馬的外交人員會議中，美國也清楚地表示，美國並不想要看到自己的國民接受該法庭的審判。曾擔任過負責戰爭罪行議題之無任所大使的Scheffer指出：

這是一個事實，而這個事實就是美國乃是當前的全球軍事強權。其它國家並不是。而我們是。我們的軍事力量常

被要求到國外的衝突地區進行軍事行動，主要目的包括人道
干預、解救人質、將美國公民帶離危險區域，以及與恐怖分
子周旋等。我們必須要相當小心，因為這個提案(成立常設
法庭)並不能讓我們的武裝部隊在國際間合法地採取行動。
我們也必須要注意，這個提案並沒有使那些無止盡的瑣碎的
抱怨有機會能夠被提出以抗議美國是一個全球軍事強權的事
實。[42]

　　然而，Sheffer此番說詞，很明顯地就是一個掩飾真相的
論點。所謂「遞補性角色」，乃是意謂著如果美國相關人員被
指控犯下國際罪行，那麼美國將可進行適當的調查，此外，
經過授權，國際社會也將成立一個新的法庭以審理這項指控。
至於想要對美國提出指控的檢察官，則必須要先獲得事先審理
會議的同意，而此項也可被提交到另外一個會議中進行討論。
甚而，只要經過簡單多數的表決通過，聯合國安理會就可以一
再拖延這個起訴美國的決定。然而，柯林頓政府並不打算讓
步。美國的立場主要是考慮到五角大廈與國會中的極端民族主
義者的看法。當時擔任美國參議院「外交關係委員會」主席的
Jesse Helms參議員曾表示，一旦這項（羅馬）條約送到參議
院來，我們將不可能讓它通過。柯林頓政府於是承諾會想盡辦
法以阻止國會批准此項條約，他能做的，也只是施壓與制裁那
些想要批准此項條約的人，希望他們能夠改變心意。對一個自
認為是人權領袖，同時也曾經帶頭設立兩個對其它國家享有司
法管轄權之特別刑事法庭的國家，美國在羅馬會議裡的立場顯
然不是為了取悅其它國家。（此政策想必也不是用來認同美國
人本身；美國的聯合國協會甚至投票建議美國政府應該要簽署

並致力於批准此項設立法庭之條約。）很明顯的，美國政府所採用的是雙重標準的兩手策略。確保不會有任何美國人遭到法庭審判的唯一價值，可說太過於沙文主義，以致於無法得到其它國家廣泛的認同。就連曾派遣大量軍隊參與波士尼亞戰爭的英國與法國，也投票支持此項條約。此外，即使其軍隊曾在索馬利亞犯下若干罪行，加拿大與義大利這兩個國家也一樣對此項條約表示支持。（不過，法國也堅持此項條約對於起訴其簽署國的戰爭罪行，必須有七年的寬限期，明顯是要使其能夠有更多的時間以阻擋國際社會對其法國政策所進行的調查。）[43]

　　如果這個法庭要不顧美國反對而繼續運作，或者是為了滿足美國的需求，而做出某些修正（一九九四年國際社會通過若干美國所欲之修正案後，華盛頓當局才願意簽署一九八二年的海洋條約法），那麼，任何人都可輕易看出這個法庭未來勢必會發生問題。讓我們假設未來的情況會和阿根廷過去的情勢一樣。亦即，一個剛剛贏得選舉的民主政府接替一個暴力獨裁政權。如果前者（民主政府）試圖要對過去違反人道之罪行提起訴訟，包括有計畫的滅絕行動、虐待酷刑、迫害，等，那麼這個政府可能得面對來自於勢力仍然十分強大的軍方發出的抨擊與可能的暴動。因此，羽翼未豐的民主政府必然會基於戰術上的決定，而選擇免除前朝獨裁政權的種種罪行。在這種情況之下，也就是國民政府與法庭都不願意提起告訴，國際檢察官是否能夠堂而皇之的介入呢？畢竟，違反人道之罪行還是發生了。可是，由許多法官而非外交官組成之事先審判的議院是否會聽從國家行為者所作的政治決策呢？讓我們以瑞典這個局外國家為例，假設其國民受到舊政治與社會體制的不利影響，它是否就會迫切需要起訴前朝官員呢？如果說剛剛取得政權的民

主政府為了要逮捕以前的軍事政權領袖，並將其移交海牙審
理，而有可能遭到推翻，那麼國際法庭的獨立檢察官是否仍會
堅持提起告訴呢？民主與其它人權價值是否又會因為此種國際
刑事訴訟的堅定態度而得到提升？這種種問題都是值得吾人進
一步思考與討論的。

　　這種兩難困局的推論，其實與前文提到之一九九八年至一
九九九年的Pinochet案例十分類似。當西班牙的檢察官想要把
Pinochet從英國引渡至西班牙時，智利的民主政府不但疾呼基
於主權豁免的原則，Pinochet應該不需要為了他在位時的種種
惡行而到西班牙受審，而且也進一步指出，引渡的舉動與審判
的決定將會對南美洲國家的民主政治造成一定程度的負面影
響。各界的情緒越來越高漲，而支持與反對Pinochet的百姓也
一再發動示威行動。公元一九九八年，Pinochet當時是一個終
生參議員，而且擁有來自軍方與文官體系的支持。英國政府因
而不斷接到智利政府的要求，希望英國能夠尊重智利國民想要
和解的決定，不要將Pinochet送交審判。但是，其它歐洲國家
卻都希望能將Pinochet提起告訴，甚至定罪，因為這些國家的
人民也曾在Pinochet長達十七年（一九七三年至一九九〇年）
的暴政中遭到迫害甚至殺害。可想而知，究竟該如何決定，對
英國政府來說，真的是一個棘手的問題。的確，如果英國接受
主權豁免的說法，那就意謂著未來如果還有希特勒一類的恐怖
領導者出現，只要他擁有政府官職，是否就可以自外於國際社
會的處罰呢？另一方面，如果英國政府拒絕將Pinochet引渡至
西班牙，那麼國際社會一直以來認為違反人權之重大行為應負
法律責任的運動將面臨一次大挫敗。不可否認，就對懲罰嚴重
惡行的面向來看，不管在整個過程中是否同時產生淨化人心之

作用，或者是嚇阻未來惡行發生的作用，這種應負法律責任的說法無疑都是正確的。

或者，我們可以先假設未來可能發生的情境，與今日的南非情勢雷同。一個剛剛贏得選舉的政府經過考慮後，決定成立一個真相委員會以澄清過去的種種事件，同時也承諾要赦免那些坦承其過去曾犯下政治罪行的人。如果某人的親戚過去曾經在一次大範圍且有計畫的迫害行動中，因為政治因素而遭到折磨，而今日他向法庭提出這些違反人道罪行之證據確鑿的指控。那麼，檢察官與事先審理議院是否就會同意受理這項指控，而逾越中央政府放眼國家和解之未來，而不願再追究過去罪行的決定呢？此外，聯合國安理會是否又能夠取得足夠的票數以拖延此項控訴呢？這些問題也值得進一步商榷。

再或者，我們也可以假設在某個拉丁美洲國家裡頭可能發生的情況。亦即，該國家之政府在國會的支持下，為了落實國家發展的政策，而對國內的原住民展開大規模的屠殺行動。在此種情況下，獨立檢察官是否能夠對現任的首相提起告訴呢？又比如說，檢察官是否能夠因為國會同意這種暴虐的行為，而起訴整個國會呢？如此一來，又有誰能夠負責執行逮捕行動，並且將應該負責的相關人士送交海牙接受審判呢？

這些不過是少數幾個簡單的例子，但是卻明白指出，即使國際舞台上真的有一個永久的刑事法庭，其實際運作的過程，也會像過去兩個特別法庭一樣，因為面臨種種困難，而終究無法發揮既定的校用以達到成立之初所欲之目標。

結論

　　在國際關係裡追求一個有效率的法治環境，乃是一項很崇高的目標。然而，與國際事務有關的刑事審判卻不是簡單就能解決的事。此外，只憑藉道德上純粹且一致的途徑來分析此議題，就像著名的人權行動主義者Aryeh Neier一樣，對於制定政策以及一般認知之需要，其實也都是不適切與不足夠的。司法浪漫主義其實也並不是一項適當的政策；基本上這種觀點還是屬於一種道德立場、態度。就其本身而論，刑事審判仍然得到許多執業律師與人權行動主義者的支持與認同，但是大多數的外交官卻總是小心翼翼地對其提出評估。

　　正如同Jeffrey Garten所言，儘管缺乏若干清晰的意涵，我們還是必須對司法途徑的利弊得失作一個詳細複雜的背景分析，如此才能用以解決嚴重違反人權之行為。除了拖延或根本不運用刑事審判的方法外，我們仍然可以找到許多增進人民福祉的方法，甚至還能夠使某些人權隨著時間過往而得到改善與提升。我們曾在第一章的內容中提到，訴訟僅是諸多人權策略的其中之一。自由的西方社會並沒有打算因為Stalin過去犯下的種種罪行，而將他起訴，相反地，國際社會卻扶植他的勢力，以期能夠擊敗法西斯主義。另一方面，自由的西方國家之所以能夠減少前南斯拉夫內部的暴力事件，主要也是因為賦予其領導者Slobodan Milosevic有免於被起訴的事實豁免權—這種情形在一九九五年至一九九八年間，最為顯著。[44] 此外，只要有讓人滿意的結果，就算未必是十全十美的，西方自由社會也支持南非、薩爾瓦多、捷克共和國，以及許多其它地區的法律免責權。[45] 舉例來說，當西班牙與葡萄牙的獨裁政權瓦解

後，雖然沒有任何審判或真相委員會的成立，但是這兩個國家還是逐漸朝向穩定的自由民主國家前進─並且得到歐洲議會與歐洲聯盟的支持與協助。很明顯地，我們無法透過判定某人的犯罪行為之方式，來提升人類福祉與人權，國際社會欲逮捕索馬利亞的Aideed將軍即是一例。我們應該更加瞭解到新自由主義應該是看待國際人權議題的一種通則、普遍化途徑，不過，真正的結果卻通常摻雜有道德的考量。

　　不可諱言，制定複雜的背景分析過程，會使不同的判決相互衝突，最主要的原因在於法律與政策科學，或是決策者的能力不足，以致仍然無法對未來提出正確的預測。因此，不免也引發許多爭議性的問題。例如，有關司法審判的各項規定是否會阻撓國際社會的調停工作呢？逮捕嫌疑犯的舉動，是否不會破壞了已經獲致之有限的和平呢？法庭針對嚴重違反人權之行為所作之判決，是否真的對於現在仍持續發生之暴力事件，或者對未來可能發生之惡行有重大的影響呢？真相委員會是否真的能夠比刑事訴訟提出更多的幫助，而帶給我們比較少的弊端呢？這些都是相當重要的問題，而且任何人都無法從水晶球中看到這些問題的解答。從各國歷史的演進來看─例如德國、日本、前南斯拉夫、盧安達、薩爾瓦多、南非、柬埔寨、智利─都對目前的辯論提供了相當豐富的論證依據。不過，我們或許很有可能永遠也找不到一個能夠確實解決過去殘暴行為的方案。如果結果真是如此，我們就必須承認，我們無法在當前的局勢裡對適當的政策提供確切的指引。

問題討論

- 不管紐倫堡與東京大審在程序上與實質上發生何種錯誤，更遑論其採用死刑的決定，你認為這兩次大審對國際關係中的人權發展是否仍有正面的助益呢？

- 你認為一九九二年至一九九九年之間，國際社會在巴爾幹地區逮捕並起訴某些人的行動，是否對和平造成阻礙？抑或者這些行動是可以與和平同存的？同理，你認為在伊拉克入侵科威特之後，國際社會若逮捕並起訴 Saddamn Hussein，是否也會對和平造成阻礙？或者這些行動是可以與和平同存的？

- 當美國其它的民主盟國，例如英國、義大利、加拿大、法國等在一九九八年時都投票支持成立國際刑事法庭的條約，你認為美國當時為什麼反對呢？

- 你認為「盧安達國際刑事法庭」對於非洲大湖區的政治局勢有何影響呢？

- 在南非取消種族隔離政策、薩爾瓦多內戰結束，以及在許多其它地方裡，由於沒有對過去的政治惡行提起法律訴訟，我們都可以看到該地區出現了明顯的國家大和解，以及呈現出更自由民主的國家制度。妳認為這種模式是否能夠應用在未來類似的事件上呢？

- 與司法訴訟相比之下，你認為有關調查過去嚴重違反人權之行為的真相委員會有何優缺點？

建議閱讀

Garten, Jeffrey, "Comment: The Need for Pragmatism," *Foreign Policy*, 105 (Winter 1996-1997), 103-106. 作者對國際關係中總是強調法律懲處的論點提出批評;同時強調應該透過別的途徑來增進人類福祉,並且運用除了司法行動的方法來改善人權環境。

Goldhagen, Danniel J., *Hitler's Willing Executioners: Germany and the Holocaust* (New York: Knopf, 1996). 這是一本關於納粹德國之大屠殺行為所擔負責任的暢銷書,但內容卻廣受爭議。作者認為國際社會的懲戒不但使納粹領袖感到沈重壓力,很明顯地也使德國人民承受一樣的痛苦。本書並指出紐倫堡大審中認為納粹領袖應該為其罪行負責,但卻沒有指出德國民眾應該承擔的責任為何。

Goldstein, Joseph, et al., eds., *The My Lai Massacre and Its Cover-Up: Beyond the Reach of Law?* (New York: The Free Press, 1976). 本書收錄了有關美國軍事部隊在越南的大屠殺行為的相關文獻,指出在五角大廈的動員,以及美國民意的民族性壓力下,沒有任何美國軍人受到適當的懲罰。

Holbrooke, Richard, *To End A War* (New York: Random House, 1998). 作者正是在達頓與Milosevic進行談判以消弭波士尼亞戰爭的主要調停者。而西方社會處理在四年後處理柯索夫事件時,作者也發揮了極大的影響力。當作者被提名擔任美國駐聯合國大使時,他在參院聽證會上表示,一九九五年時他的主要工作目的是要終止戰爭,而不是對個別領袖提起法律訴訟。

Minow, Martha, *Between Vengeance and Forgiveness: Facing History After Genocide and Mass Violence* (Boston: Beacon Press, 1998). 對於有關在發生殘暴行為之後,究竟有何特定適當的回應政策,作者提出相當精闢的見解,並深入的探討此一議題。作者認為針對和平與審判,以及和解與懲罰的辯論,必須依照不同的個案而有所取決。

Neier, Aryeh, *War Crimes: Brutality, Genocide, Terror, and the Struggle for Justice* (New York: Times Books, 1998). 作者強烈支持刑事審判可運用在所有局勢之上,但是其觀點過於狹隘,只從單方面來分析此議題。

Ratner, Steven R., and Jason S. Abrams, *Accountability for Human Rights Atrocities in International Law: Beyond the Nuremberg Legacy* (Oxford: Clarendon Press, 1997). 對於國際刑事審判在晚近以來的法律層面發展，做了概略的敘述與整理。

Rosenberg, Tina, *The Haunted Land: Facing Europe's Ghost After Communism* (New York: Vintage Books, 1996). 作者是一個新聞記者，在此書中記述了她於一九九一年到歐洲進行研究共產主義暴行的遊歷與訪問，並針對如何回應共產主義之違反人權的行為有詳細的闡釋。但是作者的結論是與拉丁美洲的情況來做比較，並不具有強大的說服力。

Scheffer, David, "International Judicial Intervention," *Foreign Policy*, 102 (Spring 1996). 作者曾是美國國務院的官員，亦十分支持刑事審判，但是作者也提到在某些情形下，要獲致國家和平與和解的方法，可能無法憑藉刑事審判的途徑。

Visscher, Charles de, *Theory and Reality in Public International Law* (Princeton: Princeton University Press, 1957). 本書雖然有許多主題，就探討國際關係中的和平與審判議題而言，作者提出了相當傳統的看法。

本章注釋

[1] Mary L.Volcansek, *Law About Nations: Supranational Courts and the Legalization of Politics* (Gainesville: University Press of Florida, 1997).

[2] Steven R. Ratner and Jason S. Abrams, *Accountability for Human Rights Atrocities in International Law: Beyond the Nuremberg* Legacy (Oxford: Clarendon Press, 1997).

[3] Werner Levi, *Law and Politics in the International Society* (Beverly Hills: Sage, 1976), 31.

[4] James F. Willis, *Prologue to Nuremberg: The Politics and Diplomacy of Punishing War Criminals of the First World War* (Westport: Greenwood, 1982).

[5] 讀者可參考Telford Taylor, *The Anatomy of the Nuremberg Tribunal:*

A Personal Memoir (New York: Knopf, 1992)。此書收錄了相當豐富的參考書目。

[6] Michael P. Scharf, *Balkan Justice: The Story Behind the First International War Crimes Trial Since Nuremberg* (Durham: Carolina Academic Press, 1997).

[7] Arnold Brackman, *The Other Nuremberg: The Untold Story of the Tokyo War Crime Trials* (New York: Morrow, 1987). 可與 Richard Minear, *Victor's Justice: The Tokyo War Crimes Trial* (Princeton: Princeton University Press, 1971)作一比較。

[8] "War Crimes," *CQ Researcher*, 5, 25 (July 5, 1995), 589. 讀者可進一步參考 Wilbourn E. Benton and Georg Grimm, efd., *Nuremberg: German Views of the War Trials* (Dallas: Southern Methodist University Press, 1955)。

[9] Daniel J. Goldhagen, *Hitler's Willing Executioners: Germany and the Holocaust* (New York: Knopf, 1996).

[10] 我個人的看法是紐倫堡大審,以及其它與德國過去歷史有關的事物,例如以大屠殺為大規模與持續性的社會化研究主題,已經使今日的德國人對於人權議題越來越敏感與注意。不過,西方社會施加在日本國之上的類似壓力,似乎就沒有這種效果,而這也是日本為何遲遲不願意與過去歷史妥協的一個主要的原因。另一方面,西方世界對於東京大審也沒有比較深入的瞭解,例如日本在南京燒殺掠奪、強暴婦女的酷行就不為廣大的世人所知;同時,國際間也沒有任何類似研究大屠殺之計畫,來針對日本的惡行作深入的探討與分析。國際社會往往利用紐倫堡大審,不斷提到德國人在一九三三年至一九四五年殘酷惡行,使其能夠牢牢記住這段歷史,因此,我們很難說這種效果不是因為國際刑事審判的影響所致。

不過,如果認為美國在第二次世界大戰後只保護那些德國的飛彈科學家,以及日本的生化武器專家,而起訴其他德國與日本的領導者,這或許就帶有諷刺的意味了。在此議題之上,美國在冷戰期間很明顯地還是從現實主義的觀點來考量其國際利益,而不以自由主義的刑事司法官點來懲治那些違反國際刑事法律之行為。

[11] Barton Gellman, "Confronting History," *Washington Post*, National Weekly Edition, August 28- September 3, 1995, 12; Serge Schmermann, "After a General Tells of Killings POWs in 1956, Israelis Argue Over Ethics of War," *New York Times*, August 21, 1995, A1.

[12] 波士尼亞裔的塞爾維亞人在德國承認他們在一九九二年至一九九三年間,在波士尼亞曾犯下若干殘暴的行為。請參考 re Jorgic (http://www.

domovina.net/calenddar.html）。

[13] Joseph Goldstein, Burke Marshall, and Jack Schwartz, eds., *The My Lai Massacre and Its Cover-Up: Beyond the Reach of Law?* (New York: The Free Press, 1976).

[14] Aryeh Neier, "The New Double Standard," *Foreign Policy*, 105 (Winter 1996-1997), 91-101.

[15] Ibid., 100. 讀者還可參考 Aryeh Neier 另一本讚揚刑事審判之優點的著作：*War Crimes: Brutality, Genocide, Terror, and the Struggle for Justice* (New York: Times Books, 1998)。

[16] Jeffrey E. Garten, "Comment: The Need for Pragmatism," *Foreign Policy*, 105 (Winter 1996-1997), 103-106.

[17] *Ibid.*, 106.

[18] *Ibid.*

[19] *Ibid.*, 105.

[20] 關於成立此國際刑事法庭（ICTFY）的背景與其它面向的相關討論，讀者可參考 Virginia Morris and Michael Scharf, *An Insider's Guide to the International Criminal Tribunal for the Former Yugoslavia* (Irvington-on-Hudson: Transnational Publishers, 1995)。

[21] David Sheffer, "International Judicial Intervention," *Foreign Policy*, 102 (Spring 1996), 38.

[22] Payam Akhavan, "The Yugoslav Tribunal at a Crossroads: The Dayton Peace Agreement and Beyond," *Human Rights Quarterly*, 18, 2 (May 1996), 267. 讀者也可參考他的另一篇論文 "Justice in the Hague, Peace in the Former Yugoslavia?" *Human Rights Quarterly*, 20, 4 (November 1998), 737-816。在後面這篇文章中，Akhaven 的論點讓我覺得他是一個認同「司法浪漫主義」的「現實主義者」，儘管這樣說對他並不一定適切。我並不是一個古典現實主義者（如 Hans Morgenthau），或者是一個結構現實主義者（如 Kenneth Walz），但，如果 Akhaven 的論點可等同為新自由主義，那麼我或許可說是一個新現實主義者。我贊同要注重人性尊嚴，而且往往是透過人權方式來獲致，但是我也認知到傳統國家普遍權力與利益的重要。詳見 Forsythe, "International Criminal Courts: A Political View," *Netherlands Quarterly of Human Rights*, 15, 1 (March 1997), 5-19。

[23] George Kennan, *American Diplomacy 1900-1950* (Chicago: University of Chicago, 1951).

[24] 此觀察的各項依據可從這篇文章中找到 "Politics and the International Tribunal for the Former Yugoslavia," *Criminal Law Forum*, 5, 2-3 (Spring 1994), 401-422; 讀者也可參考Robert S. Clark and Madeleine Sann, eds., *The Prosecution of International Crimes* (New Brunswick: Transaction Publishers, 1996), 185-206。

[25] Anthony D'Amato, "Peace v. Accountability in Bosnia," *American Journal of International Law*, 88, 3 (July 1994), 500-506. And Anonymous, "Human Rights in Peace Negotiations," *Human Rights Quarterly*, 18, 2 (May 1996), 249-258.

[26] Scheffer, "International Judicial Intervention," 37.

[27] "Ethnic Reconciliation Needs the Help of a Truth Commission," *International Herald Tribune*, October 24, 1998, 6. 由於透過技術性的審判,很難能夠對一般大眾有所啓發,因此,Mark Osiel便提出一種自由主義樣式的審判論點,詳見Mass Atrocity, *Collective Memory, and the Law* (New Brunswick: Transaction Publishers, 1997)。但是這種自由主義樣式的審判在本質上根本就是充滿矛盾的,詳見Samantha Power 的看法:*New Republic*, March 2, 1998, 32-38。

[28] Richard Holbrooke, *To End A War* (New York: Random House, 1998). Holbrooke 是參與達頓會談的主要調人之一。

[29] Thomas Friedman, "Wishing Away Bosnia," *New York Times*, September 8, 1997, A11.

[30] Kenneth Roth of the NGO Human Rights Watch, "Why Justice Needs NATO," *The Nation*, 265 (August 22, 1997), 21.

[31] 某些研究指出「古老的」種族衝突其實不會比其它類型的衝突更難解決。詳見 Ted Robert Gurr, *Minorities at Risk: A Global View of Ethnopolitical Conflicts* (Washington: United States Institute of Peace, 1993).

[32] "Limits to What the US can Do in Bosnia," *Washington Post*, September 22, 1997), A19.

[33] "Why the Gloom," *New York Times*, September 29, 1997, A19.

[34] 有十八名美國突擊隊員於同一天內,在模加迪休(Mogadishu,索馬利亞首都)遭到埋伏而喪生。在一九九零年代初期,一共約有三十五名美國軍人在索馬利亞失去生命。不過,這種傷亡的程度對一個「強權」或超強來說,其實並不算嚴重。在一九九七年夏天,有一架美國軍機在南非墜毀,造成九名美國軍人死亡,但媒體並沒有大肆渲染,同時記者也沒有因此要求美國政府

必須改變其當時的政策。

[35] Edward N. Luttwak, "Where Are the Great Powers," *Foreign Affairs*, 73, 4 (July/August 1994), 23-29.

[36] Robert W. Tucker and David C. Hendrickson, *The Imperial Temptation: The New World Order and America's Purpose* (New York: Council on Foreign Relations, 1992).

[37] Paul Lewis, "UN Report Comes Down Hard on Rwandan Genocide Tribunal, " *New York Times*, February 13, 1997, A9.

[38] 有關對盧安達國際刑庭的正面評價，詳見 Payam Akhavan, "Justice and Reconciliation in the Great Lakes Region of Africa: The Contribution of the International Criminal Tribunal for Rwanda," *Duke Journal of Comparative & International Law*, 7 (1997), 325-348。

[39] 對於做出這類判決之獨立檢察官辦公室的批評，詳見Cedric Thornberry, "Saving the War Crimes Tribunal," *Foreign Policy*, 104 (Fall 1996), 72-86。

[40] Leo J. DeSouza, "Assigning Blame in Rwanda," *Washington Monthly*, 29, 9 (September 1997), 40-43.

[41] 這部分的內容主要是從我發表的一篇社論中擷取出來的。詳見 *The Netherlands Quarterly of Human Rights*, 16, 3 (September 1998), 259-260。

[42] *New York Times*, August 13, 1997, A8.

[43] 英國政府在此項議題上與美國發生決裂，並發表以下的聲明：「我們與其它主要的北約盟國對內含在國際刑事法庭之中的保護條款感到相當滿意，並認為這些條款將能夠使我們的軍人能夠免於遭受惡意或基於政治動機的起訴。」British Information Services, Press Release 214/98, July 20, 1998.

[44] 然而，這裡也引發一個受到爭議的問題，亦即究竟北約組織是否應該在一九九九年內為柯索夫事件而轟炸南斯拉夫，而Milosevic是否又會因其在波士尼亞的領導地位而受到逮捕與起訴。再者，如果Milosevic不願與國際社會共同合作，以制定達頓和平協議，北約組織是否還會在波士尼亞繼續進行戰鬥呢？

[45] 詳見Tina Rosenberg, *The Haunted Facing Europe's Ghosts After Communism* (New York: Vintage Books, 1996)。Rosenberg主張對在歐洲共產主義時期的違反人權行為提起刑事審判的決定，是極不適當的。此

外，她也指出，刑事審判比較適用於拉丁美洲軍事政權所爲之違反人權行爲。然而，衆所周知的是，儘管正式的軍事統治已經結束，但是軍事領袖對於拉丁美洲國家的影響力仍然十分強大，同時也對民主造成一定程度的威脅。讀者也可參考David Pion-Berlin, "To Prosecute or Pardon: Human Rights Decisions in the Latin American Southern Cone," Human Rights Quarterly, 15, 1 (Winter 1993), 105-130。此作者試圖說明阿根廷、智利，與烏拉圭等國，在處理違反人權行爲之調查與審判議題上的應對政策。另外可參考專輯報導 "Accountability for International Crime and Serious Violations of Fundamental Human Rights," Law and Contemporary Problems, 59, 4 (Autumn 1996)。此專輯報導收錄的文章大多由執業律師所撰寫，基本上這些人都會支持對犯罪者提起法律訴訟，並反對赦免其罪責。然而，也有一些作者指出審判與眞相委員會，都不是解決問題最適當的選擇。詳見Stephan Landsman, Naomi Roht-Arriaza, and Neil J. Kritz. Martha Minow, in Between Vengeance and Forgiveness: Facing History After Genocide and Mass Violence (Boston: Beacon Press, 1998)。

☞ 第五章 ☜

人權規範在各區域的應用情況

　　由於科技的發展，不管是通訊與旅遊都變得更方便，這個
世界也就變得更小了。然而，當我們討論到有效的國際治理之
課題時，這個世界依然還是一個很大的星球。在即將邁入二十
一世紀的時候，地球上已經有大約六十億的人口以及約一百九
十個國家，此外，我們也看到許多全球性組織，例如聯合國，
雖然擁有龐大資源，但是卻表現出相對弱勢的姿態。因此，藉
由區域性組織來達到提升人權狀況的想法，其實是相當合乎邏
輯，同時從政治上來看，似乎也是可行的途徑。本章將指出人
權的區域性發展在歐洲可說是相當蓬勃，但是人權在美洲地區
的發展就明顯呈現出模糊的情況，在非洲則剛剛開始啓動，至
於其它地區，則可說是尚未開化了。各區域對於人權的有效保
護，最主要的關鍵並不是透過起草法律文件，而是端賴不同國
家的政治文化、政治意願，以及政治之敏銳才能。就歐洲而
言，我們可找到相當豐富的個案以及其它區域性的人權決議來
進行分析，在此，我只提出一個概括性的探討。就美洲地區而

言，由於沒有大量的判例法與其它重要的區域性決議，我將根據不同的情勢，而提出政治性的分析。另外，因為非洲地區並沒有一個真正能夠發揮影響力的區域性建制安排，因此我將以較短的篇幅來說明人權在該地區的應用情況。

歐洲地區的情形

第二次世界大戰之後，美國透過「馬歇爾計畫」（Marshall Plan），對歐洲提供大量的外交援助，因而促使歐洲開始進行區域合作，尤其是在經濟層面上更為明顯。.大多數西歐的菁英至少在某種程度上都支持這樣的發展，包括在追求經濟復甦，以及為保護傳統的西方價值，而共同抵禦以蘇聯為首之共產集團。也因此，才會有「歐洲共同體」，現在因為「歐洲聯盟」的成立，而喪失部分的聲望，與「歐洲理事會」（Council of Europe，簡稱CE）的創立。基於許多複雜的因素，至少部分是與各國對國際整合程度之相異看法有關的因素，這兩個不同的組織至今仍然存在。很明顯的，在二十一世紀之初，由於這種分歧已經「進展」到相當嚴重的程度，自然就絕非是樂觀的局勢。然而，當歐洲國際整合持續進行，各種歧異的矛盾也更加顯著。除了歐盟（與歐體）以及歐洲議會之外，該地區還有其它組織，例如「歐洲安全合作組織」（Organization for Security and Cooperation，簡稱OSCE），更別提「北大西洋公約組織」了。[1]

歐洲理事會

歐洲人權公約

　　自從歐洲從一九四〇年代開始區域化之後，西歐國家就清楚地把對公民與政治權利的推展與保護，視爲該區域的主要發展目標。[2] 這些國家爲了協調彼此的社會政策，於是在一九四〇年代晚期創立了「歐洲理事會」；該理事會最重要的成就，即是在羅馬制定了〈歐洲保障人權與基本自由公約〉（European Convention for the Protection of Human Rights and Fundamental Freedoms，簡稱ECHR，以下簡稱歐洲人權公約）。此公約於一九五〇年通過，並在一九五三年正式生效。其涵蓋的範圍僅包括基本的公民與政治權利。不久之後，這些西歐國家經由談判，又制定了〈歐洲社會憲章〉（European Social Charter）以處理各種有關社會與經濟權利的議題。至此，對於勞工權利的重視，已然成爲這個發展階段的主要核心。擁有獨立地位的歐洲理事會，由於不受到歐洲聯盟的干涉，因此，後來也相繼通過其它有關人權的文件與條約，包括一九八六年通過之〈歐洲禁止酷行及不人道或污辱之待遇或處罰公約〉（European Convention for the Prevention of Torture and Inhuman or Degrading Treatment or Punishment），以及一九九五年通過之〈歐洲保護國內少數民族架構公約〉（Framework Convention for the Protection of National Minorities）。不過，歐洲共同體諸國於一九五〇年在羅馬簽訂之〈歐洲人權公約〉仍可說是歐洲理事會的重大成就之一。其界定之範圍十分清楚，也算是歐洲地區一個

具有準憲法位階的區域性權力法案。該項公約可說是「有關保護人權之最成功的國際法系統···」的基礎。[3] 甚而,此公約對於歐洲國際公法的影響,可說是「無遠弗屆」。[4]

〈歐洲人權公約〉明確指出許多西方自由主義者十分清楚的消極或障礙性權利。這些權利基本上都是用以阻止公權力介入老百姓的私領域;當百姓與政府當局發生衝突,而遭到逮捕、拘留及審判時,避免政府逾越其正當的法律權威;同時也確保公民有參與公共事務的權利。當然,這些消極權利若要發揮效用,則必須要有政府積極作為的配合。此外,國家經費必須要用在監督與管理之上,有時甚至必須要用以糾正政府的政策;用這些經費來支持政策部門、監獄,以及法庭的運作;同時賴以舉辦自由公正的選舉。此外,國家必須要採取積極行動,以確保非經由婚姻關係所產下之兒童的尊嚴,使他們不會受到他人的歧視。這些作為對自由主義來說,都已經是相當普遍的主張,不過,這些主張在歐洲卻是以區域性的樣貌出現,而不是以國家為獨立的執行單位。

歐洲理事會在人權方面的努力,最讓人感興趣的面向就是其所用以確保所有成員服從相關人權規範的方法。在〈歐洲人權公約〉的規範下,歐洲理事會的行事態度相當謹慎。儘管各國普遍對保護公民與政治權利之國際規範有一致的認同,但是最初批准此項條約的國家,對於究竟區域性國際組織需要限制多少比例的國家主權的問題,卻多有相當大的分歧。因此,基於〈歐洲人權公約〉與其它相關議定書的精神,早期批准該項條約的國家可以自由決定是否要接受獨立之「歐洲人權法院」(European Court on Human Rights)的司法審判權與超國家的權威。同時,各國也可以自行決定是否承認個別行為者向

「歐洲人權委員會」（European Commission on Human Rights）所提出的訴願。該委員會不但是受理個別行為者求助的第一道關卡，同時也扮演事實發現（fact-finding）與調解委員會的角色，並執行相關功能。此外，某個批准國對它國違反人權之行為所提出之控訴，若被告尚未接受人權法院的司法審判權，那麼，人權委員會將先行進行調查，再將相關事實證據提交給「部長委員會」（Committee of Ministers）。在條約批准國家同意之前，個人、非政府組織、或者是人民團體也可提出相同的控訴。同樣地，人權委員會也可以將其調查報告提交給部長委員會，或者交由人權法院進行審理（當事國也有其它不同的管道）。原則上，非官方行為者在人權法院之前並不具有合法的地位，必須由人權委員會成員派遣代表出庭。然而，根據〈歐洲人權公約〉的第九號議定書之規定，如果人權委員會的報告對非官方行為者提出之的訴願有利，則該行為者就能夠出席另一特別的大型法院議院，以接受進一步的審訊。

　　為了避免讀者無法確實理解許多法律的技術性細節，在此，我們僅提出若干重要的概略發展。首先，隨著時空轉移，同意遵守〈歐洲人權公約〉的國家也越來越多，這種趨勢在冷戰結束後更為明顯。主要是因為中歐與東歐的國家紛紛擺脫蘇聯帝國的控制，重新取得實際的國家主權，所以它們積極想要成為歐洲理事會的成員，同時也願意接受〈歐洲人權公約〉的相關法律規範。這種服從的態度，乃是成為歐洲一分子的象徵，同時也是未來晉升為歐洲聯盟成員的一個踏腳石。歐洲理事會的成員在一九九九年初，已經達到四十一個國家，這些國家也全部都批准了〈歐洲人權公約〉。

　　第二，這四十一個國家不久後也相繼認可非官方行為者擁

有提出訴願的權利,同時也接受超國家之人權法院的司法審查權。其中,又以東歐的前共產國家最為踴躍。當它們取回主權之後,立即讓出一定的比例,以強化國際間對人權的保護。此外,另一項值得一提的發展是法國的態度。法國是一個高度重視民族主義的國家,一直以來對於人權的討論便是沸沸揚揚。不過,法國最後還是接受個別行為者有提出訴願之需求,同時也認可超國家司法審查權的存在與其地位。另一項同樣值得注意的發展,就是土耳其也決定接受上述規範,儘管其內部存在相當明顯的人權問題—最主要就是其境內之庫德族問題。再者,某些歐洲國家之所以願意配合遵守國際規範,除了對於公民與政治權利有一定程度的承諾與支持信念外,有部分原因則是基於渴望成為歐洲聯盟一分子的期盼,以及隨之而來的經濟利益。就政治層面而言,批准歐洲理事會的〈歐洲人權公約〉,無疑就踏進了走向歐洲聯盟入口的前廳。[5] 到了一九九八年,歐洲理事會決定接受個別行為者提出訴願,與人權法院的超國家司法審判權,不再是必要的條件之一,不過,這卻屬於各國批准〈歐洲人權公約〉後,必須遵守的相關規定之一。打從一開始,歐洲理事會就以謹慎的態度來制定各項嚴謹的保護規範。東歐地區新興獨立的國家,必須立即遵守這些規範,但是西歐國家卻可以有更多的時間慢慢調適。正如我們所見,司法強制是有一套標準的進程方式的。

　　第三,人權委員會過去並不太重視非官方行為者提出之訴願,大約百分之九十的訴願都被打了回票。從一九五五年至一九九四年,在所有的訴願個案中,委員會只受理約百分之八的比例。不過,在一九九四年,委員會受理了百分之二十五的訴願,似乎顯示出一種趨勢,亦即人權委員會變得更寬容,同

時，只要有確切證據與完整的準備，訴願被受理的機會也會隨之增加。[6]

　　第四，雖然這類訴願被受理的比例不大，但是仍有越來越多的行為者向委員會提出訴願。在一九五五年時，人權委員會接到了一百三十八份請願書。到了一九九七年，數目更高達四千七百五十份。一九七九年時，人權委員會宣佈將對二十五件訴願案進行更深入的調查。到了一九九一年，受理的案件已經成長到二百一十七件。[7] 或者，我們從另一項整理數據中，也可看出同樣的趨勢。在一九九一年時，人權委員會一共收到約一萬九千件訴願案，其中只有八件（若將以不同形式提出，但內容相同的訴願分開計算，則可說有十三件）是由非官方行為者所提出。在這一萬九千件訴願案中，最後被進一步討論的，約有三千件，而另外有一千件訴願，是由人權委員會、人權法院，以及部長委員會所進行調查。儘管批准人權條約的國家大多是自由民主國家，或渴望成為自由的民主國家，但是從諸多事實上，我們不能保證自由民主國家就不可能做出違反人權之行為。的確，從歐洲理事會與〈歐洲人權公約〉過去的歷史來看，我們真的可以發現這種諷刺的事實：即使該區域大多都是自由民主的國家，但是，仍然需要有一監督人權狀況的區域性機制－因為這些區域確實存有違反人權之行為。

　　第五，雖然歐洲人民對於整個體制十分有信心，但是從數據上，我們可以看到真正的情況是什麼。[8] 以波蘭國民為例，從一九九五年至一九九七年，人民提出的訴願案從二百四十二件（可說已經是相當高的數字），增加到四百六十一件。羅馬尼亞人民提出之訴願案，則是從一百〇七件，增加到一百六十件。至於保加利亞的情況，則是從二十九件增加到四十八件。

擺脫蘇聯威脅控制的芬蘭,則從七十八件成長到一百○二件。此外,即使是歐洲理事會之成員國,以及很早就批准〈歐洲人權公約〉的國家,其人民提出訴願案件的成長比例,也相當引人注目。例如,法國人民在一九九五年時,提出約三百九十二件訴願案,但是到了一九九七年,便成長到四百四十八件。德國的情況也是如此,從一百八十件增加到二百九十八件。義大利則是從五百六十七件,增加到八百二十五件之多。至於英國,則是從三百七十二件增加到四百件。就連人口較少的荷蘭,也從一百○三件微幅增加到一百一十四件。很明顯的,在歐洲理事會之司法審判權底下的許多人民,都認爲他們的國際權利已經受到侵犯,因此,他們逐漸要求歐洲理事會的區域性「機構」要提供更多的救濟,同時,他們也不會因爲人權委員會往往秉持「保守主義」之作風,將許多訴願案件在審查階段就予以撤銷,而裹足不前,不願再度提出訴願。

第六,人們也不能依賴國家行動來保護它國內部的人權。如果將焦點從非官方的訴願轉移到國家間的控訴,則比例將會有更顯著的增加。毫無疑問,這些非官方的訴願,以及個人的控訴,都是驅使人權委員會與人權法院採取行動的原動力。然而,即使是在歐洲,各國也往往不願意指控它國有違反人權之情事。基於互惠原則,今日我對你提起訴訟,將可能導致你明天就對我提出告訴的結果。一般來說,國家會因爲彼此間的良好關係,而互相給予更多的回報,這種情形尤其在貿易夥伴以及安全盟友之間更爲明顯。直到我開始提筆撰寫此書時,若不計算相同爭議的第二與第三階段,則只有八件訴願是國與國之間的訴願。基本上這些案件都是發生在原本關係就相當緊張的國家之間:希臘 v. 英國(因爲賽普勒斯問題,兩次)、愛爾蘭

v.英國（兩次）、賽普勒斯 v.土耳其（四次）。此外，希臘的
軍事政府在一九六七年至一九七四年間，也曾被由丹麥、挪
威、瑞典，以及荷蘭組成的國家群提出兩次控訴。這些國家，
加上法國，則是對土耳其提出一次的控訴。而丹麥則是單獨對
土耳其另外提出一次控訴。[9] 不過，這些訴願案卻是在三十五
年至四十年的長時間中發生的，顯然比例相當的低。在一九五
九年至一九八五年間，人權法院處理了約一百件案件；其中有
九十八件是由非官方行爲者所提出之訴願。[10] 這種模式似乎和
那些想要仰賴國家訴訟，而展現人權規範的行爲者，具有深遠
的關聯性。

　　第七，如果個人提出的訴願能夠通過第一階段的技術性審
核，而進入接下來的調查階段，那麼就很有機會可以贏得勝
訴。如此推論的主要原因之一，在於非官方的訴願之所以會享
有優勢，乃是當這個訴願被認爲是可接受的，而如果請願人與
當事國之間無法達成適切的妥協時，則當整個案件提交給人權
法院審理後，該行爲者將很有可能會贏得訴訟。從過去的案例
來看，打敗國家贏得勝訴的成功率約爲百分之五十。在一九九
八年四月，人權法院在四十個控訴比利時的個案中，就至少發
現有二十四個案例中有違反行爲；針對法國提起之訴訟，在一
百一十四件案件中，則有四十五件案件成立；三十九件與希臘
有關的案件，則有二十四件成立；至於控訴義大利的案件，則
是在二百六十四件中有九十九件成立；與荷蘭有關的案件，則
是五十件中有二十九件成立；與瑞典有關之案件，則是在四十
二件中有二十二件成立；控訴瑞士的案件，在四十件中則有二
十件成立；至於與英國有關的案件，則是九十九件中有五十一
件成立。總和來看，在九時九漸被接受的訴願中，共發現（至

少）有四百二十五件訴願確實有違反人權行為。[11] 當我們把多重違反行為一併列入計算時，則請願人的成功率往往會上升到三分之二。[12] 由此觀之，這對於所有歐洲國家裡的請願人來說，都是相當好的機會，尤其是那些向來對於公民與政治權利就持續關注，而擁有良好聲譽的請願人而言，更佔有很好的優勢。歐洲人權法院的法官，乃是由歐洲理事會之「歐洲國會大會」（European Parliamentary Assembly）所選舉產生，其能夠獨立進行調查等工作，在調查政府政策之缺失上，從來不會感到遲疑或猶豫。為了使各國對於歐洲理事會之體制更為支持，這些法官對於控訴國家的裁決往往相當謹慎。人權法院甚至用了十年的時間，才做出第一個對某國家不利的裁決。[13] 不過，現在情形已經有所改變了。

第八，人權法院所受理的案件已經超出負荷。其花了三十年的時間來審理前二百件訴訟案；後來又花了三年的時間來審理另外二百件訴訟。[14] 在其運作的那段時間內，歐洲人權法院所審裡的案件，已經是「世界法院」—也就是只有國家才能提起訴訟的「海牙國際法庭」的二十倍之多。[15] 的確，法院過重的負荷量太大，以及審理上的延誤，使得各國不得不在一九九八年另外簽訂了「第十一號議定書」（Protocol 11），以加速執行訴訟過程，使之能盡快得出法律判決。不過，關於這部分的變化，我在此並不多作說明。值得注意的是，「第十一號議定書」排除了人權委員會的功能，創立了由幾位法官組成之法院辦公室，並負責執行審核的工作。此外，該議定書也另外成立若干類似的辦公室，以便能同時處理不同的案件。當然，總法院還是持續發揮其功用，可以審理某些案件，包括所有國家與國家之間的控訴案件。因此，歐洲人權法院的功能似乎完

全沒有萎縮的跡象，對於公民與政治權利的支持也沒有改變，
相對地，其正試圖要找出一個能夠因應日漸增多之案件的最佳
方法。

　　不過，還有一項值得我們注意的要點，亦即絕大多數違反
〈歐洲人權公約〉的行為，都不是所謂的嚴重與有計畫的侵犯行
為。（至於酷行虐待的問題，我們稍後會進一步說明。）許多
歐洲理事會的國家基本上對於公民與政治權利都是抱持支持與
贊同的態度。但是當歐洲理事會面臨某國家不願意合作的態
度，甚至還積極想要進行嚴重與有計畫的侵犯行為時，其應對
策略與聯合國或美洲國家組織的策略，其實有很大的不同。從
一九六七年至一九七四年的希臘案例上，我們就可以看到這種
差別，或者，從土耳其對賽普勒斯的政策，甚至是土耳其本身
的政策上也出現這種不同的策略。不過，歐洲理事會維護公民
與政治權利的體制，其實並無法組織或輕易地糾正這些情勢下
的違反行為，因為目標國根本就不願意與理事會合作。不可諱
言，自由民主國家有時候可能也會因為疏忽，或者因為怠慢或
個人違法行為，而做出違反公民與政治權利的行為，也因此，
我們才需要有區域性的監督機制，以負責監管國家的行為。但
是，對於一個有效的區域保護體制來說，國家採用自由民主的
政體，仍然是不可或缺的條件之一。[16]

　　至於人權法院的法律體系，其處理的事項包括拘留、表意
自由、對個人與家庭生活的尊重、人身自由與安全的權利、公
平與公開聽審的權利、以及〈歐洲人權公約〉具有國內法地位
的效力等。[17]

　　另外一項值得我們思考的特點，就是所謂當國家在運用
〈歐洲人權公約〉時，所擁有之「鑑識的餘地」。舉例來說，公

約第十五條就規定國家在面臨「威脅到國家生存的公共緊急情況」時，可以暫時不受若干公約規範的限制。的確，一個民主國家自然有權能夠保衛自己。（然而，這種情形是否可以看成一種集體人權的範例，仍是一個有趣的問題。）另一方面，有某些條款則是絕對不能被刪除的，例如禁止酷刑的規定等等。國家必須透過正式管道宣佈當下面臨緊急情況，同時也必須要受到權威性的審核，來判定此宣示是否屬實。當希臘軍方人士在一九六七年接管國家政權的時候，人權委員會便認為這種行動並不是用於公約第十五條的內容。然而，部長委員會卻對這種非法行動無能為力。（到了一九七四年，叛軍政府就因為其無效的地位而自行瓦解了。）不過，一般而言，在第十五條以及其他條文的規定下，負責審查的機構往往會透過對〈歐洲人權公約〉高度矛盾的解釋，而賦予國家若干操作上的餘地—亦即所謂的「鑑識的餘地」。舉例來說，當英國提出有關北愛爾蘭的控訴時，人權法院就根據第十五條的規定而做出了此種判決。簡而言之，「鑑識的餘地」就好像是美國憲法中的「行政特權」一樣，都是一種具有高度複雜性與持續性的判例法。[18]

一旦國家有違反〈歐洲人權公約〉的行為，則人權法院便可命令國家需要付出若干賠償。法院也可以要求當事國的行政運作與國內法必須有所修正。此外，法院也可對當事國的司法判決表示質疑。然而，法院的判決究竟能否得到落實與確切的執行，仍然得視部長委員會的表現而定。不過，一般來說，這並不會是一個很大的問題，因為大多數的國家通常還是願意遵守人權法院的判決。在歐洲理事會的成員國中，英國與義大利違反〈歐洲人權公約〉的次數，比起其它三十八個締約國都要來得多。以英國為例，其指稱因為沒有一成文憲法，同時也沒

有司法審查制度的設計,因此才會有如此多的違反行為。[19] 不過,即使這些因素都成立,也無法解釋義大利為什麼會有如此不堪的紀錄。事實上,義大利司法訴訟程序的遲緩,才是造成義大利有如此多違反〈歐洲人權公約〉行為的真正原因。

過去,部長委員會在人權事務上的地位,往往沒有得到應有的重視。當人員委員會對某項訴願做出裁示,卻因為沒有獲得國家的認同,而無法將裁示送交給人權法院時,其裁決將只具有中介的地位—最終的決定需由部長委員會來裁示。許多觀察家都認為由各國代表所組成之部長委員會,與由獨立專家組成之人權委員會相比之下,其取向顯得過於集權化。[20] 不過,所有國家現在都已經同意接受人權法院的司法審查權,而所有條約的新批准國家也都必須採取同樣的立場。根據「第十一號議定書」的規定,人權委員會的功能將逐漸褪色,而人權法院將會審理所有具充分根據的訴訟,而部長委員會也將獨立擔任法院判決之執行的監督者角色。

就某些歐洲理事會的成員國而言,〈歐洲人權公約〉其實已經被整合到其國內法之中。而其它的成員國,例如英國與愛爾蘭,則依然認為〈歐洲人權公約〉與其國內法是不盡相同的兩種法源。有鑑於此,律師與法律專家便可針對公約究竟能在國家層次發揮多少實際效力,作進一步的分析與探究。然而,儘管現在已有四十一個歐洲國家願意遵守〈歐洲人權公約〉的相關規範,同時也願意服從人權法院所做的判決,但是,其法律特性卻仍然無法適用於國內法院與其它國內公部門之上。

很顯然地,由於國家決策者達成一致性的協議,認為對公民與政治權利的保護,乃是其自我認同與自我定位的核心要旨,因而使〈歐洲人權公約〉能夠以一種讓人印象深刻的方式

持續的進化。正因為其信念是如此的堅定，因此就某種程度而言，國家主權的特殊地位，有時候也必須有所退讓，使保護這些權利的承諾能夠確實執行。不過，自然也有某些國家對此改變不表贊同，例如英國就對區域性規範的干預以及人權法院的強制力，發出若干微詞。不過，總的來說，各國抱持正面態度的趨勢還是相當明確的。有關人權議題的決議，也將受到歐洲人權法院的權威性審查。至於未來真正有可能出現的問題，也就是我們將在稍後談到歐洲聯盟時所以探討的，則是這些決議該如何與歐洲聯盟之超國家法院，以及歐洲法院的判決相互協調。當我撰寫此書時，已經有十五個歐洲國家可能受到超國家法院的雙重人權審核─亦即面臨歐洲理事會與歐洲聯盟各審核一次的情形。

歐洲理事會：歐洲社會憲章

這份一九六一年通過的法律文件（〈歐洲社會憲章〉，European Social Charter），涵蓋的範圍包括社會與經濟權利，以及勞工在工作環境內、外的權利。[21] 到了一九九六年，此憲章被徹底地修正，而成為一份新的文件。在此修訂過程中，有許多建議被提到「歐洲議會」進行討論，並認為憲章中的某些概念應該要另外修訂成為新的議定書，並且附加在〈歐洲人權公約〉之上，而使歐洲人權法院能夠對各國進行權威性的審查。[22] 由此觀之，歐洲大陸對於社會（與經濟）權利，有越來越重視的趨勢，同時各國也採取了若干措施，以解決這些權利早期所受到之較劣等的待遇，並進一步提升其地位。

〈歐洲社會憲章〉最初的版本，到了一九九九年，已經有二十二個國家正式認可其內容，其中更有大約一半的國家早已經

同意遵守〈歐洲公民與政治權利公約〉(European Convention on Civil and Political Rights，1998)。儘管歐洲地區並沒有特別設立一個法院來處理經濟與社會權利所引起之問題，但是卻有一個由獨立專家所組成之「歐洲社會權利委員會」(European Committee of Social Rights)，可以向位階較高的政府間組織提出有關運用此憲章的建議。此委員會是在「國際勞工組織」的建議下所成立。儘管委員會常常發現各國有違反憲章責任的行為，例如在一九九九年就有四十七件案例發生。然而，委員會卻不具有同等的威權，能夠迫使這些不負責任之政府改變其政策。再者，即使是位階較高的政府間組織，往往也只是透過一再勸說的方式，而不是透過懲罰性的強制作為，避免國家做出違反憲章規定之行為。

後來，〈歐洲社會憲章〉在一九九五年簽訂了一份議定書，賦予工會與特定人權團體有提出集體訴願的權利，同時，有關憲章的違反行為也已經得到批准憲章最初版本一半之國家的認同。因此，從過去處理有關公民與政治權利的經驗上，各國政府得到了許多正面的教訓。誠如前文所述，歐洲人權法院向來都會被非官方行為者提出之訴願所驅動。一九九九年三月，「國際法律人委員會」這個以日內瓦為根據地的非官方人權團體，因為認為葡萄牙內部有非法僱用童工的情形，於是對葡國提出控訴，最後也成功。眾所周知，歐洲社會權利委員會是負責監管各國服從憲章的情形，因此也被預期能對葡國的非法作為有所裁決。果不其然，因為里斯本(Lisbon，葡萄牙首都)過去就被發現有相同的違反行為，所以最後的判決明顯對葡萄牙不利。

一九九六年重新修訂之〈歐洲社會憲章〉加入了許多新的

內容，此外，經過多年的討論，該憲章也增添了許多修正案與議定書。這份新的憲章在一九九九年正式生效，同時也得到若干國家的支持，因為大多數新增的規定，在這三十多年中，其實早已經逐漸被廣泛接受了。這份修訂版的憲章明確指出，除了原本注重的勞工權益之外，歐洲各國還需要重視以下新的權利：防止貧窮與社會隔離、居住自由、不公平解職之保護、防止性騷擾與欺騙等等。此外，若干現有的經濟與社會權利也被進一步修正：不歧視原則的強化、兩性平等的落實、對產婦有更多保護以及對母親有更多社會照顧、增加對兒童與殘障人士的保護。

另一方面，雖然一九九六年修訂了新版本的〈歐洲社會憲章〉，但是其原有之控管機制卻沒有改變。也因為這樣，歐洲議會在一九九九年要求對〈歐洲公民與政治權利公約〉增訂一份新的議定書，將若干經濟與社會權利加入公約之中。此外，許多專家也認為某些經濟與社會權利是能夠被運用在法院的判決之上的，而與公民權利其實並沒有很大的差異。[23] 如果這份議定書通過了，那麼歐洲人權法院與歐洲法院就可以互相援引相關的主題判決。如此一來，這二個法院將能夠審理更多有關勞工權利與經濟事務的訴訟案件。

不過，到了一九九九年，我們還是無法明確指出新版的〈歐洲社會憲章〉究竟具有多大的影響力。一般而言，若說歐洲國家還沒有完全準備好要讓第三者來審核其內部之經濟與社會權利的表現，就像這些國家允許人權委員會對其內部之公民與政治權利表現進行調查一般，倒也是我們可以接受的一個論點。另一方面，歐洲國家也正在試驗若干運用程序，以使它們能更重視勞工權利、居住權利、以及不同形式的社會安全。簡

而言之，與美國不相同的是，大多數歐洲國家，包括中歐與東歐的國家，都是社會民主國家，它們相信廣泛的經濟與社會權利，以及公民與政治權利都是具有一定效用的。

歐洲理事會：
歐洲禁止酷刑及不人道或污辱之待遇或處罰公約

　　在批准〈歐洲公民與政治權利公約〉的四十一個國家中，有四十個國家同時也批准了〈歐洲禁止酷刑及不人道或污辱之待遇或處罰公約〉（European Convention for the Prevention of Torture and Inhuman or Degrading Treatment or Punishment）。法國是唯一沒有批准此項公約的國家。根據此項公約的規定，批准國必須接受一個由獨立人士組成之委員會定期到該國探詢有關防止酷刑之措施與執行情形。甚而，只要預先知會，該委員會也可以到特定國家進行特別訪視。特別的是，此委員會的運作過程是絕對機密的。另外，就像「國際紅十字會」所從事之訪視監獄囚犯的工作一樣，如果某個國家無法展現其符合此項公約規範的合理進展，那麼委員會將可以公開其調查報告。

　　或許有人會猜想，這個公約之所以能夠得到支持，可能是因為歐洲地區根本就沒有酷刑這回事。不過，從以下幾點理由來看，這種假設基本上是錯誤的。第一，某些較資深的歐洲理事會成員國，例如英國在處理其認定是緊急事件的問題時，如北愛爾蘭的問題，就曾經採用一些受到非議的審訊技巧。至於這些技巧會不會被貼上酷刑、虐待，或者是其它名稱的標籤，就端賴監管委員會如何判定了。[24] 此外，在一九九九年夏天，歐洲人權法院也判決法國犯下酷刑罪，因為法國曾經虐待一個

受到監禁的販毒嫌疑犯。第二，若干歐洲理事會的新進成員
國，尤其是那些前共產集團的國家，其過去的歷史顯現出這些
國家確實曾經採用過爭議性的詢問技巧。第三，即使是批准此
項公約的土耳其，也經常有不同的人權團體與媒體，指控政府
把酷刑當成一種公共政策來執行。

歐洲理事會：歐洲保護國內少數民族架構公約

基本上，〈歐洲人權公約〉只規範有關個人的公民與政治
權利。同樣地，〈歐洲社會憲章〉也沒有提到有關國內少數民
族權益之保障問題。由於歐洲理事會的組成結構有了新的改
變，此外，國內少數民族的重要性也不僅出現在中歐與東歐地
區，在西歐地區的國家，如西班牙、比例時、丹麥與瑞士等，
也都有相同的情形，因此，歐洲理事會在一九九五年便達成一
項協議，通過〈歐洲保護國內少數民族架構公約〉（Framework
Convention for the Protection of National
Minorities）。

這項架構公約，其實還正在進展中，並未真正具有法律上
的效力。除了歐洲理事會底下的部長委員會，扮演一個不明確
的（監管）角色之外，這項公約並沒有設置任何特定的監督機
制。這項公約的特別之處，在於其並不支持所有的團體必須同
化為一個同質的社會，相反地，此項公約贊成國內少數民族保
有其個別的獨特性。此外，儘管此公約並沒有清楚界定何謂少
數民族，但是卻敦促政府必須要透過語言政策、國家服務等方
式，以調解、照顧到國內的少數民族。不過，有些觀察家卻對
這種保護少數民族的方式，提出嚴厲的批評。[25]

歐洲聯盟

從五〇年代開始，西歐各國便嘗試著從經濟結盟的方式來提高該區域的經濟活動和集體實力。然而，在這段時間內所簽訂的各項條約，儘管為後來「歐洲聯盟」的成立打下基礎，但是卻對人權隻字未提。一直要到一九九二年，原「歐洲共同體」十二個會員國在荷蘭的馬斯垂克簽署〈馬斯垂克條約〉（Maastricht Treaty），而「歐體」被「歐洲聯盟」取代之後，這種異常的現象才得到正式的修正。在此條約中明文規定（Article F.2）：「聯盟應該要尊重（個人的）基本權利，因為那是受到〈歐洲保障人權與基本自由公約〉的保證···而且這是基於各成員國共有之本質傳統而有，同時也是歐體法律的普遍原則之一。」從這項條約裡的規定，我們也可看出歐洲聯盟一直以來的重要的人權發展歷程。

「歐洲法院」（European Court of Justice，簡稱ECJ），即歐盟所屬的超國家法院，也透過宣告歐體法律具有高於各國國內法的優越性，而促成歐洲進一步的整合。然而，德國與義大利的法院（儘管這兩個國家曾經出現過極端的法西斯主義）卻也因為擔心在超國家的經濟整合下，人權將無法得到明確的保障，而顯得裹足不前。[26] 這些國家與其它國家組織，也擔心其國內的權利法案與其它對保護人權的國內政策─主要是公民與政治權利─會被與純經濟考量有關的歐體法律稀釋掉。因此，歐洲法院也決定，只要是與「歐洲執委會」（Commission，亦即集體執行部門）、「部長委員會」（Council of Ministers，亦即由成員國之內閣部長組成之官方組織），以及「歐洲議會」（Parliament，亦即最重要的諮詢機構）等歐

體機構所爲與經濟決策有關的人權，都將被提出討論。

　　而後，所有歐盟的其它機構以及各國元首的定期集會，對於人權議題也越加重視。進一步來說，歐盟組織從一九六０年代晚期就開始關切人權議題；而歐洲執委會、部長委員會、歐洲議會則是到了一九七七年，才開始注意到人權的問題，並提出了一份共同宣言，對一九九二年通過之〈馬斯垂克條約〉的條文作了確認(Article F.2)─亦即我們在〈歐洲人權公約〉，以及各成員國的憲政傳統上所看到的事實：人權是應該被保護的。公元一九八九年，歐洲議會提出了〈歐洲人權宣言〉。然而，此項宣言卻從未被歐洲執委會與理事會確實執行過。

　　的確，從一九九二年通過之條約的精神來看，歐洲聯盟不但想要透過其司法審查制度來保護人權，同時也想要藉由「共同的」外交與安全政策，進一步地保障人權。[27] 在處理與其它國家的關係上，歐盟也保證要「發展並鞏固民主政治、法治體系，以及對人權與基本自由的尊重」。舉例來說，歐盟的資源可說都是致力於達到此項目標，此外，對於從事確保享有足夠糧食、衣物、房舍，以及緊急情況下的醫療保健權利行動的國際人道救援組織，歐盟更是最重要的捐助者之一。儘管有些國家相當排斥並抗拒人權議題，但是在與其它國家簽訂的條約中，歐盟也必然會提及與人權有關的規範。即使它們不願意接受人權規範，甚至有可能違反人權規範，卻也不會影響到國家之間的貿易往來。不過，歐盟有時候也會基於人權因素，而通過若干制裁的決議案，而這往往都是爲了呼應聯合國安理會的決議而有─例如海地與前南斯拉夫就是很清楚的例子。除此之外，歐盟也協助許多國家舉辦民主選舉，或者負責監督選舉的進行。歐盟的部長委員會有時候也會試圖在「聯合國人權委員

會」以及「聯合國大會」上，協調其成員國的外交政策，但從來沒有完全成功過。舉例來說，歐盟成員國於一九九七年時，在討論如何回應中國人權問題時，就出現過嚴重的分歧。[28]

在歐盟諸多機構之中，歐洲法院可說是將人權引介到歐盟訴訟中的主要行為者。有部分觀察家－自然不是全部－就認為，該法院未來有可能（能夠）對各國的外交政策做出裁決。從最近的判例來看，歐洲法院認為不但歐盟機構需要尊重人權價值，包括其會員國在歐盟架構下制定政策時，也必須要對人權因素有全盤的考量。[29] 一九九七年的總結報告中，就把關於公民與政治權利引介到歐盟的情形，做了相當精確的說明：「對人權的考量已經被（歐盟）認可，儘管並沒有任何正式的人權法案，在（歐盟）條約中也沒有指出對基本權利的保障，但是歐洲法院的相關判例卻還是越來越多。」[30] 這種情形也得到合理的解釋，因為西歐傳統的自由民主國家向來對公民與政治權利就有廣泛地支持，因此，特定的區域法庭，以及其它區域性組織才能夠採取這種有效的司法行動主義，同時對相關法律做出更深入與更有創意的詮釋。

以歐洲為例，到了二十世紀即將結束之際，共有兩個超國家的法院能夠以區域人權法做出判決－包括歐盟的歐洲法院，以及歐洲理事會的人權法院。不過，在這兩個法院之間，卻沒有明確的協調機制。後者能依據一項包含清晰的人權規範之人權條約為之判決，而前者卻非如此，其依據則來自於其它來源，包括歐洲理事會的各項條約中的模糊的「原則」。也因此，歐洲理事會之「史特拉斯堡法院」與歐盟之「盧森堡法院」，這二者之間潛在的衝突與混淆不可謂不大。「史特拉斯堡法院」是由許多人權專家所組成。而「盧森堡法院」則主要

由對經濟法有興趣的法官所組成，但是這些法官在能夠引用更
多考量面向，包括人權在內，來解釋歐盟法律，使之具有更大
的彈性與創意。[31]

　　歐洲地區曾經一度就歐洲共同體的地位進行討論，亦即討
論有關在國際法上具有法人地位的個體，是否應該正式表明會
遵守〈歐洲人權公約〉的問題。在這個議題上，歐洲理事會與
歐盟委員會都表示贊同，但是歐洲法院卻認為在當前法律的規
範下，這是完全行不通的，因為〈歐洲人權公約〉所約束的對
象只有國家，但是歐洲理事會卻不具有同等的法律人格。另
外，歐洲理事會與歐盟的成員國也拒絕修改法律以促成所欲的
結果，或許是因為它們擔心最後會像通過歐體法律一般，自己
的國家憲法會失去某種程度的影響力。毫無疑問地，歐洲內部
這種經濟與社會機構間持續的分歧，在未來將有可能得到化
解，尤其是如果歐洲地區想要形成一個「歐洲合眾國」（United
States of Europe），那麼此歧見或許會不復存在。

　　不過，眼前的事實卻是歐盟乃是一個在自己的司法審查制
度，以及其逐漸呈現一致，但還是漫無章法的外交政策下運作
的人權行為者。一九九八年時，有一個歐盟顯赫人事委員會提
出了一份有關歐盟人權政策的報告書。[32] 在這份報告書裡，有
一篇報告嚴正敦促各國要做出許多改變，以使人權成為歐盟及
其逐漸成形之外交與安全政策之下的更嚴肅的承諾。

歐洲安全合作組織

　　在冷戰期間有一項廣為人知的外交進程，也就是「歐洲安
全合作會議」（Conference on Security and Cooperation
in Europe，簡稱CSCE），後來在冷戰結束之後，進一步形成

一個區域性組織，亦即「歐洲安全合作組織」（Organization for Security and Cooperation in Europe，簡稱OSCE）。
[33] 從一九七三年至一九七四年，共產東歐積極尋求安全與經濟上的目標，而與民主西歐的政策有所比較。民主國家於是堅定地址出，某些人權與人道事務的原則，是無論如何都必須受到尊重的。而後，在一九七五年通過之〈赫爾辛基協定〉（Helsinki Accord)裡，以及許多後來舉辦的會議中，都對歐洲共產政權施加相當沈重的壓力，希望迫使這些國家能尊重它們形式上所支持的各項（人權）原則。另一方面，在西歐民主國家的支持下，東歐地區的個人與非官方團體就提出尊重權利的表現上，也變得越來越堅決與果斷。儘管從短期來看，共產國家政權對這些要求施以更強制的壓迫與鎮壓，但是長期來看，各項（人權）要求則是對東歐國家產生不小的衝擊，而導致其共產架構的崩潰。

　　然而，我們並沒有任何科學上的證據可以明確指出，在歐洲共產主義衰敗與蘇聯解體的「成就」上，歐洲安全合作會議究竟扮演著什麼樣的角色。正如美國高級外交官John J. Maresca在一場演講中所言：「去分析赫爾辛基（協議）的成就根本就是一件難以理解的事，因為我們無法界定究竟什麼是赫爾辛基（協議）所導致的結果，而什麼又是因為歷史演變而產生的結果。」[34] 此外，一位奧地利的高級外交官Stefan Lehne也主張，導致歐洲共產主義之所以會發生戲劇性變化，主要因素根本就是其政治經濟體系中的內在矛盾，以及Mikail Gorbachev拒絕以武力防衛現況的決定。不過，他接著指出，如果那真的是最重要的原因，嗎麼歐洲安全合作會議的進程肯定是第二重要的因素了。[35] 這個論點，也得到其它許多觀察家

的支持。[36]

　　冷戰結束之後,新生之「歐洲安全合作組織」的成員國從
三十五個增加到約五十五個國家,雖然其司法管轄權變大了,
但是其能力卻相對減弱了。有許多脫離舊蘇聯帝國而獨立的新
興國家,不但缺乏對人權的確實承諾,同時也缺少解決人權問
題的能力。如前南斯拉夫之類的國家,就因此而干戈四起,武
裝流血衝突不斷,但是歐洲安全合作組織卻無能為力,因為該
組織並沒有強制性的權威,同時也沒有軍事力量可供運用,更
別提將貝爾格勒趕出組織了。事實上,歐洲安全合作組織僅是
一個外交架構,而用以提昇國際社會認同之人權規範,尤其是
與自由民主有關之公民與政治權利。就某種程度而言,該組織
顯示出相當專業的智識,同時也十分重視少數族裔的權利,而
這卻是歐洲理事會過去最忽略的地方。[37] 第一位,也是到目前
為止為一的一位歐洲安全合作組織少數族裔事務高級專員,亦
即荷蘭籍的 Max van der Stoel,因此而廣受尊重。他透過
「寧靜外交」的方式,試圖阻止並解決各國內部少數民族的爭端
衝突。然而,我們卻很難以文字來敘述他的成就,部分原因是
由於爭端被成功阻止後,就沒有留下太多論據以供紀錄,另
外,部分原因則是由於並不是所有少數民族的問題都被成功地
解決。他最關注的是中歐與東歐的少數民族事務,不過,卻也
有某些西歐國家對於他進行少數民族保護的工作,表示政治上
的反對。[38]

北大西洋公約組織

　　儘管從歷史上來看，北大西洋公約組織似乎都是一個傳統的軍事同盟，不過，在冷戰結束之後，其所肩負的人權責任確有逐漸增加的現象—例如北約曾試圖為前南斯拉夫紮下自由民主的基礎，包括逮捕戰爭嫌疑犯的行動，確保難民返家的安全以及內部流離失所人民的安全等。的確，北約組織在一九九八年進一步擴大，接受包括捷克共和國、匈牙利與波蘭為其成員國的主要原因之一，是在提供一個軍事架構，以強化這三個前共產國家的自由民主制度。誠如前文所述，北約在一九九九年從事「境外」行動的目的，是為了要迫使南斯拉夫的Milosevic政府停止對柯索夫省裡的阿爾巴尼亞裔進行不斷的迫害與驅逐行動。事實上，不管法律上有沒有爭論，北約確實已經成為人道干預行動的一個執行官，同時也是歐洲地區自由民主制度的代言人。

　　不過，確有許多現實主義者反對這種論點，並認為波士尼亞與柯索夫當年（一九九〇年代）的情況並不符合西方世界的重大利益，因此西方國家就不應該透過北約的力量，來發動空中轟炸與地面攻擊行動。他們認為北約的軍事行動應該專注在傳統的國家安全議題之上，例如蘇俄、中國、國家支持的恐怖主義，以及中東的石油問題等等。他們不願對牽涉到「民族自決」與「人道救援」的「少數」問題做出軍事承諾，也不願意因為傳播媒體與非官方人權組織的壓力，就輕易做出承諾。[39]對現實主義者而言，國家外交政策的優先順序，還是從傳統地緣政治觀點來定義的集體國家利益為主，而非純粹為了減緩人類之不幸與為難。

　　值得注意的是，現實主義的不同學派，到現在仍無法明確指出國家究竟如何去界定其「重大利益」。信奉現實主義的作家，往往都是假設國家會以其獨立權力來定義其利益，接著就會強調國家間的競爭，可能會影響到「權力平衡」的局勢。Henry Kissinger在其回憶錄的第三冊中，曾反覆提及所謂美國的「國家利益」。[40] 他認為與其說國會議員對於國際利益有不同的見解，倒不如說他們根本就對國家利益不感興趣。對Kissinger來說，國家利益就是與舊蘇聯帝國所進行之地緣政治的權力鬥爭。但是，這並不代表美國在冷戰期間，就應該要犧牲其國民的生命與金錢，來捍衛向安哥拉或非洲之角等地區的和平。或者，這也不代表國會試圖阻擋美國介入這些地區之危機的舉動，就是錯誤的決定。畢竟，如果蘇聯想要拉攏那些「無用之物」成為其盟友，這對美國來說，也是無法造成任何威脅的。因此，對於理性的行為者來說，究竟什麼才是國家利益，以及「重大的」利益，仍然有很大的討論空間。只不過大多數和Kissinger有相同想法的現實主義者，並不承認這種主觀建構之國家利益。

　　特別是在柯索夫的例子上，北約成員國把它們的重大利益無限擴大，而包括要在歐洲地區形成一個自由民主的「鄰近地區」。正如同歐洲國家認為人權的重要性值得成立兩個超國家的區域法庭，並可以人權之名義來限制國家的主權，同樣地，這些國家，加上加拿大與美國，也認為對柯索夫境內阿爾巴尼亞裔的鎮壓，是值得國際社會以軍事行動介入解決的一個問題—因為，若它們在一九九二年至一九九四年間，沒有採取軍事行動介入波士尼亞事件，它們將會覺得如芒刺在背般的痛苦。即使是Kissinger，也應該瞭解箇中的滋味，因為他曾經支持

在一九七五年介入南越的危機，而且是以美國榮耀為理由—所
謂榮耀，也就是指美國有道德責任要協助那些一直依賴美國的
國家—而不是以會影響到權力平衡之國際局勢或美國安全為其
理由。[41]

　　不過，現實主義者也對西方軍事強權提出警告，到了二十
世紀末，這些強權國家的軍事力量已經過度介入國際事務，包
括在波士尼亞與柯索夫部署地面部隊、對伊拉克進行空中轟
炸，以及對其它地區長久的軍事承諾，尤其是東亞地區。再
者，現實主義者也認為，如果中國提高對台灣的軍事威脅，或
者蘇俄在後 Yeltsin 時代轉而採用更激進的外交政策，那麼北
約就必須減少在巴爾幹等地區的介入力量，因為那些地區並沒
有牽涉到傳統的重大利益。我會在第六章談到外交政策時，再
深入探討此一主題。

　　儘管強權國家之間已經有將近半個世紀沒有發生戰爭，特
別是在（美國）共和黨政府在一九九二年晚期，為了挽救一個
失敗國家與化解人道緊急情況，而以軍事行動介入索馬利亞危
機尤然，但是，在當前國際關係裡，我們已經沒辦法清楚地看
出究竟什麼樣的局勢需要動用到軍事力量，而究竟國家又該怎
麼去界定其最重要的利益。針對這些疑惑，北約（以及五角大
廈）內部也有許多不同的意見，並且對以「戰爭之外的行動」與
「低層次戰爭」（low-level war）等概念來保護人權的主張進
行辯論。另一方面，到了一九九九年，強權國之間的緊張關係
已經有了顯著的緩和，因而使以人權形式出現的自由主義，能
夠因為北約等組織的協助，成為制定外交政策時考量的因素之
一。現實主義的思維並沒有「過時」（passe），只不過其確實
在某些觀點上，採用了自由主義的若干概念與主張。

美洲的情形

和歐洲地區的情況相較之下，在西半球裡關於區域性組織與人權之間，卻出現一重大的矛盾情形。和歐洲一樣，美洲地區也有一個國際性組織，亦即「美洲國家組織」(Organization of American States，簡稱OAS)，不但有其本身的人權計畫、同時也通過了一項提倡保護人權的公約，並設立了專門的委員會與法院，這些機制都是用以積極執行那些消極的人權規範。然而，我們卻也可以發現，儘管有這些機制存在，美洲地區的國家在過去五十年來，卻也同樣發生許多嚴重且有計畫的違反人權行為。為什麼美洲國家組織的成員國，可以一方面不斷重申其必定遵從眾所周知的人權規範，而另一方面從一九四五年之後的大多數時間裡，又一再做出種種違反人權之行為呢？這個問題的解答，基本上可在這個區域裡之相互衝突的政治文化裡找到。[42]

美洲地區之所以會成立這個推廣保護人權的區域性組織，並使其仍持續運作，我們可從下列三項政治價值中看出大部分的端倪。第一項價值是廣為人知，但卻相當抽象的不成文規定，亦即合法的國家必定是自由民主的國家。事實上，這並非是什麼新的概念價值；許多美洲國家在其獨立之初，都宣稱會信奉政治自由主義。一九四五年之後的發展，有大部分都是重新確定了從十九世紀初期以來就反覆鼓吹，但卻沒有真正落實的價值—也就是指美洲地區的共和國想要循著北美洲（美國與加拿大）的路線，逐漸成為自由民主的國家。一九四八年簽訂的〈美洲人權與責任宣言〉(American Declaration on Rights and Duties of Man)，與一九六九年簽訂之〈美洲人權公約〉

（InterAmerican Convention on Human Rights），實際上
也只是長期以來，對政治自由主義的一種敷衍口惠而已。

　　第二項普遍的政治價值，同時也強化了美洲地區對人權支
持的發展，正是指美洲國家組織各部門，以及美洲國家不停變
動的同盟裡頭的權利道德領袖。從一九五０年代中期以來，扮
演此一關鍵性角色的行為者，就是「美洲人權委員會」
（InterAmerican Commission on Human Rights），目前不
但是美洲國家組織的一個主要機構，同時也是人權的永恆領
袖。這個未曾被訓練過的組織，負責對人權情況進行報告、調
查、以及外交上的積極行動計畫。同時，該組織也因為人權公
約的規範，而必須擔負一定的責任。此外，此委員會也得到許
多國家的支持，因為這些國家都採用積極與前瞻性的人權政策
─雖然此支持群體的組成時常會因為各國政權轉移而有所變
動。不過，哥斯大黎加、委內瑞拉、烏拉圭、以及其它國家，
卻一直都是屬於支持人權聯盟的一分子。

　　第三項支持因素，乃是美國本身不穩定的人權影響力。在
美洲國家組織裡頭，其實幾乎沒有任何反對美國（政策）的聲
音。更明確地說，美國偶爾甚至會利用美洲國家組織，來推動
類似人權宣言之類的法案，同時也對特定違反人權之國家施加
壓力。近來，美國也透過該組織來監督中美洲等地區所進行的
選舉。然而，美國對區域人權規範與相關行動的支持，卻是相
當有選擇性的，我們將在稍後進一步說明之。儘管如此，不管
是談到使尼加拉瓜脫離「蘇慕薩王朝」（Somoza dynasty，蘇
慕薩是統治尼加拉瓜的獨裁者，與他的兩個兒子的統治時期長
達四十餘年。）的努力，或者是在一九九０年代，表達有關對
自由民主國家在外交上的普遍支持之努力，美國透過美洲國家

組織表達對某些人權發展的定期支持,仍然是相當重要的。

然而,換個角度來看,也有三項因素侷限了美洲地區的區域性人權發展。第一項因素乃是一種歷史趨勢,也就是當美國介入拉丁美洲與加勒比海地區國家的國內事務時,這些國家往往都會立即強調國家主權原則的重要性。這種對廣泛且傳統的國家主權概念的普遍支持,主要是為了封鎖美洲國家組織的權威與美國的力量,因為前者(即美洲國家組織的權威)向來被這些國家認為只是後者(即美國力量)意志的映象。在此世紀交替之初,在此面向上,確有某種偏離歷史模式的運動正在發生。在一九九一年時,除了古巴之外,美洲國家組織的所有成員國無異議通過〈聖地牙哥宣言〉(Santiago Declaration),明確指出任何國家內部之民主政府的問題,都是國際性的問題,而不僅僅只是該國國內事務而已。然而,就在那段時間裡,美洲國家組織卻也持續拒絕授權使用武力以創造、重建、或者保護各國的民主政府,例如海地即是一例。這是因為這種授權,也就代表授權居於主導地位之美國能夠使用武力。因此,就海地個案來看,美國只得轉而要求聯合國安理會(UNSC)授權進一步部署武力,以恢復遭到軍事政變而被迫系下台之經由民主選舉產生之Aristide政權。換言之,就對美洲地區之人權的直接保護而言,美洲國家組織仍然還是不太可靠的,主要原因竟是因為該區域裡的國家普遍對美國的力量感到恐懼之故。

第二項有關美洲地區人權保護行動的限制性因素,主要是因為許多國家內部菁英的言行不一所造成的結果。儘管這些菁英認同政治自由主義的精神,但是實際上卻無法真正落實自由民主的制度,因為那種制度,就意謂著要承認原住民、下層階

級（這二類並非完全互斥），以及那些政治左派人士（這三類並非完全互斥）的人權。美洲地區的軍事政府與其它政府的領袖，常常會發現他們其實很想要強調「國家安全狀態」，以及其它偏離自由民主制度的統治形式，以便能夠進行獨裁統治一也就是使國家能夠不受到由非軍方、非貴族、以及非天主教徒之領袖的偏好所控制。因此，對於自由民主制度的理論上的支持，通常都會伴隨著獨裁政府而有。甚至當前述傳統菁英對「破壞性的」運動感到恐懼時，他們能夠假借「必須與例外」之措施，而轉而變成擁有一張非常殘暴面孔的獨裁政府。這種情況，可以一九七〇年代與一九八〇年代南非的南角例子作爲代表。[43]

　　第三項，也是最後一項限制性因素，乃是指美國在冷戰期間爲了要防止以蘇聯爲主之共產主義集團進入美洲地區，因此在該區域裡採取先佔爲贏的圍堵策略。此一取向，也就是「門羅主義」（Moron Doctrine）的現代版，其主要目的乃是爲了要使美洲地區能夠不受到任何外在強權的影響，使美國不得不一再強調國家與區域自由必須能夠免於共產主義的侵害，而後才能去考量個人自由免於非共產主義之侵害。一直到卡特政府爲止（一九七七年至一九八一年），美國都還是願意與那些除共產主義政權之外的美洲高壓政權進行結盟。美國的目標或許是在保護其內部的人權（以及美國在國際關係裡的權力），但是美國的手段卻本末倒置，甚至還造成瓜地馬拉在一九五四年發生人權發展的倒退，因爲美國竟然因爲不滿Arbenz的政策，於是策動一次謀反，使經由選舉產生且十分重視人權之Arbenz政府被迫下台。相對地，繼任的殘忍軍事政府卻得到華盛頓當局的支持與扶助。冷戰結束之後，這種情形很明顯地被改變

了，美國政府也不再反對美洲國家組織在美洲地區採取人權行動。除了古巴與秘魯以外，美洲地區的獨裁政權幾乎已經不再復見，同時也沒有任何國家與外在敵方國家一直保持著結盟的關係。

從前述三項支持性因素（對自由民主的抽象承諾、不同行為者所扮演的人權道德領袖、美國前後不一的人權領導者角色），以及三項限制性因素（對國家主權傳統概念的重視、殘忍的獨裁主義偶爾出現、美國在冷戰時期的安全考量），我們可以看到一個野心勃勃的區域性計畫組織，大多數時候，在各種局勢之下，其實都無法發揮保護人權的效力。在此同時，也就是在一九四○年代至一九九○年代之間，區域性的保護人權行動，其實並沒能阻止或矯正許多地方所發生之嚴重違反人權的行為。

〈美洲人權與責任宣言〉當然是經由投票所通過的一項條約，此外，也有三十五個國家決定正式遵守〈美洲人權公約〉的各項規範。「美洲人權委員會」基本上也試圖要在美洲地區擔任裁判，一旦其發現違反人權之情事，就會以「吹哨子」的方式，來「仲裁這場政治遊戲」。然而，同理可知，這場遊戲還是以殘忍的形式在許多地方出現，就好像委員會的仲裁完全不存在一樣。為了要改變這種諷刺的矛盾，「美洲人權委員會」在該區域設立了一個極具影響力的自由「監察使」（ombudsman）。[44] 然而。一直到冷戰結束之後，從一九七九年就通過設立的「美洲人權法院」（InterAmerican Court on Human Rights），在該區域共三十五個國家之中，也只有六個國家表示願意賦予其有超國家的審判權。與前文所提到的兩個歐洲法院相比之下，美洲人權法院所受理的案件，可說是相當

瑣碎且沒有價值的。直到一九九七年，該法院也只做出六項具有約束力的判決，以及十四項無拘束力的建議案。再者，美國也一直拒絕接受該法院的權威地位，並不認為其擁有進行審判的權力。另外，美國甚至認為不管是全部，或者是部分〈美洲人權與責任宣言〉的規範，其實都不具有國際習慣法的地位。歐洲地區的情形相對地比較樂觀，因為所有的主要國家對於歐洲理事會與歐盟的人權發展行動，大多表示支持與認可。

　　總的來說，我們可以發現美洲地區雖然確實存有一推展人權保護的區域性組織，而且該組織在文件書面上也與歐洲的相同機制有雷同之處，然而，二者實際上的執行情形與執行程度卻相差十萬八千里。[45] 舉例來說，在這兩個機制裡，我們都可以找到非官方行為者享有對違反人權之行為提起訴願的權利規定。但是，在歐洲地區，這種訴願的審理結果，往往真的能夠對特定國家的政策造成一定的制約，然而，在美洲地區卻完全不是這回事。雖然我們或許能夠期待，美國的政策以及其它（不利）因素，會隨著冷戰的結束而發生正面的改變，進而更支持區域性的人權價值與進程。然而，冷戰結束已經長達十年之久，以美洲國家組織為主的區域性人權保護體系，似乎還是比歐洲的類似組織更不具有實質的效力。此外，美國的立場也和早期一樣，仍然強烈反對美洲國家組織能夠對各國（美國）的人權記錄進行審核。

非洲的情形

　　過去一直受到許多政治不穩定問題的困擾，以及擁有被殖民主義烙印之痂疤的黑人非洲國家，在一九六一年成立了所謂

的「非洲統一組織」（Organization of African Unity，簡稱 OAU），主要的目的就是為了要強化國家主權的傳統概念，以及各國獨立的司法審判權利。〈非洲統一組織憲章〉（OAU Charter)同時也對人權有所著墨。然而，對該組織來說，有關人權的內容卻僅只限於種族歧視的問題，亦即羅德西亞、南非內部的白人與黑人問題，以及葡萄牙人持續在安哥拉、幾內亞比紹共和國與莫三比克的殖民問題。換言之，其它類型的人權議題就沒有得到應有的重視。例如，在 Idi Amin 主政下的烏干達，或者是堪稱「帝王」的 Jean-Bedel Bokassa 主政下的中非「帝國」，雖然都有極為嚴重的違反人權情事，但是非洲統一組織卻視若無睹，完全沒有採取任何因應政策。

對於這種尷尬的雙重標準，非洲人民終於無法繼續忍受，非洲統一組織於是在一九八一年通過了〈非洲人類與人民權利憲章〉(African Charter on Human and Peoples' Rights），也就是所謂的〈班竹憲章〉（Banjul Charter）。[46] 五年之後，該憲章就得到足夠國家的批准，並在一九八六年正式生效。在那時候，有三個非洲國家的體制，被認為似乎與自由民主國家相當地接近，這些國家同時也對公民與政治權利做出了確切的承諾。簡單來說，〈班竹憲章〉包括以下五個部分：絕對支持某些自由西方社會常見的公民與政治權利；有條件的支持某些因為受到「彌補」條款限制的公民與政治權利，進而允許各國在其國內法律的原則下，可以偏離國際規範；提及需要有大量的物質資源，以確實執行某些經濟與社會權利；提出個人責任的清單；提出「人民」權利的清單，例如生存權、自決權，以及自然資源處置權等。

根據若干學者的看法，該憲章，尤其是個人責任與人類權

利的部分，正反映了非洲地區想與國際認可之人權接軌的獨特
途徑。[47] 或許更重要的是，也有人認爲〈班竹憲章〉之所以選
擇避開成立一個非洲人權法院，而設立一個僅具有建議功能的
「非洲人權委員會」（African Human Rights Commission），
來負責評估各國執行憲章的情形與服從程度，乃是反映出非洲
人民偏好透過討論與調解的方式來解決爭端，而不希望依賴對
抗式的司法審判途徑。然而，事實卻並非如此樂觀。在冷戰期
間，同時也包括一小段非洲後殖民時期的時間，非洲大陸上所
呈現出來的政治自由主義仍然稍嫌不足。從這種矛盾的局勢看
來，我們真的很難想像非洲統一組織在一九八〇年代，曾經通
過一項有強烈與明確個人權利規範，同時也規定各國必須遵守
超國家區域性法院之強制作爲的人權公約。不過，關於造成這
種情形的原因，究竟是因爲「非洲文化」，或者是那些非洲國
家的統治者爲了確保其政治利益所作的決定，我留給歷史學家
與人類學家去研究，在此就不加以討論了。

　　而真正能夠肯定，而且完全可以預測的是，〈班竹憲章〉
對於在非洲統一組織成立十年內所加入之五十三個國家的行爲
來說，其實只能發揮微乎極微的影響力。就像在其它區域所出
現的情形一般，非洲國家同樣不太願意對其它國家提起人權方
面的訴訟。唯一出現過的例子可說是相當虛假的；亦即利比亞
控告美國。由於後者並不是非洲統一組織的成員國，因此這項
控訴自然就沒有被受理。甚而，非洲國家往往都刻意疏忽，而
延誤繳交有關其如何執行憲章的報告給非洲人權委員會。面對
這種輕忽的態度，人權委員會卻也無能爲力，因爲委員會並不
去足夠的權威，同時也沒有足夠的力量能改變這種情形。此
外，當委員會針對各國繳交的報告提出質疑時，各國往往都以

沈默的態度來回應。同樣地,當委員會得到非官方的情報,而
知道有違反憲章的情勢發生時,至多,我們只能看到在事件早
期(委員會通常會要求其命令完全保密),各國會傾向於漠視
委員會試圖要主導的質詢過程與各項友好的協議。[48] 另一項眾
所周知的事實,即是在一九八七年至一九九七年間,非洲各地
區都發生了許多嚴重且有計畫的危害國際認可之人權規範的行
為,更別提其它世俗的人權或司空見慣的違反行為了。然而,
這二類違反情事,卻都沒有被區域性(與其它)建制安排所適
時地加以修正。

　　不可否認,非洲人權委員會的成立本就先天不良,其幕僚
人員或秘書處人員也沒有足夠的權勢,而非洲地區也沒有太多
非政府人權組織,這些組織也沒有做好與委員會進行合作的準
備,再者,絕對機密性的規定,也使得委員會的推廣與保護工
作更顯困難。[49] 然而,到了一九九〇年代晚期,由於得到許多
歐洲官方與非官方的協助,非洲人權委員會已經逐漸擺脫某些
機密性的限制,也開始在國家同意之下,到該國內部進行實地
調查,此外,委員會也採取了若干主動的行動,而不在痴痴等
候各國提起訴願。也因此,非洲人權委員會也相對得到更多的
支持與稱讚。[50]

　　公元一九九八年六月,非洲統一組織通過一份有關〈班竹
憲章〉的議定書,其中就明確支持成立一個非洲人權法院。[51]
的確,和其它區域一樣,非洲地區也受到冷戰後之「第三波」
民主化浪潮的影響,因此,政治自由主義到了一九九〇年代末
期,在非洲地區也逐漸萌芽、成長。此外,例如南非與奈及利
亞等較大且較重要的非洲國家,也不是非洲「唯二」捨棄高壓
統治與獨裁主義,而走向自由民主大道的國家。然而,獨裁主

義、持續的政治動盪、違反基本公民權利的行為，以及種族屠殺等等惡行，卻還是可以發生在非洲大部分的地區之中，尤其以大湖區、部分西非地區（賴比瑞亞、獅子山），以及索馬利亞、蘇丹、安哥拉等等國家最為嚴重。因此，我們無須對那些經濟仍然十分落後的低度開發國家多有贅述，若我們還是認為前述國家組成之區域性人權法院能夠發揮一定的效力，那或許就太過樂觀了。在討論過歐洲與美洲地區的人權情勢後，我們已經瞭解到，當區域性人權建制與不同情人權的國家發生抵觸時，此區域性建制的人權保護行動往往就無法發揮效用。至於對國際刑事法庭之能力的看法，我們也已經提過所謂「司法浪漫主義」的論點，換言之，其實國際法庭也並不具有太多的威信。誠如我們在第四章所談到的，如果連盧安達國際刑事法庭都無法對非洲的大湖區有任何正面的影響，那麼，我們自然也沒有理由相信非洲人權法院有此能力，可以改變整個區域的局勢─除非該法院有相當重大的革新改變。

結論

除了歐洲、美洲、非洲地區之外，「阿拉伯聯盟」的人權委員會則是相當滿足於對以色列在佔領區（從一九六七年起）的政策，一直保持毫無助益的關注，然而卻忽略許多阿拉伯國家內部發生之嚴重與有計畫的違反人權行為。該委員會的影響可說是微不足道，並不值得我們多做說明。此外，幅員廣大且種族文化分歧的亞洲，也是對西方政治自由主義模型批評最力的地區，其實並沒有一個政府間的人權組織。

從前述在歐洲地區、美洲地區，以及非洲地區的區域性人

權發展過程中，我們可以清楚看到一個矛盾的情形，亦即當各國不願意對包括人權在內的政治自由主義做出堅定的承諾時，企盼去建立一個能夠發揮實質效用的區域性人權保護體系，其實根本就是空中樓閣。只要有不同形式的偏執政府存在，我們就缺少建構有效區域性政府間權利行動的原料。然而，相反地來說，歐洲的經驗就顯示，即使各國都普遍採用自由民主的政府體制，也並不代表就不需要設立專門負責審核國家政策的區域性體制。代表對公民與政治權利有所承諾的自由民主制度，其實只是獲致一個真正能保護權利的社會的必要條件，而不完全是一個充分條件。我們不但需要區域性的審查機制，甚而，為了確保人權真正得到落實，我們或許也需要有全球性的行動來共同配合。

問題討論

* 與美洲與非洲相比之下，什麼才可說是歐洲地區對人權之區域性保護的特質？你認爲美洲和歐洲是否會倣效歐洲的進程，而不斷的進化呢？

* 你認爲文中提到之三個區域，是否真的對保護經濟與社會權利感興趣呢？你認爲經濟與社會權利是否可以被加以裁決呢？公民權利與經濟或社會權利之間，究竟有沒有清楚的分野？

* 關於人權方面的論述，歐洲理事會與歐洲聯盟之間究竟有什麼樣的關聯性？你認爲在歐洲地區的人權保護上，歐洲安全合作組織與北大西洋公約組織是否爲其設立了新的角色？

* 對於美洲地區的人權保護機制，美國是否有一套合理且一致的政策來加以應對呢？你認爲美洲地區是否會逐漸演進，而達到美洲國家組織能夠確實提升對人權之保護的境界呢？

* 你認爲非洲人權法院是否能夠確實發揮效用，以確實改善非洲大陸上的人權情況呢？

建議閱讀

Ankumah, Evelyn A., *The African Commission on Human and Peoples' Rights: Practice and Procedures* (The Hague: Martinus Nijhoff, 1996). 本書以同情的角度提出概略的敘述，不過同時也有適度的評論。當中有部分章節是專門爲那些想要運用非洲統一組織（OAU）之訴訟程序的執業律師所寫的。

An-Na'im, Ahmed, and Francis M. Deng, eds., *Human Rights in Africa: Cross-Cultural Perspectives* (Washington: Brookings, 1990). 本書收錄了許多有關非洲地區之普世主義與文化相對主義的論文。並以廣泛角度與睿智的方法來處理有關非洲統一組織採取行動的文化背景。

Beddard R., *Human Rights and Europe*, 3rd edn (Cambridge: Grotius Publications, 1993). 這是一本經常被用在專門討論人權議題之課堂上的書,提供了相當不錯的概述。

Cleary, Edward L., The Struggle for Human Rights in Latin America (Westport: Praeger, 1997). 作者對於美洲地區的改變提出相當樂觀的解釋,但是對於區域性組織卻著墨甚少。

Davidson, Scott, *The Inter-American Human Rights System* (Aldershot: Dartmouth, 1997). 這是一本從傳統法律觀點出發的著作。

Farer, Tom, "The Rise of the Inter-American Human Rights Regimes: No Longer a Unicorn, Not Yet an Ox," *Human Rights Quarterly*, 19, 3 (August 1997), 510-546. 這是諸多優秀短篇文章中的一篇。

Jackson, Donald W., *The United Kingdom Confronts the European Convention on Human Rights* (Gainesville: University of Florida, 1997). 作者針對英國在簽署〈歐洲公民與政治權利公約〉之後,為什麼會遇到許多困難,做了相當完整的檢視。同時也提醒我們,即使是長期以來對自由民主制度有堅定承諾的盎格魯-薩克遜國家,也同樣會做出若干違反國際人權的行為,因而同時也需要接受國際(在此個案上,應為區域性)的審視。

Janis, Mark, Richard Kay, and Anthony Bradly, *European Human Rights Law* (New York: Oxford University Press, 1995). 本書提供了廣泛且分析性的介紹。

Kissinger, Henry, *Years of Renewal* (New York: Simon & Littlefield, 1999). 作者曾經擔任過美國國家安全顧問以及國務卿,並對於歐洲安全合作會議的人權進程表示熱烈地支持(因為他並不用負責任),因為這導致了蘇聯帝國內部發生問題。然而,一般來說,在他的非洲與拉丁美洲外交之上,作者認為把人權加進他的現實主義取向,可說是相當不受歡迎的。至於使他積極在非洲南部從事推廣多數統治的行動的原因,乃是因為蘇聯和古巴派遣軍事人員到安哥拉之故。

Korey, William, *The Promises We Keep: Human Rights, the Helsinki Process, and American Foreign Policy* (New York: St. Martin's, 1993). 作者對於歐洲安全合作會議的訴訟程序表示欽讚，認為該程序能夠使歐洲地區的共產主義「去正當化」。作者同時強調美國國會與非官方人權團體所扮演之重要角色，尤其是猶太民族的組織。

Leading by Example: A Human Rights Agenda for the European Union for the Year 2000: Agenda of the Comite des Sages and Final Project (Florence: European University Institute, 1998). 對歐洲聯盟與人權的狀況作一評估，並對未來的發展提出若干建議。

Neuwahl, Nanette A., and Allan Rosas, eds., *The European Union and Human Rights* (The Hague: Martinus Nijhoff, 1995). 作者提醒各國，歐洲聯盟除了從事經濟活動之外，同時也包含了人權面向。

Umozurike, U. Oji, *The African Charter on Human and Peoples' Rights* (The Hague: Martuinus Nijhoff, 1997). 作者提出一針見血的概述，同時也提出相當精闢的闡釋觀點。

Waltz, Susan E., *Human Rights and Reform: Changing the Face of North African Politics* (Berkeley: University of California Press, 1995). 作者關注的焦點主要放在北非，並指出阿拉伯世界對於執行國際人權標準的不足之處。不過，作者也對阿拉伯聯盟相當難堪的人權紀錄提出幾點解釋的理由。儘管如此，作者顯然還是站在支持人權的一方。

本章注釋

[1] 為求完整，其它歐洲區域性組織尚可包括「西歐聯盟」(Western European Union，簡稱WEU)，這是一個嚴謹的歐洲軍事建制；以及「歐洲自由貿易協議」(European Free Trade Agreement，簡稱EFTA)。不過，這些組織建制對於人權的影響，可說都相當有限。

[2] Mark Janis, Richard Kay, and Anthony Bradly, *European Human Rights Law* (New York: Oxford University Press, 1995), 3.

[3] *Ibid.*, 3.

[4] R. Beddard, *Human Rights and Europe*, 3rd edn (Cambridge: Grotius Publications, 1993), 6-7.

[5] Hugo Storey, "Human Rights and the New Europe: Experience and Experiment," in David Beetham, ed., *Politics and Human Rights* (Oxford: Blackwell, 1995), 131-151.

[6] C. A. Gearty ed., *European Civil Liberties and the European Convention on Human Rights* (The Hague: Martininus Nijhoff, 1997), 14-16.

[7] Beddard, *Human Rights and Europe*, 6-7.

[8] 以下的數據，是從歐洲理事會(CE)的網站上摘錄下來的，讀者可自行上網查看。網址是：http://194.250.50.201/eng/97TABLES.BIL.html 。

[9] 土耳其可說是歐洲規範中的一個特別的個案。該國的軍方可說是具有相當大的影響力，曾經多次接管政府，並且無所不用其極地對當地的庫德族分離主義運動進行鎮壓與迫害。許多非政府組織都曾經提出報告指出土國軍方政府的酷行與嚴重違反人權之作為，幾乎都與庫德族的問題有關。但是許多土耳其當地的菁英卻相信，在某些基督教歐洲國家的政治圈子裡，是以人權議題作為阻止土耳其加入歐洲聯盟的手段。他們認為，這些基督教國家害怕回教土耳其人的自由運動，可能會使歐洲聯盟發生劇烈的變化。

[10] Janis, *European Human Rights Law*, 70.

[11] http://194.250.50.200/apercustab.htm.

[12] Beddard, *Human Rights and Europe*, 6-7.

[13] Janis, et al., *European Human Rights Law*, 71.

[14] D. J. Hrrris, M. O'Boyle and C. Warbrick, *The Law of the European Convention on Human Rights* (London: Butterworths, 1995), 35-6.

[15] Janis, et al., *European Human Rights Law*, 71.

[16] Menno T. Kamminga, "Is the European Convention on Human Rights Sufficiently Equipped to Cope with Gross and Systematic Violations?," *Netherlands Human Rights Quarterly*, 12, 2 (1994), 153-164.

[17] Ibid. 此外，尚有許多法律上的分析談論到真實個案的細節。不過，這並非是本書所要探討的重點，而且本書的內容也因為受到篇幅限制，而不得不有所取捨。

[18] Yutaka Arat, "The Margin of Appreciation Doctrine in the Jurisprudence of Article 8 of the European Convention on Human Rights," *Netherlands Human Rights Quarterly*, 16, 1 (1998), 41-56.

[19] Donald W. Jackson, *The United Kingdom Confronts the European*

Convention on Human Rights (Gainesville: University Press of Florida, 1997).

[20] Adam Tomkins, "Civil Liberties in the Council of Europe: A Critical Survey," 1-52.

[21] http://www.oneworld.org/oxfam/policy.html.

[22] 此訊息以及其它有關憲章地位的資訊,都是從歐洲理事會的網站上所摘錄下來的。讀者可自行參考其網站,網址是:http://www.coe.fr.。

[23] Paul Hunt, *Reclaiming Social Rights: International and Comparative Perspectives* (Aldershot: Darmouth, 1996).

[24] 歐洲人權委員會曾指出英國在處理北愛爾蘭問題確有使用酷刑的情事,然而歐洲人權法院卻認為英國只是採用虐待手段而已。不管如何,因為來自於國內與國際間的批評不斷,英國政府可能正在討論修改審訊的技巧-至少對其特殊的爭議性進行討論。

[25] Geof Gilbert, "The Council of Europe and Minority Rights," *Human Rights Quarterly*, 18, 1 (Winter 1996), 160-189.

[26] Nanette A. Neuwahl, "The Treaty on European Union: A Step Forward in the Protection of Human Rights," in Nanette A. Neuwahl and Allan Ross, eds., *The European Union and Human Rights* (The Hague: Martinus Nijhoff, 1995), 1-22.

[27] Daniela Napoli, The European Union's Common Foreign Policy and Human Rights," in *ibid.*, 297-312.

[28] Marine Fouwels, "The European Union's Common Foreign and Security Policy and Human Rights," *Netherlands Quarterly of Human Rights*, 15, 3 (September 1997), 291-324.

[29] *Ibid.*, 9.

[30] *Ibid.*, 11.9

[31] G. Federico Manchini, "The Making of a Constitution for Europe," in Robert O. Keohane and Stanley Hoffmann, eds., *The European Community: Decisionmaking and Institutional Change* (Boulder: Westview Press, 1991), 177-194.

[32] *Leading by Example: A Human Rights Agenda for the European Union for the Year 2000: Agenda of the Comite des Sages and Final Project Report* (Florence: European University Institute, 1998).

[33] David P. Forsythe, "Human Rights and Multilateral Institution in the New Europe," in Forsythe, ed., *Human Rights in the New Europe: Problems and Progress* (Lincoln: University of Nebraska Press, 1994), 174-204.

[34] Quoted in *ibid.*, p. 176.

[35] Stefan Lehne, *The Vienna Meetings of the conference on Security and Cooperation in Europe, 1986-1989: A Turning Point in East-West Relations* (Boulder: Westview 1991).

[36] 關於此論點，讀者可參考William Korey, *The Promises We Keep: Human Rights, the Helsinki Process and American Foreign Policy* (New York: St. Matin's Press, 1993)。Korey認爲美國國會與非官方組織，尤其是猶太組織，對歐洲共產國家所施加的壓力尤爲重大。讀者也可參考 Sandra L. Gubin, "Between Regimes and Realism- Transnational Agenda Setting: Soviet Compliance with CSCE Human Rights Norms," Human Rights Quarterly, 17, 2 (May 1995), 278-302。Gubin認爲在有關猶太移民的問題上，因爲西方世界的國際與國內政策結合在一起，所以能夠成功地施壓蘇聯，使其改變政策。

[37] Jane Wright, "The OCSE and the Protection of Minority Rights," *Human Rights Quarterly*, 18, 1 (Winter 1996), 190-205.

[38] Rob Zagman and Joanne Thorburn, *The Role of the High Commission on National Minorities in OSCE Conflict Prevention* (The Hague: Foundation for Inter-Ethnic Relations, 1997). See further Nigel Rodley, "Conception Problems in the Protection of Minorities: International Legal Development," *Human Rights Quarterly*, 17, 1 (February 1995), 48-71.

[39] 讀者可參考*Foreign Affairs*, 78, 3 (May/June 1999), 163-110，此部分是北約成立五十年來的進程專題報導。讀者尤其應參考裡頭由Robert E. Hunter and Michael E. Brown所撰寫的文章。

[40] Henry Kissinger, *Years of Renewal* (New York: Simon & Schuster, 1999).

[41] Ibid.

[42] 這個部分的內容，是摘錄自我過去所發表的一篇文章經過修改後的版本。原文詳見David P. Forsythe, "Human Rights, the United States, and the Organization of American States," *Human Rights Quarterly*, 13, 2 (Spring 1991), 66-98。

[43] Jack Donnelly, *International Human Rights*, 2nd edn (Boulder: Westview, 1998), ch. 3.

[44] Cecilia Medina, "The Role of Country Reports in the Inter-American System of Human Rights," *Netherlands Quarterly of Human Rights* 15, 4 (December 1997), 457-473.

[45] Tom J. Farer, "The Rise of the Inter-American Human Rights Regime: No Longer a Unicorn, Not Yet an Ox," *Human Rights Quarterly*, 19, 3 (August 1997), 510-546.

[46] U. Oji Umozurike, *The African Charter on Human and Peoples' Rights* (The Hague: Martinus Nijhoff, 1997).

[47] *Ibid.*, ch. 8; Rhoda Howard, *Human Rights in Commonwealth Africa* (Totowa, NJ: Rowman & Littlefield, 1986), ch. 2; Timothy Fernyhough, "Human Rights and Precolonial Africa," in Ronald Cohan, Goran Hyden, and Winston P. Nagan, eds., *Human Rights and Governance in Africa* (Gainesville: University Press of Florida, 1993), ch. 2; and Abdullah Ahmed An-Na'im and Francis M. Deng, eds., *Human Rights in Africa: Cross-Cultural Perspectives* (Washington: Brookings, 1990).

[48] Evelyn A. Ankumah, *The African Commission on Human and Peoples' Rights: Practice and Procedures* (The Hague: Martinus Nijhoff, 1996).

[49] Claude E. Welch, "The African Commission on Human and Peoples' Rights: A Five-Year Report and Assessment," *Human Rights Quarterly,* 14, 1 (February 1992), 43-61.

[50] Chidi Anselm Odinkalu and Camilla Christensen, "The African Commission on Human and Peoples' Rights: The Development of its Non-State Communication Procedures," *Human Rights Quarterly*, 20, 2 (May 1998), 235-280. 讀者也可同時參考Claude E. Welch, *Protecting Human Rights in Africa* (Philadelphia: University of Pennsylvania Press, 1995)，尤其是該書的第五章更值得細讀。其說明了「國際法律人委員會」(International Commission of Jurists)、駐日內瓦的非政府組織，以及非洲委員會之間的互動。

[51] Makau Mutua, "The African Human Rights Court: A Two-Legged Stool?, " *Human Rights Quarterly*, 21, 2 (May 1999), 342-363.

ᖇ 第六章 ᖇ

人權與外交政策：比較分析的觀點 [1]

　　在前面幾章的內容裡，我們曾經談到〈聯合國憲章〉的第五十五條與第五十六條要求其成員國必須要在人權事務上，與聯合國採取合作的態度，此外，一九四八年通過之〈世界人權宣言〉，則是有史以來針對若干普遍人權原則所制定的第一項政府間協議。我們也從前文的討論中，知道從一九四〇年代開始，幾乎所有的國家－並不只有西方國家－都一再重申普世人權的存在，並且不該因為國籍、種族、性別、民族、信念、或者膚色的不同，而有任何負面的歧視。誠如前面幾章所述，此一重新肯定的表述，在一九九三年聯合國於維也納舉辦之人權會議上，尤其引人注目。此外，經由第五章的討論，我們也發現區域發展確實彌補了國際趨勢的不足，尤其是歐洲與美洲的情形，更讓人耳目一新。甚而，國際或跨國性的人權法律，至今已然成為相當完善的法律主體，比國際環境法之類的其它法律，更顯得具體、確實。

　　然而，我們卻也在第一章中談到，二十世紀並不只是一個滿是國際道德與人權聲明的時代，二十世紀同時也是人類歷史上最為血腥的時代。值此二十一世紀將開始之初，眼前最基本的挑戰，也就是如何填補、拉近介於許多國家已經正式表示支持的人權自由法律架構，以及國家時常用來當作制定外交政策時之依據的現實主義觀點之間的鴻溝。或許就是因為這些現實主義的政策，使得國際社會往往忽視從阿爾及利亞到阿富汗、從白俄羅斯（Belarus）到緬甸、從中國到克羅埃西亞等國家內部之低劣人類生存環境的偏執現實，而沒有採取適當的因應之道與解決良方。不過，如同前文所述，最嚴重的問題並不是某些亞洲國家在一九九三年的維也納會議裡，要求提升文化相對主義及民族自主政策之地位，以抗衡普世（或區域性）之人權規範的主張。相對地，真正更為重要的問題，乃在於冷戰結束之後，我們被迫得面對讓人瞠目結舌的種族屠殺，以及其它大規模的違反人道罪行。此外，讓我們感到難堪的問題，還包括各項保護婦女與兒童權利的條約，竟然與性交易這種全球工業並列在一起。另外，各項旨在宣佈奴隸制度、販賣奴隸，以及從事與奴隸相近之工作為不合法的條約，竟也和每日媒體對那些實際上具有奴隸身分之百姓—不管是多明尼加共和國收割甘蔗的工人，或者是瓜地馬拉做襯衫的工人，或者是印度與巴基斯坦境內的童工—的報導結合在一起。不可諱言，儘管國際社會於一九七七年通過兩份附加在一九四九年之與戰爭受難者有關的〈日內瓦公約〉的議定書，但是，當國際紅十字會的人員在車臣或聯合國援助人員在盧安達被殺害時，這兩份議定書卻顯得一點意義也沒有。換言之，儘管自由主義的原則與日俱增，然而，殘酷的暴力鬥爭與殘忍的憎恨敵意，卻沒有隨之降

低的現象。

　　雖然處理人權事務之政府間組織與非官方之跨國團體越來越多，但是若要真正獲致革新性的發展，最主要的關鍵仍然是國家的立場與其外交政策的取向。如同我們在前面幾章所看到的，政府間組織，從聯合國到美洲國家組織，以及新興的歐洲安全合作組織等，都有許多大規模的人權計畫。同時，這些組織的獨立國際官員，也確實具有若干程度的影響力。可是，真正能夠制定最重要決策的行為者，依然是這些政府間組織底下的「成員國」。此外，除了非國家行為者，真正能夠付出改革努力的，也正是國家本身。同樣地，如同我們將在第七章所看到的一般，非政府組織，例如國際特赦組織、人權觀察、以及「醫師人權組織」(Physicians for Human Rights，簡稱PHR)等，則也同樣積極於從事人權事務，而且也累積了若干影響力。不過，我們必須再次注意，真正批准條約以及相關監督機制的行為者，乃是國家本身；能夠為人權而提供外交援助的行為者也是國家；甚至決定是否逮捕戰爭犯的行為者，也是國家─不管是單獨行動或透過如北約之類的國際組織來進行逮捕行動。換句話說，非政府組織主要的任務，還是只能施壓國家，使其往正確的方向走，並且採取正確的政策。

　　本章試圖從比較分析的觀點，來檢視人權與國家外交政策的關係。我將以美國為第一個探討的對象，因為在即將邁入二十一世紀的前夕，美國仍是國際社會上最重要的行為者。我將指出美國向來有把人權與外交政策掛勾的傾向，此外，華盛頓當局往往是嚴以待人，但律己甚寬；換言之，美國總是要求其它國家必須遵守人權規範，但是在其國內卻也存在若干人權問題。接著，本章將以其它自由民主國家或渴望想採用自由民主

政體的國家爲對象，以相同的比較分析觀點來探討人權與其外
交政策的關係。我將指出，基於不同的歷史與政治文化、地緣
政治定位，以及認知到的國家利益不盡相同等因素，這些國家
與美國的情況會有某種程度上的差異。而後，我將以某些非自
由民主的偏執國家，如伊朗等國爲探討對象，對其人權政策作
一簡短的評論。最後，我則會針對人權與外交政策的關聯性做
一結論性的論述。[2] 儘管在可見的未來裡，我們仍可看到許多
不利的因素，但是我認爲人權依然還是有其正面、積極的發
展。雖然試圖去預測未來的情形，可能會是相當冒險的一件
事，不過可喜的是，我們都知道聯合國在慶祝〈世界人權宣言〉
通過一百年的時候，其歡愉的心情遠比慶祝五十週年紀念時更
爲高昂，這顯示國際社會的人權情況似乎有越來越好的現象。
然而，從另一個角度來看，只要國際社會仍未出現一世界政
府，而國家必須自行負責國家安全，那麼各國政府在制定外交
政策時，就永遠不會不考量現實主義的原則。不過，我還是強
調，從長遠的趨勢來看，自由主義原則的影響力還是會與日俱
增，前景仍一片光明。

美國外交政策與人權

　　眾所周知，一個國家的人權外交政策，有相當程度是建立
在其民族主義的樣態之上，也就是說與其國家的整體自我定
位，亦即該國的非正式意識型態息息相關。由於許多國家都自
認爲其內部之人權表現相當優秀，因此大多數國家的人權外交
政策往往反映出一種信念：它們擁有能夠教導其它國家的優
點。就以美國爲例，若要探討其在外交政策中如何詮釋人權概

念，就必須先認知到一個事實：亦即美國國內之菁英與民眾認
為美國根本就是世界上的「自由燈塔」。就如同附加在美國憲
法之中的〈人權法案〉(Bill of Rights) 一般，人權基本上
只是等同於個人自由，而不是等同於其它諸多國際人權法案所
指涉之廣泛且更複雜的概念（在此所指的法案包括〈聯合國憲
章〉、〈世界人權宣言〉、以及一九六六年通過之〈公民與政
治權利國際公約〉與〈經濟與社會權利國際公約〉）。換言之，
對華盛頓當局而言，外交政策中的人權，也就是指美國施壓其
它國家，使其改善對個人自由的態度與政策。再者，國際人權
也並不是單指美國將全球或區域性人權規範運用到其國內政治
之上而已。

　　從早期在新英格蘭地區的殖民者，一直到一九八〇年代
Ronald Reagan的言論，我們都可以看美國其實不認為自己是
一個平凡的國家，相對地，美國認為自己是落實個人自由的偉
大實驗，而且對地球上的其它行為者有很正面的啟示。[3] 儘管
美國社會裡也曾出現過許多顯著的人權缺失，例如美國曾有過
一段施行奴隸制度的歷史、並採用過種族隔離制度、種族移民
法、反猶太人、宗教與其它面向上的偏執、性別歧視，以及讓
人無法忍受的極度貧困等等，卻都仍然無法改變前述這種極強
勢的自我定位。由此觀之，或許我們可說，美國的優越主義，
亦即美國人民享有之特殊自由與美德，才是這種強勢美國政治
文化的核心所在。[4]

　　儘管此種優越主義向來都具有一定的效力，但卻不應該被
等同於出現在美國外交政策中的人權運動。進一步來說，有兩
個思想學派為了主導美國外交政策的方向，一直以來都處於相
互競爭的局面。第一個學派的支持者包括有Washington、

Jefferson 與 Patrick Buchanan 等人。這些人的志向就是要讓美國內部社會變得更好，所以只願意透過間接的方式來扮演國際領袖的角色。一九三０年代的美國國會，可說相當支持此學派的論點。第二個學派的支持者包括有 Hamilton 與 Woodrow Wilson 以降的所有美國總統。這些菁英認為美國應該積極介入世界事務—因為他們認為美國能使這個世界變得更好。[5] 就像 Henryh Kissinger 所言[6]，Ronald Reagan 乃是一個古典美國自由主義者，儘管他似乎較希望美國朝著單邊主義，而非多邊主義的方向前進，但是卻也相信一個積極的外交政策定位，至少是對民主制度提出口頭承諾，將會使這個世界變得更美好。

然而，即使 Washington 當局一再強調自由與民主的重要性，同時也認為其若介入世界事務，將會對大環境有所改善，但是，即使美國的優越主義再怎麼強勢，卻還是無法完全保證會政府就會採取相同的外交政策行動。一直以來，美國大眾與國會對於行政部門的決策都有一定程度的信服，否則也不會在一九九二年時，支持 Bush 總統派遣軍事部隊到索馬利亞，以確保人道救援物資能夠安全送達當地的決定。然而，當美國在索馬利亞遭遇挫敗之後，尤其是一九九三年的嚴重傷亡之後，不管是社會或立法部門的態度都有了一百八十度的轉變。而後，到了一九九四年時，美國人民與國會則希望能夠進一步阻止美國以軍事行動介入盧安達危機。七０年代美國參加越戰的陰影尚未消逝，現在又加上索馬利亞的慘痛教訓，讓美國在評估直接以軍事行動介入複雜局勢時，偶爾會急踩煞車。至於美國之所以願意出兵海地、波士尼亞與柯索夫，最主要的原因還是由於在這些地方，美國可以避免有任何傷亡的發生。儘管如此，

由於美國在波斯灣戰爭中贏得勝利，成功地把科威特從Saddam
Hussein這個獨裁者的手中拯救出來之後，過去深藏在美國自
認是自由象徵之優越心態中的最基本信念，也變得更加活躍
了。

　　不過，我們從柯索夫與南斯拉夫事件中，卻又可發現與此
信念相抵觸的情形。柯林頓政府與北約組織雖然在道義上覺得
有責任要做些什麼，以對阿爾巴尼亞裔所承受的迫害與驅離行
動表示抗議，但另一方面又因為擔心介入之後會發生嚴重傷
亡，因此，最後只好採用空中轟炸的軍事戰略，而沒有派遣地
面部隊加入戰局。從短期來看，雖然此一政策無法確保阿爾巴
尼亞裔的柯索夫人的安全，同時也導致鄰近國家感受到沈重的
壓力，甚至還讓Milosevic政府贏得南斯拉夫民眾的支持，政
權因此更加鞏固。但是若從長期角度觀之，誠如我們在第五章
所談到的，美國與北約不但削弱了Milosevic迫害阿裔柯索夫
人的能力，同時也削弱了他在貝爾格勒的政治勢力。我們或可
如此推論，只要在軍事戰鬥中的傷亡（以及百姓的損失）沒有
超過美國內部民意所能容忍的範圍，那麼以華盛頓為首的北約
組織，將有可能會考慮採取軍事行動，以強制落實確保人權規
範的信念。

　　當前民眾對於美國外交政策中融入人權觀念的看法，可說
是摻雜著自由主義與現實主義的意見—也就是究竟要以全球考
量優先，或者注重狹隘的自我利益即可。根據民調結果顯示，
一般普羅大眾與意見領袖，的確把「推廣並捍衛其它國家的人
權」，以及「協助其它國家建立民主化的政府」，視為是美國
外交政策裡「相當重要」的目標。不過，在一九九五年時，這
兩項目標在整體目標排序上，大概只排在第十三名與第十四

名，而分別只有百分之三十四，百分之二十五的民眾把它們看成是非常重要的目標。相對地，有超過百分之八十的民眾則認爲「阻擋違禁藥品進入美國」、「保護美國工人的工作」，以及「防止核子武器擴散」等議題具有更重要的地位。分析家因此得到一個結論，認爲大多數的美國民眾支持政府採用務實的國際主義，而只有少數民眾是站在道德國際主義的一邊。[7] 一般認爲，如果人權可以與私利串連起來，如果人權不會對私利有所妨害的話，或許國際社會就能夠組成一個與之有關的政治行動聯盟。但是，如果我們只從道德與利他主義的立場來看，那麼將很難維持一個以人權爲主之有原則的外交政策。以柯索夫爲例，美國社會之所以沒有強大反對美國出兵的聲浪，最主要的原因是沒有很多美國人在戰鬥中傷亡。但是，根據一九九九年春天的民調顯示，大約有三分之二的民眾都贊成儘早與南斯拉夫展開談判，以終止北約的空中轟炸行動。

再者，正因爲美國傳統的優越主義，以及其法律文化的背景，華府地區充滿了大大小小、各式各樣的非官方組織，負責遊說適用於美國以外之地區的人權版本。我們將在第七章的內容中，對這些組織的行動有較深入的探討。除此之外，美國內部的傳播媒體也會不定期製作各項有關國際人權議題的報導。但是，在一九九〇年代，許多與人權有關之非政府組織總是爲自己無法促成美國爲了人權而在外交政策上採取更多行動，以及更長久持續的行動感到失望與嘆息。[8] 從前文引用之民調，我們大致可以知道其原因究竟爲何。此外，我們也很難看到一般大眾會群起支持花費龐大的人權行動。儘管由共和黨居多數席位的國會或許會（或許不會）支持類似北大西洋公約組織擴大，或行政部門決定南斯拉夫或伊拉克進行空中轟炸的政策，

但是從國會的表現上，我們也看得到民意所向究竟爲何，因爲國會也公然對多國規範與行動表示懷疑。另一方面，雖然「CNN因素」（the CNN factor，一般也有「CNN效應」，即CNN effect的說法）被認爲對敦促美國在伊拉克北部（庫德族逃難問題），與索馬利亞（內部之飢荒與動盪）採取行動，有一定程度的影響力，但是美國政府在一九九四年介入盧安達，以及在一九九七年介入薩伊（現在的剛朵）的主動決定，卻也顯示出華府當局並不會一直根據媒體所作之違反人權行爲與人道困苦的報導，來決定究竟該採用何種政策。就以柯索夫爲例子，媒體拍攝到火車上擠滿被迫離開家園之阿裔人民的真實影像，以及許多有關難民艱困環境的報導，這些讓人震撼的事件或許與西方社會一意孤行，而不顧是否正確或會造成多少無辜人民損失，而斷然支持對南斯拉夫進行空中轟炸的決定也有關係。不過，美國人民卻沒有因爲看到這些影像，而要求美國需要派遣地面部隊到柯索夫進行戰鬥，也沒有催促政府必須採取所費不貲的人道干預行動，最主要的因素，都還是因爲擔心美國軍人會發生嚴重的傷亡，而這正是美國百姓最不願意看到的結果。

另一項值得我們注意的議題，乃是宗教迫害的問題。宗教自由的課題一直以來都是美國社會所關注的焦點，這或許是因爲受到歐洲追求免於宗教壓抑自由的影響。在一九九〇年代，美國社會上的保守人士一再呼籲美國外交政策必須更重視宗教自由的議題。但是，同時也有許多務實的保守人士，以及一些國際自由主義者，反對國會推動制定重視宗教自由的法案。這些相關法案的重點在主張政府能自動制裁那些從事或容忍宗教迫害的國家。就其本身而論，這些法案若真的制定通過，將會

使某些美國的盟國，如沙烏地阿拉伯、以色列、希臘、巴基斯坦等等，必須承受來自美國方面的制裁。後來，因為這類法案的約束力有所放寬，讓美國總統有絕對的自主力能處理國際間之宗教迫害問題時，國會才通過這些法案。也因此，美國政府才逐漸把宗教自由納入外交政策的考量因素，並且也在國務院（State Department）中設立了一個專門處理與宗教自由有關之事務的辦公室。然而，也有人認為，美國政府應該盡量避免因為宗教自由之考量，而與美國傳統的經濟與戰略利益受到不良的影響。[9]

美國總統Clinton對於人權的立場也相當值得討論。Clinton的外交論調基本上是與美國傳統的優越主義一致的，儘管他並沒有經常談論到這點，但是我們仍可從他的發言中得到確認。更明確地說，Clinton總統把擴大全球民主國家社群的目標，視為他外交政策的主要基本支柱之一。不過，他在口頭上往往都是以個人自由與民主作為托辭。為了使美國部隊能夠順利進駐波士尼亞，Clinton宣稱華盛頓必須要身先士卒，帶領歐洲盟邦抵抗敵人的火力，同時也必須在巴爾幹地區創造出一個強調人權之自由、民主的和平局勢。他認為，一九九五年簽訂之〈達頓協議〉並不只是一個規範和平的協議，而且也是一個有關自由民主與人權的和平協議。Clinton總統曾發表強烈支持人權的言論、對象包括有：維也納之國際人權宣言；位於海牙之審理刑事訴訟的前南斯拉夫國際刑事法庭；圍堵蘇丹、伊拉克與伊朗等高壓政府；制裁緬甸／緬甸聯邦。Clinton並指出，只要其它行為者的行動能不必付出過高的國家代價（軍事或財政代價），又可以達到改善人權的目的，那麼美國將會與它們站在同一陣線—至少這些目標是符合美國自

我定位的公民與政治權利。而這些權利，也是Clinton總統在
一九九八年訪問中國時，所反覆強調的權利。

坦白地說，我們可以從柯索夫的例子上看出一個事實：要
達到堅決的普遍性認同是相當困難的。在這個範圍不大的區域
裡，Clinton政府與其它北大西洋公約組織的成員國，付出高
昂的費用以進行長達數個月之久的空中轟炸行動，同時，也基
於人權的理由，把美國與北約組織的聲望推向火線。眾所周
知，最初盟國所主張的議題是歐洲的自由民主，以及爲反對壓
迫少數民族而起之國際性行動。然而，越到後期，就有越多的
地緣政治利益牽涉在裡頭，而影響到各個友善國家的穩定與北
約組織的凝聚力。

若我們更深入地來分析，則可以發現當前美國提升國際人
權之途徑有兩個主要的弱點。第一項弱點，就是美國不像其它
北大西洋的盟國一樣，其拒絕把文化、經濟，以及社會權利看
成是真正的人權。當美國政府提及其對〈國際人權宣言〉的支
持時，往往都會避開那些支持基本權利的條款不談，這些權利
包括有取得足夠糧食、衣物、避難所、醫療保健，以及社會安
全的權利。此外，美國也還沒有批准〈經濟、社會與文化權利
國際公約〉。甚而，與其它利益相比之下，美國聯邦法以及大
多數的國內法律，並沒有對社會一經濟等基本權利多所著墨。
美國不但沒有認可醫療保健權利，對於取得足夠食物、衣物、
避難所的權利也不表贊同。另外，美國也是世界上少數幾個不
遵守〈聯合國兒童權利公約〉的國家之一。其所堅持的理由，
是指該公約侵犯到美國憲法所保護之個人家庭的隱私權。尤有
甚者，儘管Clinton政府在維也納時，確實曾於口頭上表明會
接受發展權的規範，然而，其立場與態度卻根本從未實際配

合。

　　除此之外，雖然美國持續獨斷地只強調公民與政治權利，包括擁有私人財產的公民權在內。但是，美國對於國際人權規範的支持，卻仍可說是數一數二的。另一方面，美國參議院雖在一九九二年同意〈公民與政治權利國際公約〉，不過卻同時也對此項公約多有保留，並通過許多相關的宣言與協議（同時也並沒有接受允許個人能夠對違反人權之行為提出告訴的〈任意議定書〉）。很明顯地，美國所真正關切、重視的，仍然是狹隘的國內法律，而非是廣泛的國際人權法。的確，就連美國的一些國際夥伴，例如荷蘭，對其取向都多有批評。同時，我們也都知道有許多加拿大人，認為美國所謂的市場民主制度，其實根本就充滿不必要的嚴格限制，並且過度講究個人主義，甚至是缺少一種群體意識的信念。[10]

　　美國人權外交政策上的第二項弱點，也就是其對那些獨裁國家與其它非自由民主之偏執國家的態度模糊不明。如前文所述，在言語上，華盛頓當局總是口口聲聲宣稱支持透過自由民主制度來協助各國之發展。美國也與其它西方國家一同加入「世界銀行」，同時偶爾也負責處理有關人權議題與民主治理的貸款申請。若從官方角度來看，美國則是提供蘇聯，以及其它美洲地區之國家必要的經濟援助，以促進其內部的民主發展。然而，不管是透過雙邊或多邊的管道，對於那些要求援助的國家來說，例如柬埔寨、中國、克羅埃西亞、緬甸、瓜地馬拉、肯亞、馬拉威等等，美國卻還是以自由主義的政治條件，作為篩選的依據。然而，如果美國在某些國家（區域）擁有重要的經濟或政治利益，華府當局就不見得會將人權表現與多邊或雙邊的經濟交易掛鉤在一起。當前的「中」、美關係就是一個相

當明顯的例子：亦即，正因為美國在中國有龐大的經濟利益，
因此Clinton政府最後還是決定將此待遇與中國的人權記錄脫
鉤，而給予中國「最惠國待遇」（Most Favored Nation）。
此外，許多重要的石油生產國家，例如沙烏地阿拉伯與科威
特，也總是被排除在美國施壓人權表現的國家名單之外。（然
而，美國國會中有部分人士，就對科威特政府在一九九一年得
到解放後所實行的高壓政策多有微詞。）根據美國「民主援助
計畫」的報告，許多資金確實已經開始流向科威特，不過都是
用以支付市場重建以及攸關經濟與安全事務的經費，而不是用
來表達美國對於該地公民與政治權利的支持。[11]

　　對於美國之所以在非自由、偏執發展上的矛盾與前後不一
致的紀錄，我們大致可以用下列兩項理由來加以解釋。首先，
就如同「走兩步，退一步」此一老舊的「列寧主義」概念一般，
美國總是抱持著一廂情願的看法，認為現代化、高科技的資本
主義，將會驅使特定國家能夠接受更廣泛與更堅定的法治觀
念、認可私有財產權之觀念、私有企業、資訊自由流通、去中
央集權化，以及其它更貼近公民與自由權利的發展。也由於這
種單方面的樂觀看法，美國與中國之類的獨裁國家所進行的經
濟往來，得以被合理化。其次，第二項理由就顯得更加天真。
美國之所以不對獨裁國家的發展表示抗議，乃是因為其判斷今
日若對這些國家施壓，將會使它們更加不願採取與未來發展有
關之理性的選擇。沙烏地阿拉伯與摩洛哥的君主政體，不管從
那個角度來思考，都被認為具有極為重要的影響力，以致於無
法接受任何與人權有關之壓力。Kissinger也認為，伊朗等國
家的國王也逐漸開始重新嶄露頭角。進一步來說，如果有人取
代利雅德（伊朗首都）的統治家族，並推派另一個與Khomeini

類似的領袖,或者是將摩洛哥塑造成另一個阿爾及利亞,如此一來,將對人權之發展,或者是美國之安全與繁榮造成不利的影響。許多威權政府就抓住這點,而告訴華府當局情況只會更糟,而不可能往好的方向前進。的確,薩伊的獨裁者Mobutu,以及剛果共和國的Kabila都是以這種態度,而進一步要脅美國。

　　晚近以來,美國在人權層面的外交政策大致有三項重要的特點。第一,誠如我們在第三章中提到的,Bush與Clinton政府都支持並確實擴大了〈聯合國憲章〉之第七章的規範,並要求安理會必須對相關事務通過具有約束力的決議。也因此,就因為美國在安理會的堅定態度,所以當安理會在處理北伊拉克、索馬利亞、波士尼亞、海地、盧安達、安哥拉等國家之危機時,也有效地通過決議,認為這些國家內部的人身安全,將有可能會對國際和平與安全形成一定程度的威脅,因此決定由國際社會共同執行經過受權的保護行動。在憲章第七章的規範之下,安理會近來已經採取了多項與人權有關的行動,例如武力的部署、進行有限戰鬥、經濟制裁、以及侵入性的外交行動等等。雖然國際法至今仍沒有任何有關人道干預的(法定)準則,但是國際和平與安全的概念被進一步擴大解釋之後,則已經足以彌補此一漏洞。另一方面,美國也不斷透過擴大安理會的權威性決策範圍,以達到限縮各國司法裁量權的範圍。或許,至少從理論上來看,對國際人權之保護來說,這將是一種大有可為的趨勢。

　　第二,也是我們曾在第三章中所提到的,美國不斷擴大維持和平之概念的意涵,以便能夠對人權面向的問題,提供更複雜或是第二階段的維持和平行動。就那米比亞、薩爾瓦多、柬

埔寨與波士尼亞等國家的問題來說，美國總是不斷依據憲章第七章的規範，要求聯合國與其它相關組織必須採取必要的行動，不但著眼於停火或達成其它軍事協定，同時也試著在這些國家內，建立並鞏固一個自由民主的體制。不過，就像我們所預期的一樣，這些行動的結果往往都是好壞參半的。國際社會在那米比亞與薩爾瓦多的行動可說是較爲成功的，而柬埔寨與波士尼亞的情況相比之下，就顯得比較不樂觀。儘管如此，華府當局卻仍然是這些發展行動的領導者，尤其當該國（目標國）內部之領袖對於獲致與執行國際協議，有較正面的信念與真誠的態度時，美國將傾向於以更積極的行動來達到目標。[12]

　　第三，也就是我們在第四章中所提過的，繼一九四〇年代紐倫堡與東京大審之後，國際刑事法庭便逐漸潛伏，而美國則是在一九九〇年代重新提起此項概念。的確，誠如前面幾章所言，以美國爲首的安理會，之所以在一九九三年與一九九五年分別成立了「前南國際刑庭」與「盧安達國際法庭」，最主要還是試圖以法律手段爲替代方案，進一步取代必須支付龐大花費的軍事行動。我們或許也可這樣說，這些特別法庭，很可能是各國爲了逃避責任而設立的產物。換言之，各國越來越不願意以正義手段來因應嚴重違反人權之行爲，例如對戰爭法的嚴重違反行爲、違反人道之罪行、以及種族滅絕行動等。不可否認，美國投注在南斯拉夫法庭上的金錢與人力，基本上都遠比其它國家更爲龐大。甚而，美國國務院在Madeline Albright擔任國務卿時，還特別成立了一個負責「戰爭罪行局」，由無任所大使David Sheffer來主持。根據報告指出，國務卿Albright時常施壓美國總統與國防部長，要求他們必須要採取行動，以逮捕一九九一年後在前南斯拉夫犯下罪行的人。

　　然而，事實上美國對於設立一個獨立且具權威性的永久聯合國刑事法庭的態度，卻是猶豫不決而有所保留的。我們在前面的內容中曾經提及一九九八年的羅馬外交會議，當時美國在會中就反對成立一個新的國際刑事法庭。而其反對態度，一直到一九九九年仍然沒有改變，美國在籌組此一法庭的預備會議上，仍然不願意對這個提案表示支持。

　　總的來說，冷戰結束之後，美國外交政策的人權層面，反映出許多自相矛盾的現象。美國口頭上雖然相當支持普世的人權規範，但是自己卻以民族式的自主政策來規避人權規範之落實（以及，將國家意識的地位提昇至國際法之上，不注重社會─經濟權利、仍然對一般犯罪行為施以死刑的判決、對於少數民族沒有太多法律上的保護、整個刑事司法體系的運作也相對延滯遲緩、監獄環境惡劣、並且沒有透過合法程序就強制遣返欲尋求政治庇護的海地難民等等）。[13] 華盛頓一方面支持各國朝著自由民主制度的發展道路前進，但另一方面卻也與許多獨裁及（或）高壓統治之國家，如中國、土耳其、沙烏地阿拉伯、印尼等國家，保持相當緊密且廣泛的經濟關係。儘管美國認為國際間確有需要成立一個新的刑事法庭以因應某些國家內部之嚴重違反人權之情事，但是卻同時反對設立一個「永久常設性」的刑事法庭，並且極力避免為了逮捕嫌疑犯，而派遣部隊到危險的地區進行軍事行動。再者，美國雖然也是擴大解釋〈聯合國憲章〉第七章之強制性行動，以及第六章之複雜維和行動概念的國家，但是，美國卻一直阻擋聯合國進一步派遣部隊到盧安達與東薩伊／剛果共和國，以保護相關人員的安危。在此同時，美國卻為了阿裔柯索夫人，而延長其在南斯拉夫的人道干預行動。從美國的矛盾態度，以及其前後不一致的外交立

場來看，也許我們能夠深入分析一個相當有趣的問題，亦即去
檢視其它國家在人權層面上的外交政策，看看是否會有更好的
表現或者是有更堅定不移的紀錄。

其它自由民主國家的情形

　　事實上，所有其它自由民主國家與渴望成爲自由民主社會
之成員的國家，在國際人權的面向上，無不採用相當積極的政
策。和美國一樣，這些國家在世界各地都從事著許多不同的人
權行動。和美國一樣，這些國家的外交政策也顯現出其特別的
偏好與意向。和美國一樣，這些從它們的外交政策也可看出其
特有的國家政治文化。和美國一樣，大多數國家也把成就歸功
於其支持國際認可之人權規範的取向。某些國家的對外人權政
策，和美國十分相似，例如英國即是如此。另外，有些國家人
權政策就與美國有很大的差異，日本就是一例。儘管我在此處
的推論可能有些不夠深入，但是根據一定程度的調查與分析，
我們還是可以整理出若干簡單的重點。

　　舉例來說，荷蘭向來喜歡將自己視爲是高度的國際與世界
主義者。[14]　眾所周知，荷蘭不但是國際法之父Grotius的故
鄉，同時也是一個偉大的貿易國家，不管在過去或是現在，荷
蘭也都是一個致力於世界和平的國家，因爲正常的貿易關係必
須以和平爲基礎。此外，荷蘭也以其在人權事務上的積極活躍
角色，而引以自豪。從最後一點來看，荷蘭之所以對人權採取
支持的立場，主要受到下列兩項因素的影響：其新教徒的宗教
傳統，以及爲了彌補過去負面的殖民記錄與在一九四〇年代阻
撓印尼提出之獨立要求等錯誤決策。這兩項歷史因素都驅使著

荷蘭人必須對人權採取積極行動主義的態度。也因此，針對究竟誰才是在外交政策上最為先進的國家，荷蘭政府與其它志趣相投的國家，尤其是丹麥與挪威，便保持著一種友好的競爭關係。荷蘭的政治階級就認為藉由其援助政策的推動，而相信自己已經對國際人權提供了重大的貢獻，這或許是因為他們知道美國乃是所有西方民主國家之中，在國民生產總值（GDP）與官方發展援助經費中，撥提出最少（援助）經費的國家（少於零點五個百分點）。在冷戰期間，若美國打算將對人權的關注轉移到安全議題之上時，海牙當局往往會試圖填補其遺留下來的空缺。

正因為荷蘭人的自我定位與其在聯合國內部，針對人權與維和事務所表現出來的積極行動主義，荷蘭於一九九五年七月在前南斯拉夫「斯瑞布瑞尼查大屠殺」（Srebrenica Massacre）事件中所扮演的角色，或許可說是其國家民族的一大創傷—這可能就和加拿大軍隊被指控在索馬利亞犯下違反人權之行為的情形相當類似。當時的情況是屬於「聯合國南斯拉夫保護部隊」（United Nations Protection Force in Yugoslavia，簡稱UNPROFOR）的一支荷蘭輕武裝分遣隊，本來應該要駐守在斯瑞布瑞尼查，以確保該地成為「安全區域」，但是當南國游擊隊員在該地屠殺了數千名回教男性後，此分遣隊卻不戰而退，而引起國際社會的撻伐。

另一項引起爭議，但並未造成國家嚴重傷害的事件，則是荷蘭試圖將發展援助與對人權的保護（尤其是公民與政治權利）結合在一起的努力作為。荷蘭一直以來都相當願意援助其它貧困的國家，而且，其向來也是諸多提撥大比例的國民生產總值以為援助經費之用的國家之一。不過，對於若干存有人權問題

的國家，卻無法得到荷蘭的援助經費。至於其它曾經接受援助
的國家，也會因爲發生同樣的（人權）問題，而無法繼續得到
援助。對荷蘭政府來說，印尼可算是一個相當特別的例子，因
爲不管是其歷史背景，或者是雅加達的不良人權記錄，都與荷
蘭要求的表現背道而馳。果然，從荷蘭政府在一九九二年發表
有關印尼局勢的某些聲明來看，印尼似乎不太有機會能夠繼續
獲得來自荷蘭當局的外交援助。後來，其援助關係也真的結束
了。不過，如此一來荷蘭政府也失去了強化東帝汶，以及其它
印尼控制之區域內部之人權發展的發言權。同樣的問題，也出
現在南美洲地區。當荷蘭在南美洲的前殖民地蘇利南發生軍事
政變後，荷蘭便決定擱置對該國的外交援助。也因此，荷蘭政
府與美國同樣陷入兩難的局面，發現其很難建立一個堅定且有
原則的外交人權政策。之所以有此困難，不但是因爲它們在國
際組織中受到其它國家的制約，同時也因爲它們追求的「公共
利益」根本上是有所衝突的—例如，一方面想要使貧困國家得
到經濟上的發展，但又要求其必須尊重公民與政治權利。

　　同樣地，英國過去的歷史背景，也影響了倫敦當局目前對
於國際人權的立場與態度。[15] 英國的政治階級對於公民與政治
權利向來有相當明確的認知，同時也對他們早就擁有若干與權
利有關之法案而沾沾自喜，例如〈大憲章〉（Magna Carta）、
一六八九年之〈英國權利法案〉、一六九五年以後的各項媒體
自由法案等等。此外，英國領導者也往往認爲，他們對於法國
與美國的人權發展，其實有著莫大的貢獻與影響，更別提對印
度與辛巴威等地區的影響了。和美國一樣，英國對於其強調立
憲主義，或者有限政府的堅定法律文化，感到相當地自豪。就
像其它的殖民帝國一般，英國也認爲其對殖民地區的統治，根

本不會是壓迫性與專制的，而可說是良性且具有啓發性意義
的。因此，當其結束過去的殖民時期後，英國變得更加支持各
項國際人權規範—而不認爲民族自決的主張是一種集體人權，
或者爲個人對發生在海外屬地裡之違反人權行爲，所提起之訴
訟加以辯護。

　　和美國不同的是，英國的歷任政府不但完全接受〈國際人
權法典〉與其它歐洲法律文件的相關規範，同時也對特定情勢
採取了具體的應對政策—例如透過寧靜外交的方式，要求印尼
政府釋放若干拘留犯、停止對智利與烏干達等國家的外交援
助、支持對南非與智利施以武器禁運等等。此外，即使是在與
阿根廷所發生之福克蘭戰爭中，英國政府也相當注意國際人道
法的規範。然而，和美國一樣，倫敦當局對某些重要國家的人
權狀況，也採取靜默的態度，並不加以評論，例如其對有大量
武器買賣往來的沙烏地阿拉伯即是如此。不過，從另一方面來
看，英國卻和美國站在同一陣線，在一九九七年時，共同要求
聯合國人權委員會必須通過一項譴責中國人權情況的決議案。
有些觀察家相信英國政府的政策並不會和美國一樣，受到國內
人權團體與媒體報導的強烈影響，這或許是受到英國傳統之國
會主權，向來高於大眾主權以及對個人人權之詮釋的原因所
致。到目前爲止，英國仍然沒有一部真正的成文憲法，同時也
缺乏對國會通過之法案進行司法審查的程序。不過，從另一個
角度來看，歐洲理事會與歐洲聯盟對英國人權政策的影響，似
乎也有越來越強大的趨勢。不過，英國抗拒區域性人權規範的
力量，還是遠比美國來得堅定。在這些國內與國外因素的互動
之下，使英國的人權外交政策與其它歐洲國家的政策並沒有太
大的差別—也就是越來越積極且複雜，但是卻因爲其外交利益

上的多元化，而越來越前後矛盾不一。

　　相較之下，日本則是早已承認有關人權的概念，其實是在十九世紀時，從西方引進來的，而不是日本固有的傳統思想。[16] 很明顯地，日本乃是一個擁有帝國主義與軍國統治歷史背景的國家，同時在第二次世界大戰時期也曾犯下許多嚴重的殘酷暴行，因此，一直到日本戰敗而接受西方國家託管，以及制定了一部現代憲法之後，人權的概念才真正得到確立。不過，即使是這樣，而且儘管日本內部確實也存在著某些「固有的」「自由」團體，日本政府對於其國內有關婦女地位、其它種族地位、以及不同民族與國家團體之平等待遇的問題，仍然懸而未決，無法達到一致的共識。從其歷史來看，我們對於日本在冷戰期間，作為一個與西方自由民主國家站在同一陣線的國家，其實並不會感到驚訝，但是其對於國際人權議題的態度，卻是明顯較為消極。到了一九九二年，也就是在美國國會重新將政府在一九七〇年代將人權與外交政策掛鉤的做法加以運用之時，日本也提出了一份白皮書，其內容指出人權與民主制度有可能是影響外交援助與對外投資的重要因素。然而，整體而言，尤其是在處理與由日裔擔任總統的秘魯之間的關係上，人權考量就很明顯的不是日本外交政策上的一個主要因素了。

　　如今正當日本試圖要對全世界展示日本值得擁有聯合國安理會的永久席位，日本也不再是美國的附屬品，同時日本也已經將黑暗的過去拋諸腦後之時，東京對於其它地區人權事務的態度也開始越來越積極。舉例來說，在試圖協助柬埔寨成為一個自由民主且重視人權的國家的作為上，日本所扮演的角色，就遠比美國要來得重要。不過，從整體表現來看，日本對於世界各地人權面向的關懷，比起其它西方世界的自由民主國家，

還是略遜一籌。特別的是，儘管在一九八九年天安門事件之後，東京政府曾經短暫暫時停止與中國的經濟往來，但日本並沒有透過與亞洲其它國家之間的經濟關係，來施壓各國重視其內部之人權議題。除此之外，東京方面也比華盛頓當局更不願意爲了人權問議題而對緬甸政府施壓。從一九三０年代至一九四０年代間，日本與亞洲地區各國的關係來看，日本想要在人權事務上扮演舉足輕重的角色，實在有點困難。也因爲這樣的歷史背景，而使日本文官專心致力於其內部的經濟利益發展之上的決心，得到進一步的強化。同樣地，日本目前也還不是「世界銀行」的成員之一，因此，對於將經濟援助貸款與人權表現合而爲一的企圖，仍然還是無能爲力。儘管如此，日本在聯合國的投票表現上，不管是在大會表決，或者是在人權委員會的決議投票上，都還是與西方世界站在同一陣線。

我們再隨意挑選部分前歐洲共產主義集團的成員，例如匈牙利與俄羅斯作爲討論的例子，這些國家目前也都積極於從事國際人權議題的行動。[17] 儘管匈牙利對於在其在海外之同族人的態度特別不同，但在人權議題之上，卻還是極力想要走向與其它歐洲國家一致的方向。另一方面，雖然俄羅斯聯邦受到國際潮流之推動，而逐漸開始重視人權議題，但是，對於人權在外交政策上究竟該扮演何種角色的態度，則顯得相當矛盾。不過，總的來說，這兩個國家在外交政策上對於少數民族權利的強調，卻比華盛頓當局要來得堅定。

若從人權與外交政策的角度來看，匈牙利顯現出相當有趣的一個例子。眾所周知，匈牙利過去乃是一個獨裁政體的國家，不管在帝國時期，或者是在蘇聯共產統治的時期皆然。然而，該國卻還能夠表現出某些自由主義的傾向，例如對私有財

產的尊重，以及願意接受法治判決的態度等等。也因此，許多
在政治上相當積極活躍的匈牙利人便認為，其實他們根本就是
屬於自由民主之西方世界的一員分子。其對列寧主義者與史達
林主義者的強烈抵抗，從一九五六年的暴動中就可清楚地看
出；此一情形過去也曾在德意志民主共和國、波蘭發生過，後
來則在捷克共和國也出現這種浪潮。在這些區域中的人民，大
多數都選擇了西方式的自由主義，也就是允許自由的抉擇。也
此，當蘇聯在一九八○年代晚期，允許東歐國家能夠自行決定
其前途時，匈牙利立刻決定擁抱人權的政策，也就不令人感到
訝異了。之所以會有此一決定，不僅僅是因為匈牙利想要證實
其的確屬於歐洲理事會，或許也包括歐洲聯盟與北約組織的一
員，同時，也有部分原因是依循著國內民眾的偏好而為之決
定。

　　冷戰結束之後，匈牙利在外交政策上越來越注重維護少數
民族的權利，因為有許多匈牙利人目前正居住在羅馬尼亞、斯
洛伐克與烏克蘭。儘管匈牙利表面上還是共產主義體制的國
家，但是為了確保其族人的利益，對於同樣是共產主義國家的
羅馬尼亞的政策，同樣提出嚴正的批判。也因此，匈牙利打破
了歐洲共產主義集團的不成文規定，那就是集團成員之間，不
能因為人權議題而相互攻訐。不久，等到匈牙利採取自由民主
政體之後，布達佩斯（Budapest，匈牙利首都）也持續把確保
其海外族人的利益，當成是其外交政策的中心目標之一。不
過，這樣的結果卻往往造成匈牙利與其它國家之間的摩擦，尤
其是羅馬尼亞，更因為擔心其境內大量匈牙利人一旦擁有更多
自治權後，將有可能進一步獨立，而造成該國的分裂。相對
地，在此一議題上，布達佩斯當局與斯洛伐克和烏克蘭就取得

協議，彼此之間良好的關係也得以維繫。至於其它人權議題的抉擇，匈牙利就沒有特別的立場，而與其它歐洲國家採取一致的態度，並且在聯合國表決時，與西方國家站在同一陣線，同時該國也接受歐洲理事會所通過之各項區域性人權規範與責任。

　　就人權與外交政策的關聯性來說，俄羅斯可算是一個相當適合的研究對象。不管我們談論的對向是俄羅斯或蘇聯，該國內部一直以來都顯現出相當衝突的政治文化。不管是過去或者現在，這種文化的特點都是獨裁的、偏執的、斯拉夫的、與對西方存有疑慮的。傳統的法律權利，尤其是個人權利，基本上是相當淺薄的─特別是在農村公社制度下的社會，法律與個人主義其實並沒有太顯著的地位。然而，至少從彼得大帝(Peter the Great)時期以來，在俄羅斯文化中，就帶有相當微弱，但相對自由的一個面向。這些自由主義的傾向，在Gorbachev與Yeltsin時代，則得到進一步的鼓勵與支持。然而，根深蒂固的政治文化，始終還是無法被幾份法律文件與口頭的宣示所取代。舉例來說，俄羅斯對車臣內部之分離運動強行鎮壓的情形，顯然還是相當殘酷野蠻的。

　　有一派俄羅斯政治階級的人，一直就渴望回到史達林主政時的秩序，並且希望俄羅斯能夠重整雄風，取回世界超強的地位。這些人也相信人權其實就等同於色情書刊、犯罪行為，以及異教邪端。不過，另外還有一派人則是對人權持有較同情的態度，但卻仍然以為西方世界並沒有以適當的誠意與尊重，來處理與新俄羅斯之間的關係。正因為這種矛盾的情節，對於究竟是否要在人權議題上依循著美國的路線，抑或者要單獨出擊，採取單方面的行動，俄羅斯當局顯得左右為難，而裹足不

前。和匈牙利一樣，俄羅斯也把維護少數民族權利的關注，加進其外交政策之中。由於有許多俄羅斯族人與說俄羅斯語的百姓正居住在不遠的地區，同時其本身也有分離運動的問題，因此，俄羅斯的外交政策向來就十分重視那些曾在前蘇聯帝國控制下之各國內部的民族－領土－語言爭議。不過，其含糊不明確的民族主義，也反映出一種衝突性的政治文化。當此民族主義與其它因素（例如與西方強大的世界保持不穩定的關係）互動之後，便撞擊出一種不明確的人權外交政策。

若談到與前南斯拉夫有關之人權議題，莫斯科當局雖然為了反映斯拉夫族領袖的威望，而傾向於扮演塞爾維亞裔的保護者的角色，但是，另一方面又擔心若其真的採用此項政策，那麼西方世界會在以後的議題上杯葛俄羅斯。因此，俄羅斯最後儘管決定在安理會中投票支持成立前南國際刑事法庭，但是，卻還是認為該法庭之檢察官辦公室，對於塞爾維亞裔根本就是心存偏見。另外，在一九九八年夏天於羅馬召開的外交會議上，俄羅斯也與美國（以及中國和其它國家）共同反對成立一個強勢且獨立運作的聯合國常設形式法庭。同樣地，俄羅斯也傾向於要求國際間放鬆對獨裁的伊拉克的壓力與制裁，因為其相信伊拉克受到的懲罰已經夠多了（同時更希望能夠早日履行其與伊拉克企業所簽訂的商業契約），但，卻又擔心其如此明確的態度會激怒西方世界，尤其是造成美國方面的不滿。也因此，俄羅斯在北約組織與斯拉夫之間，為了柯索夫危機問題所扮演的調人角色，也不得不特別小心、謹慎了。

進一步來說，強調少數民族的權利，並不是莫斯科當局所要用來掩人耳目的政策而已，至少與布達佩斯當局的心態是差不多的。最主要的是，少數民族權利之所以成為外交政策中的

核心部分，主要乃是俄羅斯透過民族主義的方式，以此來測試
其對鄰近國家影響力的主要手段。俄羅斯基本上並不想要激起
其它民族之分離主義，因為其在車臣與其它地方正面臨到此一
難解的問題。此外，俄羅斯也並不贊同聯邦的組成─就像白俄
羅斯的例子一般，但並不必然得繼承相關的問題。儘管如此，
俄羅斯卻認為其不能放棄對海外的俄羅斯人的掌控。同時，它
也必須注意到西方世界如何解讀其政策，以免各國因為擔心俄
羅斯帝國主義再起，或者是為了避免俄羅斯非法干涉它國的內
政事務，而斷然限制對俄羅斯提供的外交援助與投資金額。因
此，在拉脫維亞的案例上，俄羅斯本想以制裁來保護自己的利
益，但卻因為擔心西方世界會對其政策過度反應，因而只好作
罷。簡而言之，俄羅斯的人權外交政策並沒有得到國內相當程
度的支持，而運用到國際社會之上，也顯得模糊不清，沒有明
確的立場。

　　讀者可進一步對檢視其它自由民主國家─或者是將要採用
自由民主政體的國家─並且對其人權外交政策作一分析與整
理，或許可包括印度、南非、加拿大、哥斯大黎加等等。相信
大多數的調查結果都會是相當有趣的。不可諱言，即使是早在
一七八九年就通過〈人權宣言〉（Declaration on the Rights
of Man）的法國，以及自認為是全球人權模範的美國，其實都
長期地支持非洲地區的獨裁與腐敗統治者，更遑論其曾在一九
五四年至一九六二年阿爾及利亞戰爭期間，支持為了建軍而特
別設立一個酷刑局的決定了。此外，和美國一樣，哥斯大黎加
認為其乃是由許多特別善良且熱愛和平的人民所組成，因此，
其應該能夠在美洲事務上扮演一個特別且革新的角色。然而，
就像Jimmy Carter一樣，不管Oscar Arias究竟有多麼崇尚

道德，仍然無法被其它拉丁美洲國家的元首所認可。

　　除了美洲與歐洲地區的國家外，身爲人口最多的民主國家，印度對於人權事務卻顯得相對低調，且有高度的自我防衛意向。或許，部分原因是基於其內部的特定問題而有。另外，其主要戰略夥伴，也就是蘇聯的瓦解，也使印度在國際間的地位一落千丈。Rajiv Gandhi 主政之印度，透過其「維和」部隊向斯里蘭卡發動突襲，結果因爲印度軍隊的酷行，而造成相當悲慘的結果。不管從個人層面或政治層面來說，這段過去都促成了印度目前的低調作風。一般而言，當發生與人權抵觸的衝突時，印度往往會傾向於表明對國家主權的支持，並且認爲以美國爲首之聯合國安理會對於南方國家的干預，其實已經超過應有的限度了。的確，一九九八年民族主義政府獲勝的結果，很明顯地進一步強化了印度的立場。

　　此外，經由所有種族投票選舉產生的南非政府，則是相當支持國際社會認可之人權規範，同時—與薩爾瓦多—也首開先例，成立了「真相委員會」，以負責調查過去高壓時期的種種迫害事實，不過那些曾犯下違反人權行爲的人，卻不會因其非法之政治罪行而受到審判。儘管如此，Mandela政府的政策卻仍有值得討論的地方。舉例來說，南非政府與大湖區嚴重的軍火走私，似乎就有相當程度的關聯性，同時，爲了得到利亞比對反種族隔離運動的支持，南非政府也對聯合國施加在利比亞的制裁行動表示反對。

　　到目前爲止，加拿大似乎可說是對人權議題保持較爲堅定立場的國家。其外交政策一直以來都被認爲具有人權的前瞻性。[18] 另一項眾所周知的事實，就是渥太華向來也自豪於其人權記錄，尤其是加拿大參與聯合國維和行動的表現—包括第二

階段或者牽涉人權面向之複雜的維和行動。舉例來說，加拿大曾經與美國採取集體行動，以恢復海地的民主政府，若從海地歷史來看，我們就可以發現這並不是一項簡單的任務。加拿大也是發起禁止殺傷性地雷運動，以及支持設立聯合國刑事法庭的主要領導者之一。不過，由於篇幅限制，我們在此就不多再多說了。

其它偏執國家的情形

除了前述自由民主國家之外，世界上其實還有許多處於灰色地帶及定位不清楚的國家。或許我們可以如此來看，所謂自由民主的國家，通常都是具有自由且公平的國家選舉，並以廣泛的投票參與為基礎，透過獨立運作的法庭與其它機制，以確保公平性與容忍性，進而維護多樣化的公民權利。有限政府，或者說是立憲主義，乃是自由政治的一個主要特徵。[19] 至於自由民主國家究竟是不是一個社會民主國家，就端賴其對於社會—經濟權利的承諾是否夠堅定不移了。不過，即使是偏執不自由（illiberal）的民主國家，也有可能擁有廣泛投票參與的自由與公正的國家選舉。不過，這些國家卻不會以選舉之結果來反抗多數暴政，因為在這類國家內部，其實對於種族與宗教少數團體的保護，或者不同類型之反抗者的保護，並不十分完備。因此，若貿然提出抗議，或有可能會惹禍上身。好比克羅埃西亞與印度之類的國家，就屬於不自由的偏執民主國家。換句話說，在這些國家裡，政治參與的權利乃是用以否定某些可以保護少數族裔與反抗者的政治權利。由此觀之，獨裁國家並無法真正跨過自由與公正之國家選舉的門檻，也就是說，即使

是選舉中勝利者，也不能保證可以得到執政權。

　　此外，同樣是偏執國家的伊朗，其人權與外交政策的關係就顯得相當有趣，且值得研究。[20] 若把伊朗拿來和美國作一比較，或者與美國長久以來的政教分離傳統相比，結果其實都不會讓人特別感到訝異。不過，這兩個國家之間還是有類似的地方。舉例來說，它們就都認為自己是某種生活方式或文化類型的領導者。

　　自從一九七九年革命成功之後，伊朗便建立了一個信奉回教的神權國家，並拒絕接受在國際公法裡都可看到的世俗與普世人權的基本概念。甚而，在現今伊朗內部行使最高權威的教會神職人員，也都相信回教教法（Sharia），或者是基本的回教法率，是所有回教徒都一體適用的。換言之，這些神職人員並不同意國際人權法律的優越性。此外，儘管他們並不遵守相關法律的規範，但是他們也不拘泥於必須退出前朝政府所簽署同意的國際人權法律（事實上，伊朗國王早就對這些法律視而不見了）。在回教教法的約束之下，透過當時伊朗領袖的詮釋，回教教義最重要的特點應該是歸屬於宗教國家的優越性，而不是強調那些足以限制國家成長的個人權利。個人並不因為生而為人，就享有所謂之人權；個人之所享有某些權利，其實是真主阿拉（Alah）透過適當的國家所賦予個人的。

　　就某種程度而言，現在的伊朗統治者，都認為國際人權法，以及其它國際組織的外交作為，其實都是可恨的美國所製造出來的產物。儘管伊朗神職人員對於美國在國際人權發展上之影響力確實是過度誇大了，但這並不意謂著他們的嚴厲批判就沒有得到堅定的支持。伊朗領袖往往不理會外界提出之有關人權議題的批評，不管批評者是美國或者其它行為者，包括西

方社會之非政府組織，並認爲這些行爲者都是美國新帝國主義
之邪惡本質的一部分。事實上，美國在國際間對人權議題的雙
重標準，才是真正導致伊朗人有此觀點的主要因素。舉例來
說，儘管美國對伊朗的種種作爲都嚴厲譴責，一直要到一九九
八年，兩國的關係稍稍緩和之後，美國的態度才有所轉變，但
是美國對於沙烏地阿拉伯與其它美國盟邦之違反人權的行爲，
總是睜一隻眼閉一隻眼，而沒有提出譴責。

　　正因爲伊朗在人權面向上，表現出一種文化相對主義的特
質，因此，其外交政策也幾乎呈現出防衛性的態勢。不管是對
某件事實發生爭執，或者是宣稱該行爲是經由回教法律所認
可，伊朗總是想要抗拒外界的批評，而不在乎這批評是來自多
邊或雙邊，是公開或私下的批評。同樣地，伊朗也試圖用回教
律法的規範，來合理化其對婦女的歧視。不過，有時候這種防
衛性的姿態，卻很難使人願意信服，因爲某些伊朗政策其實並
不 具 有 回 教 或 國 際 法 源 的 根 據 。 舉 例 來 說 ， 德 黑 蘭
（Teheran，伊朗首都）當局對伊朗境內之「巴海大同教徒」
（Ba'hai)的嚴重迫害，就是相當明顯的例子。儘管回教教法規
定，任何少數宗教只要是屬於公開的宗教—例如回教、猶太
教、基督教等—那麼就應該容忍其存在的事實。然而，只要有
任何人認爲「巴海大同教徒」乃是背離回教的邪端分子，同時
也不是回教的一個分支，那麼，根據回教律法的規範，其對這
些教徒迫害行爲，就可以得到合理化了。

　　從一九九七年開始，伊朗新任總統Mohammed Khatami明
確地指出其國內有關迫害、審查制度，以及其它違反國際人權
規範之行爲的種種缺失。他甚至還允許政治多元論的存在。但
是，Khatami總統之所以有這些作爲，主要還是在針對回教法

律進行討論與分析。換言之，即將誕生之對宗教法律的新詮
釋，將有機會與國際人權法一較高下。而其它回教社會則是對
回教教法有不同的詮釋與解讀。直到一九九七年底，一個埃及
法院做出不利於女性生殖器切除（Female　Genital
Mutilation，簡稱FGM）習俗的判決，而引起軒然大波。在一
九九七年與一九九八年間，伊朗內部溫和派與基本教義派之
間，針對回教教義也發生了嚴重的衝突。隨著時間的流逝，所
有的革命行動似乎都喪失了最根本的熱情。這種情形正在伊朗
慢慢的形成與蔓延。這些內部的發展也與國際上的發展串連起
來—例如透過進用更多的溫和派政府官員，以提升國家的地
位，使伊朗不再是國際上的受到輕蔑的一員，同時，也需要採
取必要的行動，以修復伊朗與強大美國之間的雙邊關係。我們
仍可料想到，伊朗的人權政策是以相當緩慢的速度，逐漸朝向
防禦心態較鬆懈的方向前進，而不會依循著突尼西亞的模式演
變，不過，其方向大體還是正確無誤的。

結論

　　若是在國際聯盟的時代，我根本就不可能完成本章的內
容。國聯公約並沒有提及普世之人權規範，同時世界各國在其
外交政策中，也往往對人權避之不提。儘管當時的確存有某些
與武裝衝突有關之國際人道法，而且各國也確實偶爾以人道政
策來處理難民問題、殖民地的法律類別問題（透過國聯的授權
委員會）、以及其它社會事務。然而，一直到一九四四年，人
權議題基本上還是屬於國內層次的事務，而不是國際事務（但
是中歐國家在內戰時期所通過的某些少數民族條約，以及統理

僑民之國際法則是例外的情況）。

　　不過，隨著時空轉移，幾乎所有的國家，不管其政治特質為何，都必須碰觸並處理有關國際認可之人權規範的問題。國際關係，或者說是世界政治，已經不再保有過去的面貌。大多數的國際法也明確指出了有關人權的自由主義原則。但是，一旦提及人權議題，各國似乎又會受到其國家歷史、特質、自我定位、以及民族主義的影響。正因為有這些國家獨特的特質，才使得各國會對人權議題表現出積極或消極，有信心或猶豫不決，極度防衛或鬆懈的態度。各國的歷史背景，加上其當下所處的局勢及眼前的利益，使得各國在其外交政策上，會對人權議題採取不同的取向與重視程度。恐懼與不安全感通常也會使國家採取現實主義式的外交政策，亦即強調狹隘的自我利益以及軍事化的作為。即使是提到人權的問題，美國也沒有特別重視社會與經濟權利，而是比較強調個人的自由。此外，荷蘭則是特別積極想要把發展援助與權利行為結合在一起，同時對印尼的局勢特別地關注。匈牙利與俄羅斯則是比較重視少數民族之權利，因為其海外的僑民也面臨到相同的問題。其它國家的情形則以此類推。

　　值得我們注意的是，即使是那些在傳統上或法律文化上沒有特別重視權利事務的國家，也逐漸被世界潮流所驅使，而在其外交政策中加入更多對人權的關注與考量。舉例來說，日本與俄羅斯的例子就是如此。即便是伊朗，即使其（惡劣）行為乃是基於對宗教法之討論而來，而非是基於世俗的國際人權法而有，如果它想要成為一個具有完全國格且被國際社會接受的一分子，伊朗將會發現其必須要對國際社會所提出之各項異議有正面的回應。

　　我們雖然沒有刻意忽略國際組織，非官方之非營利組織、甚至是多國企業的重要性，但是不可否認，各國的外交政策才是推動與保護國際人權之最重要的角色。因此，當我們談到有關國際人權與國家外交政策之關聯性時，我們或許可以如此說：「當事情發生越多改變時，其不變的部分也越多」（la plus ca change, la plus c'est la meme chose）。的確，儘管我們確實轉而支持國際關係中的人權規範，但是，我們同樣還是得解決有關民族主義與國家利益的問題。然而，錯誤的地方在於，正因為我們確實在外交政策上加入了人權層面的考量；與一九二九年或一九０九年時的外交政策相比之下，到一九九九年時，我們對於國際人權的重視實在可說是有了相當大的提升與改變。

問題討論

- 你是否能找到任何理論上或者其它體系層次的理由，能夠解釋爲何不同國家對於國際人權規範會有不同程度的重視與詮釋呢？即使是歐洲經濟合作發展組織底下之自由民主成員國，例如美國、英國、荷蘭與日本等，這些國家推動國際人權的方法途徑仍然有所不同：爲什麼會有這種情形呢？

- 一般來説，國家是否或多或少都會在外交政策上提到人權呢？爲什麼？

- 爲什麼民主國家，例如印度與英國，會採取不同的途徑以因應國際人權的問題呢？

- 爲什麼向法國與美國這類擁有對人權關注之悠久歷史的國家，也會發現其實很難將國際規範落實在其身上呢—即使西方社會對於國際人權的推展最具影響力，可是就其實際的運用情形來説，區域間是如何？國際間又如何呢？

- 你認爲那些傳統偏執的國家，例如在中東地區（伊朗）與亞洲地區（中國）的國家，有多少可能會調整其外交政策，以配合國際人權規範之大方向呢？

- 你認爲外交政策中的人權面向，是否主要由行政部門所負責？而立法部門（與民意、利益團體）是否又在其中扮演一個重要的角色呢？

建議閱讀

Carothers, Thomas, *Assessing Democracy: The Role of Romania* (Washington: The Carnegie Endowment, 1996). 作者在本書中以美國對分析對象，說明若要對美國外交政策與民主援助作一評估，其實是相當困難的，即使分析對象只有一個國家。

Curtis, Gerard, ed., *Japan's Foreign Policy After the Cold War: Coping with Change* (New York: M. E. Sharpe, 1997). 作者說明了日本外交政策本質的變化，並且對人權也有一定程度的評析。

Egeland, Jan, *Impotent Superpower- Potent Small State: Potentialities and Limitations of Human Rights Objectives in the Foreign Policies of the United States and Norway* (Oslo: Norwegian University Press, 1988). 作者認為在冷戰期間，挪威在外交政策上，比美國有更多的空間能夠來操作人權概念，這主要是因為美國有太多安全上的考量與責任。

Gillies, David, *Between Principle and Practice: Human Rights in North-South Relations* (Montreal: McGill-Queen's University Press, 1996). 作者從比較分析的觀點，對幾個已開發國家在處理與開發程度較低之國家的問題時，人權議題在其外交政策中之角色作一探討。作者並指出在結合人權與對發展的支持態度時，要建構一個原則性的外交政策，是相當困難的。

Hunt, Michael H., *Ideology and US Foreign Policy* (New Haven: Yale University Press, 1987). 作者指出，儘管美國自認為是一個極度善良的國家，但事實上，透過其對整個國際現狀的承諾以及其種族主義，美國其實對這個世界造成了許多傷害。作者並認為應該要盡量削弱美國在世界上所扮演之角色的重要性，即使犧牲若干對自由原則的注意，例如國際人權，也在所不惜。

Kissinger, Henry, *Diplomacy* (New York: Simon & Schuster, 1994). 正如同作者在他其它著作中的看法一般，作者對外交政策與國際關係中的自由主義觀點多有批評。作者將這種觀點稱之為「威爾遜主義」（Wilsonianism），並且提醒美國政府，必須要對這種超出美國權力與智慧之上的自由主義行動有所警覺。作者同時也質疑對於關於民主制度與人權的普世規範，並相信這些規範已經在特定的西方環境中得到適當

的發展。

Mathews, Robert O., and R. C. Pratt eds., *Human Rights and Canadian Foreign Policy* (Montreal: McGill-Queen's Press, 1988). 本書是當時（九○年代）最好的著作之一。

Newsome, David, ed,. *The Diplomacy of Human Rights* (Lanham, MD: University Press of America, 1986). 作者收錄了許多優秀的論文，並指出人權如何能夠融入更廣泛的美國外交政策考量之中，至少就某個時期與某個程度而言，確實如此。

Nolan, Cathal J., *Principled Diplomacy: Security and Rights in US Foreign Policy* (Westport: Greenwood, 1993). 作者雖然是一個現實主義者，但卻也站在正面的立場，來評估美國如何在下列兩個議題上，人權與安全考量結合在一起：對聯合國的政策，以及對蘇聯的政策。

Pogany, Istvan, ed., *Human Rights in Eastern Europe* (Aldershot: Edward Elgar, 1995). 作者對東歐在後冷戰時期的政治改變有深入的探討，並且對外交政策中的人權面向也有所著墨。

Steinmetz, Sara, *Democratic Transition and Human Rights: Perspectives on US Foreign Policy* (Albany: SUNY Press, 1994). 本書是一本有關人權與美國對特定轉換中的國家之外交政策的著作。透過分析伊朗、尼加拉瓜、菲律賓等三個國家，作者得到一個對「新保守主義者」與「新現實主義者」皆不表支持的綜合性結論。

Tang, James T. H., ed., *Human Rights and International Relations in the Asia Pacific* (London: Pinter, 1995). 本書收錄了許多相當優秀的文章，並對亞洲地區的多樣化外交政策與人權情勢有所著墨。

Vogelgesang, Sandy, *American Dream, Global Nightmare: The Dilemma of US Human Rights Policy* (New York: Norton, 1980). 本書是若干最先探討人權與美國外交政策的著作之一，作者指出要建立一個強調原則且堅定一致的外交政策，究竟會遇到哪些困難。

Wiarda, Howard J., *Cracks in the Consensus* (Westport: Praeger, 1998). 作者試圖指出當代美國外交政策對於某些國家的民主發展究竟有何影響。

Zakaria, Fareed, "The Rise of Illiberal Democracy," *Foreign Affairs*,

76, 6 (November-December 1997), 22-43. 這是一篇相當重要的論文，作者在文中指出了自由民主國家與非自由民主國家之間的不同。儘管美國過去曾經支持若干非經由自由選舉產生的政府，例如薩爾瓦多等，但作者認為西方社會現在傾向於擴大整個自由民主國家社群。

本章注釋

[1] 本章所闡述的是我個人的觀點，但是我很感謝那些參與由「聯合國大學」（United Nations University）出資贊助之有關此項主題的研究計畫的學者：Peter Baehr（荷蘭）、Sally Morphet（英國）、Chiyuki Aoi 與 Yozo Yokota（日本）、Gabor Kardos（中歐）、Sergei Chugrov（俄羅斯）、Sanjoy Banerjee（印度）、Cristina Eguizabal（拉丁美洲）、Tiyanjana Maluwa（非洲南部）、Zachary Karabell（伊朗）。Jack Donnelly 也參與了此項計畫，同時也負責撰寫D. Forsythe, ed., *Human Rights and Comparative Foreign Policy* (Tokyo: United Nations University Press, forthcoming)一書的最後一章。

[2] Jan Egeland, "Focus on Human Rights: Ineffective Big States, Potent Small States," *Journal of Peace Research*, 21, 3 (1984); Jan Egeland, *Impotent Superpower- Potent Small State: Potentialities and Limitations of Human Rights Objectives in the Foreign Policies of the United States and Norway* (Oslo: Norwegian University Press, 1988). 讀者可同時把 Egeland 的論點與此書的論點作一比較。

[3] T. Davis and S. Lynn-Jones, "City upon a hill," *Foreign Policy*, 66 (1987), 20-38.

[4] David P. Forsythe, *American Exceptionalism and Global Human Rights* (Lincoln: University of Nebraska Distinguished Lecture Series, 1999). And Forsythe, "Human Rights and US Foreign Policy: Two Levels, Tow Worlds," in David Beetham, ed., *Politics and Human Rights* (Oxford: Blackwell, 1995), 111-130.

[5] Michael H. Hunt, *Ideology and US Foreign Policy* (New Haven: Yale University Press, 1987).

[6] Henry Kissinger, Diplomacy (New York: Simon & Schuster, 1994).

[7] Ole Holsti, "Public Opinion on Human Rights in American Foreign Policy," in David P. Forsythe, ed., *The United States and Human Rights: Looking Inward and Outward* (Lincoln: University of Nebraska

Press, 2000).

[8] Aryeh Neier, "The New Double Standard," *Foreign Policy*, 105 (1996-1997), 91-102; and Ellen Dorsey, "US Foreign Policy and the Human Rights Movement," in Forsythe, *The United States and Human Rights*.

[9] Eric Schmitt, "Bill to Punish Nations Limiting Religious Beliefs Passes Senate," *New York Times*, October 10, 1998, A3.

[10] Rhoda E. Howard, *Human Rights and the Search for Community* (Boulder: Westview, 1995)

[11] Thomas Carothers, *Assessing Democracy: The Case of Romania* (Washington: The Carnegie Endowment, 1996); and David P. Forsythe, Michelle Leonard, and Garry Baker, "US Foreign Policy, Democracy, and Migration," in Peter Bender and Aristide Zolberg, eds., *Global Migrants, Global Refugees* (Providence: Berghahn Books, 2000).

[12] David P. Forsythe, "Human Rights and International Security: United Nations Field Operation Redux," in M. Castermans, ed al., *The Role of the Nation State in the 21st Century* (Dordrecht: Kluwer, 1998), 265-276.

[13] Amnesty International, *United States of America: Rights for All* (London: Amnesty International Publications, 1998); and David P. Forsythe, "Human Rights Policy: Change and Continuity," in Randall B. Ripley and James M. Lindsay, eds., *US Foreign Policy After the Cold War* (Pittsburgh: University of Pittsburgh Press, 1997), 257-282.

[14] David Gillies, *Between Principle and Practice: Human Rights in North-South Relations* (Montreal: McGill-Queen's University Press, 1996); Peter R. Baehr, "The Netherlands and the United Nations: The Future Lies in the Past," in Chadwick F. Alger, Gene M. Lyons and Jon E. Trent, eds., *The United Nations System: The Policies of Member States* (Tokyo: United Nations University Press, 1995), 271-328; and Peter R. Baehr, "Problems of Aid Conditionality: The Netherlands and Indonesia," *Third World Quarterly*, 18, 2 (June 1997), 363-376.

[15] *Human Rights in Foreign Policy*, Foreign Policy Document No. 268 (London: Foreign and Commonwealth Office, July, 1996); *Foreign Policy and Human Rights, Vol. I,* House of Commons Sessions 1998-9, Foreign Affairs Committee (London: The Stationery Office,

December 1998).

[16] John Peek, "Japan, the United Nations, and Human Rights," *Asian Survey*, 32, 3 (March 1992); Seiichiro Takagi, "Japan's Policy Towards China after Tiananmen," in James T. H. Tang, ed., *Human Rights and International Relations in the Asia Pacific* (London: Pinter, 1995); Yasuhiro Ueki, "Japan's New Diplomacy: Sources of Passivism and Activism," in Gerard Curtis, ed., *Japan's Foreign Policy After the Cold War: Coping with Change* (New York: M. E. Sharpe, 1997).

[17] Bruce D. Porter and Carol R. Saivets, "The Once and Future Empire: Russia and the 'Near Abroad'," *The Washington Quarterly*, 17, 3 (1994), 75-76; Alexei Arbatov, "Russian Foreign Policy Thinking in Transition," in Vladimir Barenovsky, ed., *Russia and Europe: The Emerging Security Agenda* (Oxford: Oxford University Press, 1997); Istvan Pogany, ed., *Human Rights in Eastern Europe* (Aldershot: Edward Elgar, 1995).

[18] Robert O. Mathews and R. C. Pratt eds., *Human Rights and Canadian Foreign Policy* (Montreal: McGill-Queen's Press, 1988).

[19] Fareed Zakaria, "The Rise of Illiberal Democracy," *Foreign Affairs*, 76, 6 (November-December 1997), 22-43.

[20] Ali Mazrui, "Islamic and Western Values," *Foreign Affairs*, 76, 5 "(Fall 1997), 118-132; Reza Afshari, "An Essay on Scholarship, Human Rights, and State Legitimacy: The Case of the Islamic Republic of Iran," *Human Rights Quarterly*, 18, 3 (Summer 1990), 544-593; and Anoushiravan Ehteshami, *After Khomeini: the Iranian Second Republic* (London: Routledge, 1995).

ⵈ 第七章 ⵈ

非政府組織與人權

　　經過前面六章的討論，相信讀者們現在應該都相當清楚國
家是透過哪些方式來制定國際人權法律。簡而言之，國家往往
會透過國際組織與／或外交會議的討論，經過總結各項條約與
不斷進化的習慣法，而整理出一套普遍性的國際人權法。這些
法律則會進一步對國家有所規範，並制約國家的行動範圍。在
第六章中，我們以國際人權法作為背景，檢視了各國外交政策
與人權之間的關聯性。但是，除了官方部門外，私人行為者在
法律的制定與執行過程上，卻同樣扮演著相當重要的角色。也
因此，我們在此章中，將對其做更深入的探討與說明。[1]

　　本章將先對非政府組織與其對人權概念的支持擁護作一分
析，並將重點放在如何創造並運用人權規範的面向之上。毫無
疑問地，最為人所知的非政府組織，就屬「國際特赦組織」
了。我在此處的分析，將不會逾越社會運動的範圍。這類的行
為者往往是以國際社會需對人權提供更多保護的形式，進一步
要求各國必須採行更開放的自由主義。在經過簡要的分析之

後，本章將接著討論那些被稱之爲救濟（relief）或發展
（development）組織，或者是稱爲「私人志願性組織」
（private voluntary organizations簡稱PVOs），或「志願
性組織」（voluntary agencies，簡稱VOLAGs）的私人團體。
這類組織最典型的例子，應該就算是「國際樂施會」（Oxfam
International）了。這些私人行爲者可說都是相當重要的，
尤其是它們往往透過直接或間接的方式，致力於社會與經濟權
利的基層運動。大多數的組織都可被稱之爲自由主義或新自由
主義的行爲者，因爲它們所關注的重點，乃是如何在既有法律
的規範下，制定出更完善且更符合人性的政策，而不是強調透
過權力／武力的使用，而獲致符合國家集體利益的結果。稍
後，我們將在第八章中對「私人營利行爲者」做進一步的探
討，一般來說，當這些行爲者的活動範圍橫跨國家邊界時，它
們就被稱爲是多國或跨國公司。

非政府組織對人權的支持

目前國際間約有二百五十個持續在各國間運作的私營性組
織。這些組織並把對國際人權法，及／或以全球爲基礎之人道
事務的支持與擁護，視爲存在的理由。[2] 在這些團體裡頭，約
有數個團體擁有必要的經費預算、與其它行爲者接觸的管道、
專家，以及能夠吸引全球媒體與主要國家對其在不同議題與情
勢範圍裡的關注。這類團體包括有：「國際特赦組織」、「人
權觀察」、「國際法律人委員會」、「國際人權聯盟」
（International Federation for Human Rights，簡稱
IFHR）、「國際紅十字會」、「人權法委員會」（Human Rights

Law Committee，簡稱HRLC)、「無疆界律師聯盟」(Lawyers Without Borders)、「無疆界醫師聯盟」(Doctors Without Borders)、「醫師人權組織」(Physicians for Human Rights)、「國際反奴役組織」(Anti-Slavery International，簡稱ASI)、「筆會」(Poets, Essayists, Novelists，簡稱PEN，是由愛好和平和自由的作家所組成的組織,主張創作自由，反對沙文主義和極端主義,也是聯合國教科文組織所承認的唯一的一個國際作家組織)、「第十九條小組」(Article 19，其最重視的面向在於「表達自由」)等等。當國際間召開任何與人權有關的會議時，這些自認爲其意旨在爲國際法、和平、世界秩序，與婦女議題效力的私人團體，就會集結許多積極的擁護團體，數目甚至可達到數百個一二百至八百個團體或許是可預見的。其中最主要的團體通常被稱爲是「非政府組織」(non-governmental organizations，簡稱NGOs)或「國際非政府組織」(international non-govern-mental organizations，簡稱INGOs)。另一種類似的組織是由政府所設立，具有半私人性質的人權組織，一般稱爲「政府間非官方組織」(Government Organized NGO，簡稱GONGO)。有一些這類的組織表現得相當積極與活躍，並具有獨立運作的機制，例如在印尼與墨西哥境內的組織即是一例。

　　歷史最悠久且基礎最穩健的非政府人權組織，主要還是以西方爲其根據地，並且往往自認爲主要關注的焦點，在承平時期就是公民與社會權利，在戰爭時期或其它類似的情勢下，就以國際人道法爲其關懷重心。不可否認，西方社會確實表現出一個符合公民權利、私有財富、休閒時間、與價值結構的環境，也因此，那些主要的非政府人權組織才得以在該環境下順

利地運作。從另外一個角度來看，若要透過獨立運作且活動力
旺盛的非政府組織來提倡人權觀念，那麼就必須有一個懂得尊
重公民權利的公民社會加以配合。值得慶幸的是，冷戰結束之
後，自由民主制度已然在國際間形成一股熱潮，同時，各國的
社會環境亦有越來越開放的趨勢。然而，專門為了人權議題而
設立的非政府組織數量，卻沒有因為這種潮流趨勢，而迅速地
增加。不過，若與積極從事國際關係其它面向的非政府組織數
量相比，人權團體所佔的比例其實還是相當穩定。[3]

　　另一方面，有可能使我們要探討的對象變得更加複雜的一
個事實，就是其它為了世俗或宗教目的所成立之私人團體，有
可能在特定時空背景與特定因素之影響下，而轉變為與國際人
權有關的行為者。各種不同形式的「羅馬公教會」（Catholic
Churches），以及「普世教會協會」（World Council of
Churches）就是符合此類宗教團體的兩個最明顯的例子。此
外，勞工聯盟基本上雖然都是關注國內的「麵包與奶油」的議
題，不過例如「美國勞工總會與產業勞工組織」（The Ameri-
can Federation of Labor and Congress of Industrial
Organization，簡稱AFL-CIO）等組織，或許也開始─而且越
來越頻繁─針對人權議題，而制定自己的外交政策。為了要在
自己的國家內保障勞工的薪資與利益，勞工聯盟發現必須要在
其它國家強調勞工權利的重要性。「種族遊說團」（ethnic
lobbies），例如「希臘遊說團」（Greek Lobby）或「中國遊
說團」（China Lobby）等，也都偶爾把人權議題當成是遊說之
標的。此外，我們也可以看到許多國內的公民權利團體，例如
「美國公民自由聯盟」（American Civil Liberties Union），
有時候也會關注國際性的（人權）議題。再者，由於跨國性議

題逐漸增加，或者說是國際關係不斷滲透到國內事務之上，因此，要將國內人權團體與國際人權團體完全切割開來，實在是一件越來越困難的事情。若我們繼續擴大對私人行為者的範圍，那麼或許就可以包含公民行動團體，或者是組成一公民社會了。

　　不過，由於傳統的國際人權團體往往也會選擇與其它不同的行為者結合，以共同面對特殊的人權局勢與處理特定的人權議題，所以部分人權團體有時候會偏好以「運動」或「聯盟」的說法，取代既有個別組織的名稱來指稱彼此之間的結合。[4] 因此，我們可以看到國際間有諸如反地雷運動，或者是支持成立國際刑事法庭的運動等等。根據Keck與Sikkink的說法，參與這些運動的行為者，可能包括有非政府組織、地方性社會運動成員、基金會、媒體、教會、工會、消費者組織、知識分子、部分政府間組織，及部分國家或地方政府。[5] 同時，我們也可以看到一個支持聯合國成立刑事法庭的運動，往往集結了許多「志趣相投」的國家，加上超過二百個非政府人權組織，以及傳播媒體與個人的配合。向來致力於成立一個強勢的國際刑事法庭的加拿大外交部長Lloyd Axworthy，曾經在一九九八年為文指出：「從過去推動國際社會簽訂反地雷條約的成功經驗來看，我們所接觸的對象，不僅僅是政治領袖而已，同時也包括世界上的許多非政府組織、媒體，以及各國的國民。」[6] 的確，我們也贊同此項說法，因為這類運動或聯盟，確實是由許多不同的夥伴所組織而成的。[7]

　　隨著科技的進步，也有越來越多的個人或組織開始在網路上架設網站，這或許也成為支持單一或數個人權議題的積極作為，甚至也可成為前述運動或聯盟的一部分。也因為網路在一

九九〇年代逐漸普及化，因此各項有關人權的資訊也能夠透過
網路快速的收集與傳播，這都得歸因於科技的快速發展。這樣
的結果，也造成相當大的影響。舉例來說，「國際監督協會」
（International Monitor Institute）就開始收集巴爾幹地
區違反人權行為的各項證據，並提供有關前南斯拉夫之戰犯審
判的相關資訊，進而設立了「盧安達檔案資料庫」（Rwanda
Archive）。[8] 除了此資料庫外，還有許多其它相關的電子、
網路的相關行動不斷提供大量資訊給一九九八年七月召開之羅
馬外交會議的與會成員，因而促使其通過了一項成立國際刑事
法庭的法律草案。

過程

　　如果我們的焦點只放在傳統人權組織的提倡行動之上，那
麼，不管該組織是獨立的個體，或者是某項運動中的一個成
員，相信我們都能夠很清楚地理解該組織究竟從事哪些作為。
[9] 首先，該組織所有活動的基本準備工作，就是收集正確的資
訊，並且及時將這些資訊散播出去。對「聯合國人權委員會」
這種希望能夠對政府與其它公部門產生影響力的組織來說，必
須要能夠表現出其具有正確地報導及傳播資訊之能力的信譽。
相對地，國家並不是為了報導真相而存在，國家乃是透過行使
權力以獲致領導者眼中所見到之國家利益而存在。有一句關於
大使角色的古老格言就形容得相當貼切：「他們是被派到外地
去為國家說謊。」然而，另一方面，若非官方的人權團體無法
發展出能夠正確報導人權資訊的能力，那麼，其運作過程中必
然就會遭逢到許多困難。

　　就此點來看，自一九六一年就成立的「國際特赦組織」，

自然具有此項能力。該組織所主要關注的面向，是報導有關良心犯所受到的待遇—所謂良心犯，也就是指那些透過非暴力方式來表達其政治與社會觀點的人—此外，該組織也關懷有關酷刑與死刑的議題。「國際特赦組織」在倫敦設有一個研究性的參謀機構，裡頭的成員約有三百二十位（加上約一百位志工），甚至比聯合國派駐在日內瓦人權中心的成員還要多。[10] 另外，「國際紅十字會」則是自一八六三年來，就以嚴謹的態度，報導有關戰犯與其他武裝衝突及複雜緊急狀況中受難者的各項資訊，因此在國際社會上也具有相當優異的信譽。該會在日內瓦本部的成員約有六百位，加上在其它地區約有一千位左右的成員（包括各國分會的成員，但並不包括當地所聘用的成員）。誠如前文所述，「國際紅十字會」在審查資訊時的態度相當嚴格，除非其代表確實掌握某件非法情事的證據，否則該會並不輕易地對特定事件做出評論。[11]

　　儘管有許多行為者或許並不同意這些非政府人權組織所倡議的政策，但是，對於這些最具信譽的非政府組織來說，因為其所提出的報導總是兼具正確性與及時性，因此很少有學者或政府官員對其表示質疑。諷刺的是，一旦有行為者試圖對這些組織提出的報告表示懷疑，那就代表該行為者必定隱瞞若干不可告人之事。一九八〇年代，雷根政府的態度就是一個相當明顯的例子。當時美國為了擊退共產主義在薩爾瓦多與尼加拉瓜等地的散佈，因此縱容其在中美洲地區的附庸國做出種種嚴重侵犯人權之行為。後來，當「國際特赦組織」公開有關美國對附庸國之行為視而不見的態度時，雷根政府公開抨擊其正確性，因為美國發現這份報告—後來其內容被證實是正確的—讓其感到相當惱怒與尷尬。[12]

　　第二，這些倡導人權的非政府組織，透過將相關資訊予以
分析與傳播，試圖要勸服政府當局通過新的人權規範，或者是
確實執行已通過的各項規範。這種勸服的的行爲，或許可以稱
之爲「遊說」，但是爲了維持這類組織的非政治性特質，加上
其在多數西方國家裡是免稅的組織，因此，它們傾向於將此行
動稱爲是「養成訓練」（education）。[13] 不過這種（遊說）技
巧，對研習政治的學生來說，應該算是稀鬆平常的了。我們可
以發動「一人一信」活動、與官員面對面溝通、安排參謀人員
進行簡報、在平面媒體上發表社論或專欄文章、上電視節目擔
任（主持）發言人等等。像「國際特赦組織」這類大型的團體，
就時常一方面發動「一人一信」運動，一方面與菁英進行接
觸。至於「人權觀察」與「國際法律人委員會」這類沒有廣大
成員的團體，就會避免採用「信件攻勢」與其它基層的行動，
而是致力於和政府官員進行直接溝通。不管如何，這類組織的
重點都是在不斷迫使政府接受其組織的觀點，同時也包括其符
合法律的合理性，直到此觀點成爲真正的政策才告結束。

　　不過，究竟什麼才是推動人權議題的「合理適當」途徑
呢？這其實是一個見仁見智的問題。一般非政府人權組織的通
病，在於其一心一意想要追求人權議題，同時也想達到一種道
德上的一致性。這對政府官員來說，似乎顯得有點太過理想
性、死板、且可說是太過天真了。[14] 許多高層的外交決策官
員，因爲需要管理那些因爲把安全、經濟、生態與人權考量全
部結合在政策裡頭，而產生的矛盾，所以其態度往往十分謹慎
小心。[15] 我們在第六章裡就曾提過，要管理這種矛盾，同時對
於人權議題還能夠保持堅定的立場，對於任何擁有多重目標與
利益的國家來說，其實都是相當困難的。的確，一個想要尋求

完美的道德一致性的非政府組織，在大多數的外交決策專家眼
中，無異於一種烏托邦的理想目標。根據調查，在所有接受訪
問的非政府組織中，只有百分之十一的組織指出其確實影響了
某些國家的政策，使這些國家的政策更貼近它們所提倡的人權
方向。[16]

　　然而，若我們從另一個角度來看，就會發現許多最初看起
來充滿道德性與烏托邦理想性質的運動，其實隨著時間流轉，
最後都會導致政策與情勢上的改變。奴隸制度、格鬥、纏足、
否定婦女的投票權，以及許多其它觀念，過去在許多社會中都
是既定的習俗。然而，這些觀念卻必須被改變。而後，這些觀
念因為各界長時間持續的施壓，最後也真的都被廢除了。[17] 換
言之，過去屬於烏托邦理想主義的概念，現在都已經被進一步
落實了。而過去根深蒂固的觀念，甚至是相當核心重要的觀
念，現在看起來，也都是過時的東西了。

　　即使是政府與非政府組織之間，已經針對普遍性或長程性
議題達成協議，但是在當下該採用哪些對策的問題上，仍然有
可能發生嚴重的爭議。在一九九〇年代時，許多非政府人權組
織對政府持續施加壓力，希望政府能夠立即採取行動逮捕在前
南斯拉夫內部，做出嚴重違反人權行為的暴力分子。不過，雖
然有許多美國政府官員原則上支持國際刑事訴訟的原則，但是
在社會與國會內部，卻出現更強大的新孤立主義聲浪，因此，
政府對於逮捕行動的決策，也就比那些非政府人權組織所預期
的更為謹慎。同樣是在一九九〇年代，也有許多非政府人權組
織要求政府對中國長久以來有計畫的迫害行動施以制裁。但
是，由於大多數政府官員希望能和中國在安全、經濟與生態等
議題上有進一步的合作，因此，便決定就人權政策與中國進行

長期性的交往與溝通，而這和人權組織所欲的政策並不相同。由此觀之，因為美國政府高層官員必須肩負各式各樣的責任，所以其對「人權」所採取的行動路線，也只好一次又一次的和非政府組織成員的企盼有所差異。

　　公元一九九九年，「國際特赦組織」嚴厲地譴責各國召開討論有關一九四九年通過與以巴戰爭中，以色列在中東所佔領的區域裡之人權問題有關的〈第四號日內瓦公約〉（Fourth Geneva Convention of 1949）的會議。該組織認為此項會議根本只具有形式意義，同時該會議的討論過程也十分草率。[18]「國際特赦組織」希望能夠透過較周延的會議，來處理有關以色列對其囚禁之巴勒斯坦人的審訊方式的問題。然而，當以色列的巴拉克政府贏得選舉後，包括巴勒斯坦當局、美國、以色列，以及其它參與者最後都一致認為，兩造重啟和平進程的對話，其比單方面批評以色列在佔領區的行為更為重要。儘管國際特赦組織認為佔領區的人權問題是當務之急，但是國際間主要的國家政府卻將以色列與巴勒斯坦之間的和平與穩固關係，視為最優先的考量，並認為只有先獲致雙方面的和平，以、巴才有可能進一步改善其它面向的議題。

　　持平而論，當許多傳統的非政府人權組織與政府官員面對面進行協商溝通時，它們其實缺乏一般成功的利益團體所具備之兩項基本資源：第一，非政府人權組織並沒有為數眾多或專職的成員，能夠以選票來威脅政府；其次，它們也沒有足夠的預算，能夠以撤回大量的政治獻金的方式來要脅政黨（國會議員）。由於缺乏這兩項主要的資源，這些非政府組織也就無法取得最正確的資訊，同時也無法從事積極的遊說（養成訓練）行動。除此之外，這些組織也面臨到無法及時獲知政府重要的

公共決策（較容易從立法部門得知，而無法立即得到行政部門
的消息）。甚而，這些組織和重要的決策者與媒體機構之間的
關係，也就無法得到進一步的發展與強化。

　　第三，傳統非政府人權組織之所以公佈其收集到的資訊，
主要是希望透過長期的宣導過程，讓各國與所有人都能夠在潛
移默化中接受人權的觀念。它們也希望能夠藉由宣傳的方式，
在短期內進一步達到影響政策的目標。的確，當前所作的各項
「養成」努力，有可能會成為明日決策過程的背景。現在接受養
成訓練的人，或許以後就成為重要的決策者。大致上，所有傳
統的非政府人權組織都擁有積極且廣泛的出版計畫。舉例來
說，「人權觀察」就與耶魯大學出版社（Yale University
Press）簽有出版協議。大多數的非政府人權組織在其預算中，
通常都有編列部分經費以支付書籍、手冊、報告等出版品的費
用。除了傳統書面資料，這些組織現在也都透過網路來傳播其
收集到的資訊。它們希望能夠喚起決策者與一般普羅大眾的
（人權）意識，進而創造出一個更有利於它們進行「養成訓練」
（遊說）的環境。

　　不管我們是不是把這種出版工作看成是基層遊說活動，或
者長期養成訓練的一環，不可否認，此項工作對於創造與維持
一個支持人權政策的環境來說，都是相當重要的。我們知道在
一九九〇年代時，美國民意基本上都傾向於支持政府採用務實
的國際主義，但是對於道德國際主義的支持，卻大多不表贊
同。[19] 換句話說，美國民意往往對於政府在貿易與其它議題
上，例如阻止非法藥品走私到美國，以及其它與提升美國社會
有關的議題，所為之積極的外交政策表示支持。但是，一旦外
交政策的目標是以道德為出發點，而背離了利己主義的考量，

例如解除索馬利亞內的飢荒情形，那麼，美國民眾將會意識
到，其國家利益或有可能因此而被犧牲，美國士兵將有可能因
此而失去生命，如此一來，社會大眾對於政府政策的支持度，
自然也就不會太高了。在這樣的環境背景下，非官方的人權團
體總是會感嘆其沒有足夠的能力，可以對外交政策和國際關係
產生重大與持續的影響。[20] 不過，這種務實的環境，對於那些
提倡賦予貿易更多關注，且降低對有可能對國際貿易造成阻礙
的人權考量的商業與勞工組織來說，卻是相對有利的。

　　美國作為一個超級強國，這樣的想法在美國內部也逐漸蔓
延開來。的確，美國內部，不管是行政部門或立法部門，都漸
漸形成一股共識，認為由美國發動之單方面的經濟制裁，不但
對貿易標的造成阻礙，同時也使美國與盟國之間發生摩擦，而
經濟制裁更是沒有想像中的有效。[21] 的確，為了支持人權目標
所採取的經濟制裁政策，並沒有受到各界的熱烈響應。華府當
局的決策者也清楚知道，社會大眾對海外人權情勢的關注，其
實並沒有強烈到會施壓政府，迫使政府採取行動的程度。決策
者也知道如果外交政策的目標逾越了某個範圍，甚至開始造成
不必要的支出浪費，該政策將會面臨極大的麻煩—美國在一九
九三年秋末對索馬利亞所採取的政策，就是最明顯的例子。這
種情況，相當程度解釋了北約組織在一九九九年對南斯拉夫進
行「高空空襲」的決定，同時也說明了盟國對派遣地面部隊加
入戰鬥的決定遲遲猶豫不決的態度。也因為有這樣的政治環
境，使得許多非官方人權團體的努力付之東流。

　　不過，就算政治環境顯現出務實性而非道德層面的態勢，
有關國際認可之人權規範的提升，倒也不見得就毫無希望。舉
例來說，在一九九０年代中期，某些非官方人權團體就與國會

中的「非裔黨團」（Black Caucus）共同合作，而成功地迫使
美國關注那些受到壓抑的海地人民。儘管美國政府內部有些人
早就已經想要為這些受到壓抑的人民做些什麼，不過，有了美
國人民與國會的支持後，Clinton政府後來才能理所當然地以
支持海地民主的名義，派遣軍隊到海地進行軍事任務（部分原
因也為了阻止海地人繼續逃到美國）。不過，美國的軍事活動
當然也有其限制，那就是美國士兵的傷亡程度，不能超出各界
所能容忍的範圍。說得更清楚些，一旦Clinton的海地政策發
生和索馬利亞相同的結果，也就是造成超過十二名士兵的傷
亡，那麼海地政策最後將有可能和索馬利亞政策有一樣的下場
一亦即美國國會與民眾將不再對其表示支持。同樣的態度，也
可以用來解釋美國在波士尼亞部署軍隊，以及逮捕被起訴之戰
犯的決策。只要在能夠容忍的程度之內，而各界也不會認為付
出之代價過於「重大」，那麼美國行政部門將可以在海外採取
任何行動，以達到改善其它區域人權環境的目的。然而，一旦
美國民眾發現代價已經超出可以接受的範圍，尤其是有人員傷
亡的情事發生，那麼行政部門將被迫採取權宜的緊急措施。
（前述所有的範例，其實都受到來自國會、非政府組織，以及媒
體的影響。）由此觀之，究竟這些非政府組織的人權教育能否
讓各國的政治文化變得更支持人權，同時對人權觀念有更堅定
的態度，可以說是相當重要的一個問題。[22]

　　第四點，也是最後一點：某些提倡人權的團體，也會對那
些在違反人權行為中的受難者提供直接的服務。這些團體可能
會採取「司法遊說」（judicial lobbying），或者是直接採取
法庭訴訟的手段。它們可能會擔任訴訟當事人的顧問，或者提
交有利的訟案（顧問訟案），以使法院做出契合人權規範的判

決。它們也可能給那些尋求政治庇護者一點建議，教導他們該如何根據國際法的規定，確實表達出其想要取得難民資格的意願。此外，像「國際紅十字會」這類獨特的組織，一方面會到拘留所進行訪視，以確定拘禁環境是否符合人道標準（有時候也會基於人道因素，而要求釋放特定囚犯），另一方面，該組織也會對囚犯與其他在戰爭與政治衝突中受迫害者，提供多方面的援助與救濟。其中，到拘留所進行訪視的行動，可以被認為是一種擁護人權的作為，因為「國際紅十字會」不但會對相關部門報告結果，同時也會要求該負責部門必須進一步改進相關缺失。

　　總的來說，儘管具有國際觀而且對於國際人權法與人道事務有緊密關聯的主要團體仍然很少，但是在二十世紀的最後二十五年裡，支持各種不同人權面向的團體，可說是如雨後春筍般地快速增加。早在一九九三年，聯合國於維也納召開的人權會議中，根據官方統計的資料，參與此項會議的非政府組織就已經有八百四十一個。[23] 值得注意的是，有許多團體關注的重點，都是在鼓吹將婦女全力納入人權之中。這些團體不但在維也納大肆宣導其立場，同時在一九九一年聯合國於北京召開的婦女會議上，也可以看到這些團體的蹤影。這兩項會議，以及其它聯合國主辦的會議，有時候被批評為「清談俱樂部」（talking shop，即毫無成效的會議），或者只是辯論學會而已。因為根本很少有國家會在這些會議結束後，徹底改變其既定的政策。不過，這些會議卻讓非政府組織有了結合與交流的機會。同時，至少在會議進行期間，這些團體可以暫時讓國際社會注意到它們在人權與特殊權利面向上的主張與立場。時值二十世紀即將結束，我們可看到關注人權議題的非官方團體已

經多到不可勝數，這可說是世界史上前所未見的蓬勃情況。
不管是婦女權益、兒童權利、或者是囚犯的權利等等，都已經
得到許多非政府組織的重視。但是，我們卻也可以看到有許多
偏見是仍然存在的。社會與經濟權利仍然是人權運動中較不受
重視的一環，或可稱這些權利爲正統人權家族裡的「繼子」
（step-children，引申有不受重視之事物）或「庶子」
（illegitimate offspring），部分以西方爲發源地的非政府
組織，對這些權利所表現出的「歧視」態度尤其明顯。儘管如
此，一個國際公民社會正在逐漸地形成，而提倡人權的團體與
其盟友也在此環境中展開積極的行動。

影響？

　　我們知道，真正最重要的問題並不在於人權團體做了些什
麼，以及如何做；許多對人權團體有深入接觸的觀察家早已對
這些問題有了肯定的答案。相對地，真正具有挑戰性的問題在
於，我們該如何去界定，並歸納這些團體的影響力。[24] 然而，
從過去的經驗來看，不管在哪一種政治體制之下，不管在任何
時間點內，要精確地分析任何利益團體或者聯盟的影響力，可
說都是相當困難的。[25] 舉例來說，爲什麼在美國曾經具有相當
深遠影響力的「煙草遊說團」（tobacco lobby），到了一九九
〇年代會突然失去其影響力，而居於劣勢，甚至還讓國會通過
一連串可能對其不利的決議案，包括對煙草廣告與煙草使用的
限制等等。另外一個例子則是被公認爲是對美國政治界最具影
響力的「以色列人遊說團」，爲什麼在一九九〇年代也會暫居
下風，甚至無法阻止美國政府銷售武器給阿拉伯國家？另外，
爲什麼曾經在一九七〇年代與一九八〇年代，在華府地區相當

具有影響力的「中國遊說團」，卻無法阻止美國與台灣在雙邊
關係上的轉變呢？的確，這些問題與其它有關遊說團的一般性
問題，以及與外交政策有關的問題，真的都很難找到完全正確
的答案。大致上，一般都認為「特殊利益」主宰著當代政治的
局勢，但是如果這些「特殊利益」確切的影響力變得更難以估
量，則要詳細分析其細節，則又是更難的事情了。

　　在分析非政府組織影響力的時候，往往會遇到一個普遍的
問題，那就是究竟成功的定義該如何界定。如果某個或多個非
政府組織，成功地協助聯合國安理會提出之設立盧安達刑事法
庭的議案得以通過，但是此一特別法庭後來在解決非洲大湖區
的問題時，並沒有發揮應有的影響力，那麼，我們是否能說這
些非政府組織的影響力真的成功了？此外，如果此一特別法庭
後來又順利促使聯合國成立一個常設性的國際刑事法庭，此
時，成功的標準是否會隨之改變呢？如果說「國際特赦組織」
或「國際紅十字會」阻止了某些暴行的發生，但是，既然這些
暴行尚未發生，我們又該如何評斷這些組織的行動確實成功了
呢？如果波士尼亞內部的非政府組織可以幫助減少政治迫害與
謀殺事件的發生，但是在行動過程中，因為必須將脆弱的公民
遷移到敵軍勢力範圍之外，卻反而導致了種族清洗與促成征戰
方的其它政治目標，那麼這是否也能算是成功呢？

　　有時候在處理這些難以理解的成功或成就概念時，我們可
以用下列幾個不同的（成功）類別來加以區分：成功一、完成
討論議程中所欲的項目或主題；成功二、達到嚴謹的討論；成
功三、達到程序上或制度上的改變；成功四、獲致明確的政策
改變，並能改善或消除問題的嚴重性。從這四種類別來看，在
反對奴役制度與反對女性生殖器切除運動的初期階段裡，只要

能夠影響政府高層官員，讓他們認為這些議題是相當重要的問題，那麼或許就可以算是一種成功了。[26]

除此之外，非政府人權組織所能得到的另一項最有用的幫助，乃是得到來自於知識社群的支援性發現。所謂的知識社群，其實就是指由專門透過分析因果關係，而找出「事實」的科學家或「思想家」所組成的網絡。就某種程度而言，如果有某個科學上的事實，是被廣泛接受的，那麼公共政策則很有可能會依循著此一事實而制定—當然，從制定到真正落實，還是需要一段時間，而究竟間隔多久，則端賴非政府組織的遊說能力而定。如果知識社群能夠提供對「二手煙」對人體造成的危害，提供更具說服力的科學證據，那麼社會上對於禁止在公共場所與室內吸煙的運動，將更容易被接受，落實到公共政策上所需要的時間也就越短。如果醫療人員能夠證明非洲與其它地區所執行之女性生殖器切除儀式確實會對婦女健康有明顯的危害，那麼與之相關的科學事實的報告的散佈，將有助於人權團體進一步消除這種行為。[27] 不幸的是，大多數支持國際人權規範的決策，乃是與政治和道德選擇有關，與科學事實有關的部分其實相當少。

另一方面，當我們想要證實非政府人權團體之影響力時，通常遇到最大的障礙就是在大多數情境之下，這些團體的影響力會因為其它因素的約制，例如媒體報導，而被併入政府官員本身的影響力之中。舉例來說，非官方的人權團體一直大力要求聯合國必須設立人權事務高級專員的職務，而此職務也真的在一九九三年得到設立。儘管有許多非官方團體想要對外主張其努力，但是許多國家政府也同樣為了達到此目標，而採取積極的支持行動。再者，由各國組成的聯合國維也納會議，則是

進一步對此項職務有所確認。此外，有些行為者具有特別突出
的人格特質，例如前任美國總統 Jimmy Carter，對於此職務
的設立，就顯得特別積極與支持。同時，媒體持續報導此一議
題，實在也是功不可沒。這些其它面向的協助，其實都進一步
削弱了非政府組織在此議題上所付出的心力

　　同樣地，如「赫爾辛基觀察」之類的非政府人權組織，在
冷戰期間就曾經和歐洲共產主義國家內部的個人與非官方團體
共同合作，對這些國家施加壓力。但是西方社會卻也透過「歐
洲安全合作會議」，在人權議題上積極運作。也因此，當歐洲
共產國家衰落之後，與個別國家所施加的壓力相比之下，或者
與這些歐洲共產國家本身面臨到的經濟困境相比（請參考第四
章的內容），我們幾乎不可能明確指出非政府人權組織的影響
層面與程度究竟為何。

　　幾乎所有事件背後都有許多催生的因素，因此要明確指出
非政府人權團體，或者甚至是支持此事件的運動或聯盟的影響
力，其實都是不太可能做到的。在一九七五年時，美國眾議院
一位聲望相對較低的眾議員Donald Fraser，決定召開一場聽
證會，討論人權在美國外交政策中所扮演的角色與地位。身為
眾議院小組委員會主席的Fraser，當然有權自行決定召開聽證
會。[28] 在這場聽證會中，Fraser再次提出近二十年來，各界
所忽略的問題：將人權議題引介到美國外交政策之中。然而，
非政府組織對這些事件的影響其實可從下列三種方式看出。

　　首先，有許多反戰的非政府組織與運動，就曾協助規劃該
場聽證會之進展與各階段的工作，而這些組織與運動，其實都
可算是美國內部幾個非政府人權組織的先驅。[29] 此外，美國社
會對於美國政府的越南政策逐漸感到不滿，同時認為美國的外

交政策似乎有想要擺脫道德考量，甚至朝邪惡的方向前進，這些也都促使美國內部形成一種強調人權的政治風氣，Fraser也因為這些因素而召開人權聽證會。其次，當該場聽證會排入時程後，便成為「國際特赦組織」—美國，與其它非政府人權組織，針對人權議題展開辯論的場域。第三，Fraser在外交政策議題上的主要參謀，John Salzburg，曾經在非政府組織內部擔任要職，而且仍繼續與華府地區之若干非政府組織保持密切往來，互通訊息。因此，雖然我們沒有明確的證據，可以指出非政府組織的確曾經像Fraser施加壓力，以迫使他召開此場重要的聽證會，但是，不可否認的是，非政府組織，加上Fraser與其他政府官員的力量，對於強調美國外交政策中的人權因素，確實發揮相當程度的影響力。

正如同Nial McDermot這位「國際法律人委員會」的資深成員所言：「非政府組織創造了能使政府感受到之壓力發揮效用的必要條件。」[30] 再者，惟有透過官方組織與非官方組織彼此行動之間的共同作用與相互影響，我們才有可能對非政府人權組織與其聯盟所扮演的角色有完整的認知。也因此，非官方人權團體所發揮的影響力，通常都是以「半官方」、「半私人」的方式予以呈現。現在有許多決策都屬於跨國或各國社會與社會之間的範疇，而牽涉其中的，也包括有國際與國內行為者，因此，政府決策也必然同時或偶爾具有官方與非官方的特質。政府官員為了得到進步的動力，也有可能會加入非政府組織與傳播媒體。這也正是為什麼研究（社會）運動、聯盟或網絡會成為流行的主要原因，雖然我們仍無法判定哪些行為者在運動中，在最重要的時刻扮演最重要的角色，但是前述理由，已經可以讓我們瞭解非官方組織的影響力是不容忽視的。

　　除了前述間接的影響外，在某些情況下，非政府人權組織，或是其聯盟與其盟友，卻是明顯地能夠對與人權有關之決策產生直接的影響力。經過分析與探究，有些作家便指出，某個或多個囚犯之所以會被釋放，主要是因為「國際特赦組織」採取必要的行動所致。[31] 另外，也有一些人指出非政府組織在若干條約的制定過程中，對於其中人權規範的相關談判，確有明顯的貢獻。[32] 一個最顯著的例子就是非政府人權組織，會同媒體代表等其它行為者，對於協助轉變墨西哥、阿根廷，以及其它美洲地區國家的政治文化，使這些國家能夠更重視人權，可說有相當大的貢獻。[33] 不能說全部，但是大多數的聯合國監督機制，從審查委員會到特別書記員等等，可說都是靠著非政府組織所提供的資訊，來指導其行動方向。之所以會有這種現象，主要原因之一在於各國逐年減少捐贈給某些聯合國行動的經費，使得非政府組織在人權範疇上，能夠扮演更重要的角色，並具有更強大的影響力；聯合國官員因為缺乏足夠的資源、資訊來回應、解決其面臨之龐大的問題，因此，只好求助於非政府人權組織，以從中得到必要的資訊。[34]

　　雖然聯合國對於非政府人權組織的依賴有逐漸加深的趨勢，然而，某些國家卻總是企圖要阻止這些非政府組織取得或更新其擔任聯合國諮詢者的地位。取得這種地位，是非政府組織所以能夠傳遞其文件報告，並在聯合國會議中發言的必要資格。進一步來看，如果非政府組織根本毫無影響力，同時也沒有激怒國家的可能，那麼各國政府並不會花費精力來封鎖這些組織的各項活動。凡是反對非政府組織，或是對其提出批評的國家，正代表著其是在為自己辯護，同時也相當在意非政府人權組織的動向，並且對這類組織的發言表示憂慮。不可諱言，

大多數國家都相當重視其在國際間的名聲，因此，必然會採取
更積極的作為，企圖阻止各項對其不利的批判性評論。[35]

　　在一九九九年時，隸屬於聯合國經濟社會理事會的「聯合
國非政府組織委員會」（UN Committee on Non-Governmen-
tal Organizations）決定撤銷本部位在蘇黎世之「國際基督
徒聯盟」（Christian Solidarity International，簡稱CSI）
的諮詢者資格。主要原因在於此一引起爭論的組織，在許多地
方都激怒了蘇丹。同樣地，該委員會也不再賦予總部設在紐約
之「中國人權」（Human Rights in China）組織的諮詢者資
格，主要也是因為該組織經常發表一些冒犯北京政府的言論。
[36] 由此可知，即使冷戰結束已經有十年之久，而且西方國家在
聯合國體制內的影響力也比過去更為強大，但是，對於某些倡
議人權觀念之團體在聯合國訴訟過程中所扮演的角色，部分南
方國家仍然試著要限制其重要性，而不讓這類團體有抨擊它們
人權表現的機會。

　　儘管我們無法以科學方式來加以檢證，但是以下這個「無
效的」假設，卻是相當有趣的：如果過去三十五年來，世界上
沒有任何非政府人權組織存在，那麼人權在當前國際關係裡的
地位，將不會如此重要與顯著。的確，我們都知道在一九七〇
年代與一九六〇年代晚期，柬埔寨與墨西哥曾經分別發生過重
大的侵犯人權情事，然而，種種嚴重的情形並沒有引起國際間
的注意與壓力，這就是因為當地與國際間的非政府組織並沒有
對此事件加以報導，也沒有採取任何行動以抵制這種不法的行
為。[37] 更明確地說，以倫敦為根據地的「反奴隸協會」（Anti-
Slavery Society），在十九世紀初期採取了若干行動，因而
成功地改變了實行將近一個世紀的奴隸制度與販賣奴隸行為。

此外,現在的「國際紅十字會」,在一八六三年時是稱為「救援傷兵國際委員會」(International Committee for the Relief of the Wounded)。從那時候開始,該組織就採取許多作為,以達到改善國際人道法,或衝突情境中的人權法的目標。這些都是在國際間擁有廣泛影響力之非政府組織的最佳範例,雖然這些團體近來也時常與政府部門採取一致的行動,但基本上它們還是非官方的組織。大體上,政府官員能夠制定採用人權規範的決定,或者決定某種執行相關規定的方式。但是在某種程度上,官員們卻必須得依靠非政府人權組織或人權聯盟創造出適當的環境,才有助於相關規範的落實。不過,這些非政府組織的影響力卻還是沒有一定形式,同時也是相當難以界定的。未來,我們或許可以有能力進一步界定出能夠使非政府人權組織或運動之目標得以成功推展的各項條件,例如在下列情況裡,人權組織的行動或許更容易成功:人權組織所欲施壓的目標國領袖,過去基本上也支持人權規範;國家領袖並不認為違反人權的行為會對其掌握之權力有所損害,或可能危及到國家的安全;人權組織欲抨擊的目標國,對其它國家來說,沒有戰略或經濟上的重大利益或價值。

在此同時,非政府人權組織也在國際間營造了一個對人權表示同情與支持的環境。就這點而言,這些非政府組織也已經在一定程度上限制,並轉換了國家主權的概念。也就是說,在國家主權確實運作之下,也包括了對國際認可之人權有一定的尊重。換言之,像伊拉克這類進行大規模且有計畫之迫害基本人權行為的國家,從國家主權的原則來看,根本就不具有前述尊重人權的特點。在一九九○年代,伊拉克事實上是被聯合國所接管,並接受其監督。這是因為伊拉克政府假借名義,在伊

拉克與科威特境內從事違反人權之行為，並且侵略科威特，造成主權的濫用，國際社會只好採取必要的行動以應對危機。同樣地，南斯拉夫的Milosevic政權也發生這種情形。Francis Fukuyama過去所作的論述，到現在仍然有其一定的效力。他指出：「在居於主導地位的國際關係理論中，擁有完全合法正當地位的國家，乃是尊重公民與政治權利的自由民主國家。」[38]支持人權的團體所扮演的基本角色，或許是在提醒所有人要注意各地區的人權表現，同時，當某地區發生嚴重且有計畫違反人權之情事時，人權團體則會督促國家必須根據其基本權利，而採取必要的行動。

非政府組織的救濟與發展行動

　　誠如前文所述，〈國際人權法典〉所規範的權利包括有經濟與社會權利，例如在承平時期能夠獲得足夠糧食、衣物、屋舍，以及醫療照顧等。相對地，國際人道法則允許在武裝衝突期間，非戰鬥人員能夠有獲得緊急援助的權利─同樣也是取得糧食、衣物、避難處所，以及醫療照顧等服務。[39]聯合國則是進一步將這些權利運用在「綜合的緊急情況」之上。藉由此一不甚精確的範圍，以適用在若干確實發生武裝衝突，而且無辜的平民確實需要援助，公共秩序也遭到破壞，但當事國不願承認的情形。就過去的經驗來看，我們發現一項與既定推理不相一致的事實：不管在承平或是戰爭時期，專門負責落實這些社會與經濟權利的非官方團體，其實並不是人權團體，而是救濟（或人道）與發展組織。不過，我們卻能夠理解這種現象的出現。因為在人權議題尚未如此受到重視，也沒有引起熱烈的討

論之前，許多相關組織一直進行的，其實就是救濟與發展的工作。

　　不管這類組織究竟以什麼樣的名義出現在我們的眼前，這個世界上確實還是存在著一個救濟與發展的負責國際性體制，而且只有在非官方組織願意加以配合的前提下，這兩項任務才能夠得到真正的實踐。同時，非官方團體經常也接受來自各國不同形式的捐獻，並且與政府間組織共同合作與配合。正如同人權提倡組織一般，救濟與發展組織在運作上，也往往同時採用官方與非官方的途徑。有關救濟與發展的議題，美國與歐洲聯盟的成員國提供了相當豐富的資源，可供讀者進一步參考。[40] 另外，隸屬於聯合國的許多組織，也負責並參與許多救濟與發展的工作，這些組織包括：「聯合國兒童基金會」、「世界衛生組織」、「世界糧食計畫」、「聯合國發展計畫」（UN Development Program）等等。不過，相當程度而言，非官方組織才是能夠落實相關規範法規的重要角色，也是協助處於緊急情況下之百姓能夠取得食物、衣物、屋舍、醫療照顧等相關救濟資源的主要角色。換言之，非官方團體乃是將書上的法規條文確實落實在行動之上的最大功臣。此外，真正能夠適應，甚而轉換國家主權之運作模式的，也以非官方團體的能力為最。

救濟行動

　　由於國際人道法的規定，在武裝衝突與綜合性緊急情況下的救濟體系，或許與承平時期的體系會有些許的不同。此外，不但指揮行動的相關規範會不一樣，參與其中的行為者也有不同。因為本書的篇幅有限，在此我就只討論戰爭與綜合性緊急

情況下的救濟體系。[41]

　　除了自然災害所引起之緊急情況，在所謂「人爲」災害之中，因爲「國際紅十字會」長久以來就與戰爭受難者與國際人道法保持相當緊密的聯繫，所以針對這些災難，此一非官方組織往往扮演一個相當重要的角色。舉例來說，「國際紅十字會」就被認爲是在索馬利亞危機（一九九０年代）中，最爲重要的救濟組織，即使在數萬名美國軍事人員抵達索國之後，該組織的重要性仍未曾減弱。然而，「國際紅十字會」卻沒有包辦所有危機情況中的救濟行動。例如，在一九九０年代中期以前，「聯合國難民事務高級專員」主導了因應波士尼亞危機的大部分公民救濟計畫，「國際紅十字會」只能算是副手而已。另外，在一九八０年代晚期的柬埔寨危機中，「聯合國難民事務高級專員」和「國際紅十字」會則同爲眾多國際救濟組織之中的領袖。不過，在這些危機，以及其它類似的場域裡，還有許多非官方組織的表現也相當積極，例如：「世界展望會」、「美國基督教世界救濟會」（Church World Service，簡稱CWS）、「慈愛會」（Charitas）、「國際樂施會」、「拯救兒童」（Save the Children）、「無疆界醫師聯盟」等等。整體來說，國際非政府組織，尤其是救濟組織，其發展已經相當蓬勃，因此，若我們在任何類似盧安達與一九九０年代中期的衝突危機之中，看到有數百個非官方救濟組織在各地從事相關行動，也並不需要太過驚訝。

救濟行動：執行過程上的挑戰與問題

　　雖然非官方救濟組織的數量與日俱增，而且所進行的各項行動也相當積極，不過，我們還是可以將這類組織（也稱之爲

社會—經濟人權團體）所面臨的挑戰整理如下：[42]

1、這些組織必須經由談判，才能救濟真正需要幫助的
人。任何人都可以對人權侃侃而談，甚至也可以對
援助他人之權利表達看法。在一九九0年代的時
候，國際間關於人道干預權利的討論，可說是沸沸
揚揚。然而，由於救濟行動乃是一種相當務實的表
現，任何組織都必須要與那些掌握武力的人進行談
判，以便能順利地在武裝衝突與綜合性緊急情況
中，進行救濟／援助行動。不過，就算在政府當局
（法定政府與事實政府）與救濟組織之間，針對提供
救濟的問題上達成了若干普遍性的協議，有許多細
節還是必須隨著時空、地域不同，而有所變動。

2、救濟組織必須要對實際所需有正確的估量。各種救
濟資源的分配不但要能夠因地制宜，而且必須避免
多餘或不必要之物品與服務的濫用。此外，若當事
國把有計畫的強暴當成是從事戰爭、恐怖行動、種
族清洗等惡行的一種武器，則救濟組織就必須對受
害婦女提供婦科與精神醫療的服務。

3、非官方團體必須以及時且有效率的方式來發動救濟
行動。就此點而言，「國際紅十字會」就有相當大的
優勢，因為該組織較廣為人知，同時也得到許多西
方國家的肯定與尊重。再者，「國際紅十字會」在各
國的分會更超過一百二十個，彼此之間串連起來的
力量，實不可小覷。不過，其它非官方組織也有自

已動員的方式，例如透過信譽卓著的宗教或非宗教
網絡等。

4、 非官方團體必須透過及時且符合經濟效益的方式，
 以確實分配救濟物資。在此面向上，「國際紅十字
 會」也比其它組織具有優勢。一方面因為其沒有類
 似某些聯合國機構的龐大官僚系統，另一方面則因
 為其在各區域、國家以及國家間都設有辦事處（除
 了各國紅十字會分會／紅新月會以外）。更重要的
 是，國際紅十字會從一九七〇年代開始，就持續執
 行運送救濟物資到佔領區與衝突場域的相關任務，
 該組織的豐富經驗也是其利基之一。「國際紅十字
 會」在索馬利亞危機時的表現，就令人印象深刻。
 不過，其它救濟組織，尤其是聯合國難民事務署，
 也正不斷地累積這方面的經驗。不可否認，有些救
 濟行動的規模，確實也超出「國際紅十字會」的能力
 範圍，而必須與其它組織共同合作。舉例來說，自
 一九九四年起，約有二百萬人為了躲避有計畫的種
 族滅絕衝突與內戰而逃離盧安達。為了處理此一大
 規模危機，「國際紅十字會」便決定專心在盧安達內
 部從事救濟行動，讓其它救濟組織負責處理外部的
 救濟事務。

5、 所有的救濟組織一方面必須評估過去的行動，另一
 方面則需要對未來的行動有所規劃。就此點來看，
 所有主要的救濟組織都已經做到了，但是某些規模

較小，較缺乏經驗的組織，以及非常設性的特別團體，則並不符合這點要求。

除了上述幾項挑戰之外，整個國際體系、運動，或是組織聯盟在處理人為災害的時候，也面臨到許多迫切的議題。

/、**是否要進行更多協調？**關於此項問題，其實各界都有相當多的討論與爭辯，不過，卻沒有任何一個主要的救濟組織願意聽從其它行為者的指揮。就法律層面來說，「國際紅十字會」是一個以瑞士為根據地的非官分組織，根據其法規章程的規定，只有全國大會才享有決策的權力，重要的是，也只有瑞士人有權力參與此全國大會。「國際紅十字會」拒絕接受任何聯合國組織，以及其它分會或任何國家的控制。此外，包括「聯合國難民事務署」、「聯合國兒童基金會」、「世界衛生組織」、「世界糧食計畫」等組織，也都有其獨立的預算、行政長官、管理機構、授權代表。這些單位也都拒絕接受任何聯合國主要部門的管理，或者聽命於需對聯合國秘書長提出報告之聯合國緊急救濟協調專員的指揮（即現在負責人道援助事物的副秘書長）。此協調專員事實上也沒有足夠的法律、政治及預算上的影響力，能夠迫使其它行為者服從其指揮。從政治層面來看，美國與歐盟這兩個聯合國最大的經費捐贈國，對於是否要有更多的協調溝通，其實並沒有十分堅持。不過，目前的運作體制，或許已經可以說是相當完

善的了。「聯合國難民事務署」可以專心處理某一項
衝突所引起的問題,而「聯合國兒童基金會」或者
「國際紅十字會」則可以處理另外的危機。而且,儘
管沒有文字上的契約或協議,不過這些救濟組織其
實也經常在紐約或日內瓦召開協調會議,進而達成
相互合作的默契。值得吾人注意的是,這些組織合
作採取行動之頻繁,其實遠超過我們的想像。不
過,國際間的衝突與動盪始終沒有休兵的一天;相
關救濟組織的合作,仍有相當大的改善空間。

2、 **是否要將政治與人道行動脫鉤?** 就此點而言,「國
際紅十字會」就強烈支持各行為者必須嚴守中立不
偏私的原則,同時,在面臨武裝衝突與綜合緊急情
況時,該組織也傾向於和牽涉到個人偏好之「政治」
決策保持一定的距離。然而,就連「國際紅十字會」
在索馬利亞的救濟行動,也必須仰賴盟軍軍事部隊
的保護,才得以順利地發送救援物資(此外,在波
士尼亞危機中,該組織也必須仰賴盟軍部隊來保護
那些被釋放的囚犯)。再以波士尼亞為例,大多數
的武裝戰鬥都和平民有關—包括其住所與糧食等問
題。另外,為了外交與調停上的需要,聯合國難民
事務署的救濟計畫採用了「胡蘿蔔與棍棒」(carrots
and sticks)的政策,似乎也有逐漸走向「政治化」
的跡象。不過,國際間對於此項政策的看法不一。
然而,就像波士尼亞的例子一樣,一旦聯合國授權
各國能夠使用武力,以強迫改變塞爾維亞的政策,

那麼聯合國的文官與軍事人員就有可能遭到被激怒
的塞爾維亞軍隊逮捕，而成為人質。不可否認，後
冷戰時期，以地位中立的國際紅十字會或聯合國人
員來負責執行援助任務的構想，幾乎在所有武裝衝
突與綜合性緊急情況中，都沒有得到廣泛的支持與
尊重。甚而，在車臣、波士尼亞、盧安達、蒲隆
地、賴比瑞亞、索馬利亞等地的動亂中，還有許多
來自不同組織的援助人員遭到殺害。此外，也有部
分暴亂分子把這些援助人員抓為人質，以換取贖
金。有時候，搭配武裝力量來進行救濟行動，甚至
是進行「人道戰爭」（*humanitarian war*），似乎是
唯一可行的方式，但是，部分人士對此說法並不表
贊同。[43]

3、 **透過新的立法與／或規範的傳播，是否能夠改變目**
前的局勢呢？就此點觀之，蘇聯與共產主義之南斯
拉夫可說是兩個相當明確的例子。儘管一九四九年
之〈維也納公約〉與一九七七年通過之〈增補議定書〉
都一再地提出呼籲，但是蘇聯仍然刻意忽視其應盡
的責任，而沒有告誡其軍隊必須要遵守國際人道法
的相關規定。甚而，當法國在一九九○年代無法就
人道干預行動通過新的法律，非政府組織轉而訴諸
國際刑事審判，要求成立一個國際刑事法院，以負
責審判那些被控犯下戰爭罪行、種族屠殺、以及違
反人道罪行的個人或組織。誠如前文所述，非政府
組織不斷地在各國進行遊說，希望能夠通過相關的

法令與規範，並使各國能夠確實執行這些規定。然
而，由叛軍、分離主義團體、不法幫派、及有組織
的暴民在世界各地所發動之武裝衝突，卻仍然層出
不窮。援助人員已經不只一次看到配備有重型武器
的年幼軍人。因此，究竟該如何使國際規範，不管
是新法或舊法，能夠真正影響這些武裝人員，乃是
一項艱鉅的任務。據說在索馬利亞，只要是隨身攜
帶武器的人，都完全沒有聽過〈日內瓦公約〉。這種
說法，其實與事實相去不遠。[44] 值得注意的是，基
本上許多救濟組織還是有其本身的行事管理準則，
雖然這些準則可能與〈日內瓦公約〉的主要原則有所
類似，不過卻並非一模一樣。

救濟行動：眞的有影響力嗎？

經過前文的說明，現在我們最感到疑惑的問題，可能就是
這些非官方行爲者，在「人爲」衝突中所進行的國際救濟行
動，究竟是否真的具有（有形或無形的）影響力呢？讓我們先
說明一個事實：在一九九一年至一九九五年的索馬利亞危機
中，「國際紅十字會」扮演最主要的角色；在一九九二年至一
九九五年的波士尼亞危機中，「聯合國難民事務署」則扮演最
主要的角色。不過，「聯合國難民事務署」卻不像其它救濟組
織一樣，從事大部分運送救濟物資的工作。相對地，該組織只
負責管理、監督、與協調的工作，而「無疆界醫師聯盟」等非
官方行爲者，才是負責執行基層救援行動的工作人員。若從負
面影響來看，如果部分非官方團體不同意「聯合國難民事務署」

的決策，而打算採取不同的行動，那麼該部門能夠發揮的效力，就相當有限了。「世界糧食計畫」也面臨到同樣的問題，因為該組織其實也沒有太多執行任務的能力。換言之，我們可以確定的是，「國際紅十字會」乃是一個真正具有影響力的組織，其組織規範與成就都會直接或間接地對其它行為者有所影響。

我們除了必須注意非政府組織具有之獨立的地位外，我們也必須認知到國家與政府間組織乃是提供各行為者在戰爭與綜合性緊急情況裡，所需要之人道援助物資的主要來源。所謂的影響，其實是一種互諒互讓的關係（two-way street）。政府當局需要非政府組織的協助，並對其有些微程度上的影響。相對地，非政府組織也需要有政府當局的支持與合作，才能順利地推展其任務。如果非政府組織悍然退出某項救濟行動，同時表現出相當強烈拒絕合作的姿態，那麼該組織就會阻絕了其未來行動的可能，同時也違背了其成立之宗旨，甚而會得到惡劣的名聲，也必然會發生籌措經費的問題。此外，從傳統對人權的支持觀點來看，我們可以發現提供救濟的運動，是同時包括非官方與官方面向的，甚而，我們也很難明確指出不同要素究竟展現出來何種程度的影響力。

綜合前文所述，救濟／人道組織所面臨的挑戰，可能比傳統支持人權的組織所面臨之挑戰更為嚴峻。前者所處理的，乃是國家與其他憑藉暴力來追求其目標的主要行為者之間的問題。的確，這些真正重要的議題是值得深入討論的。不過，一旦真的發生武裝衝突或綜合性的緊急情況，要讓主要行為者能夠加強對公民的援助，並且獲致一個井然有序的環境，其實是相當困難的。尤有甚者，大多數的衝突，尤其是冷戰後的國際

衝突，各項對公民的攻擊行動，以及其它惡劣的行為，似乎都
成為征戰者所思考之大戰略中的一部分。因此，即使我們有辦
法能使公民救濟行動保持中立與符合人道考量，想必過程也是
極為艱辛的。

發展行動：執行過程

　　和救濟行動一樣，國際社會裡的發展行動過程，其實也結
合了官方與非官方行為者的努力。如果我們只針對北大西洋區
域的「私人志願性組織」來做探討，我們將會發現這些組織的
數目相當龐大—可能高達五千個類似的組織—而且其成立宗旨
與取向也有很大的差異。[45] 儘管有些「私人志願性組織」或「志
願性組織」會拒絕接受國家為了確保其獨立性所捐助之經費，
同時往往會在發展行動經費快要用完之前，就終止所有的行
動，但是大多數的組織卻還是會為了公共款項與公共政策而有
所付出，並扮演中介者的角色。一般而言，「私人志願性組織」
一年大概只自行負擔百分之十的發展援助經費。

　　類似「國際樂施會」這種非官方的發展組織，由於和政府
當局有密切的合作，同時也經常在各國邊界上從事必要的援助
行動，因此，可說是官方—非官方發展過程中，一個相當重要
的部分。這些非官方發展組織所提倡的價值與服務，通常都是
公部門所缺乏的：「貧乏、地方層級的善意接觸、免於被政治
操控的自由、勞工取向，而非是高度資本取向、創新、及管理
上的彈性。」[46]

　　「經濟合作發展組織」的成員國發現，「主流」的非政府組
織在推動其目標時，能夠有效降低開發中國家對其新帝國主
義，或者是對其內在事物之侵犯與干預的疑慮。其它地區的國

家對此看法也表示同意。國際間最主要的政府間組織包括有：
「世界銀行」、其它區域性開發銀行、以及「聯合國發展計畫」
等。嚴格地來說，「國際貨幣基金會」（IMF）並不算是一個發
展組織。不過，其經常性的功能，也就是配合世界銀行的政
策，對各國提供必要的貸款（提供提款權），以穩定貨幣交易
的市場局勢。

　　晚近以來，「世界銀行」對於非政府組織與社區組織
（community-based organizations，簡稱CBOs）所共同研擬
的發展計畫，似乎有逐漸贊同的傾向。[47] 值得注意的是，理論
上的推理與實際情況並不完全相同，而「世界銀行」其它非政
府發展組織之間的關係，從過去經驗來看，似乎也不是那麼的
平順。許多非政府發展組織也曾經對「世界銀行」多所批評，
認為該組織並沒有提供援助給予真正需要幫助的行為者，例如
農村的貧民、沒有因為「世界銀行」之工業化方案而獲利的原
住民團體，以及因為「世界銀行」所贊助之發展計畫，而被迫
遷離家園的人。

　　此外，「聯合國發展計畫」也支持由非政府組織與社區組
織所共同參與的發展性計畫。如果能夠成功，那麼這種擴大的
經濟學民主，將進一步把公民與執政權利之重視權、參與權，
和社會與經濟權結合在一起。值此世紀之交，「世界銀行」、
「聯合國發展計畫」，以及「經濟合作組織」對於非政府組織與
社區組織的支持，也構成了「永續人類發展」此句真言的一部
分。從理論上來看，這樣的情形，可說是對一九六０年代與一
九七０年代時，在華盛頓與紐約當地之「從上而下」的大規模
公共基礎建設計畫的一項修正。

發展計畫：眞的有影響力嗎？

　　同樣地，非官方發展組織在協助其它行爲者獲致與國際社會認同之人權規範一致的人性發展時，往往也會遇到許多問題。其中，在一九九〇年代出現的新障礙，也就是種族衝突與其它形式之國際武裝衝突及政治動盪頻頻發生，使得各國政府當局必須將大量的資源轉移到救濟事務之上。因此，投注在發展面向上的資金與注意力，相對也就越來越少。

　　另一個問題在於「私人自願性組織」與「自願性組織」向來不認爲發展與人權有任何關聯[48]，儘管隨著時間流轉，這些組織漸漸有把焦點轉移到「授權」面向之上—也就是（人民的）參與權—但是此問題仍然沒有得到解決。[49] 不過，此一轉變仍然得到非政府發展組織的熱烈歡迎，因爲這些組織長久以來所關切的重點，就在於獨裁國家的（民主）發展，而比較不注重民主國家的發展。[50] 我們曾在前面的討論中，對於「世界銀行」、「聯合國發展計畫」與「經濟合作發展組織」的成員國，爲什麼會接受非政府組織與社區組織參與決策過程的原因，作了簡略的解釋。我想，這個轉變或許也有推波助瀾之效。另外一方面，相關組織在整合婦女權利與發展策略的概念上，也有了重大的轉變。[51] 而較少被提出討論的，則是對於社會—經濟權利在發展過程中之地位的轉變。不過，隨著「南方」非政府組織越來越重視此一議題，同時也因爲這些組織與「北方」非政府組織有越來越多的接觸，在不久的未來，國際社會除了在口頭上表示對這些「第二代」權利的重視外，將可能會採取更實際的作爲，以真正落實這些權利。

　　與其它行爲者相較之下，非政府發展組織就像許多傳統的

提倡人權的非政府組織一般，很難去界定自己在發展過程中所
發揮的影響力究竟有多大。[52] 不過，許多非政府發展組織的領
袖也和其它類型之團體領袖一樣，不管究竟能否改變整個社會
的風氣，仍會一直為了其道德承諾與理想目標，而不停地奮
鬥。此外，這些非政府發展組織和其它團體相同的另外一點，
即是其對那些致力於人性發展的廣泛運動、網絡或者是聯盟的
影響力，通常都是內化而無固定形式的，而非是外顯的。值得
注意的是，由於發展計畫的資金大部分都是來自於政府當局，
因此非政府組織的影響力有部分也就歸屬於政府當局─從透過
互相遷就不同的發展途徑中，此情況尤其明顯。的確，政府當
局對於發展概念並沒有獨斷性的裁量權，同時，某些重要的概
念也確實是由非政府組織所提出並進一步加以落實。

結論

綜合以上所述，我們可以發現提倡人權概念的非政府組
織，不但在各個危險境地中從事落實人道援助的工作，同時，
透過不同的途徑，這些組織也對政府當局與非官方的個人或團
體造成一定的影響，對於強化內含在人性發展的人權概念，也
有一定的貢獻。與國家利益與權力相比之下，藉由對個人與法
律的一再強調，這些組織也提升了不同形式之政治自由主義在
國際關係中的地位。這些提倡人權的團體，透過提供足夠的資
訊，使國際組織的人權機構能夠確實運作，同時也能進一步挑
戰或檢證其它國家所採用的政策與其實際作為。因此，如果社
會上沒有這些團體，人權規範的制定與執行將無法有現在的成
就，未來也不可能有同樣正面的發展。甚而，一旦失去這些非

官方的救濟組織，國際救濟體系也將無法對確實需要援助的個人，提供必要的人道救濟。同理，如果沒有非官方的發展組織來扮演提供大多數資源的政府當局與在基層擔任執行發展計畫，並從中獲益之個人和原住民團體之間的媒介，那麼發展計畫的過程將受到嚴重的阻撓。

　　因此，國家與其它政府間組織，在某種程度上來說，是相當依賴非政府組織的。國家與非政府組織共同分享國際舞台，亦即，國家主權有時候會因為這些提倡公民與政治、社會與經濟權利之非政府組織的活動，而受到限制。而這種受到限制的主權，也可說是一種可轉換的主權，而不再是絕對主權了。

　　不過，正如同非政府組織需要國家一般—以協助逮捕戰犯；提供救濟需要之糧食、住所與人身保護；提供發展計畫必要之資金與合作—國家也需要非政府組織的協助，以獲得多元化的概念與服務。因此，基於人權、救濟、以及人性的永續發展，國際舞台上處處可見到這二個行為者之間微妙的互動影響關係。

問題討論

- 把焦點集中在個別非官分人權組織之上，或者是將焦點集中在網絡或運動之上，何者對我們的討論較有幫助呢？我們是否能夠在缺少對組成（政治、社會）運動之個別行為者有所認知的情況下，對運動的內涵有完整的瞭解呢？政府官員是否也能夠是人權或人道運動的一分子呢？

- 那些西方世界的非官方人權組織是不是西方文化帝國主義的一部分呢？這些組織，例如國際特赦組織，在非西方世界中，究竟能得到多廣泛的支持呢？

- 你認為那些較為有名的非官方人權組織是否過於注重道德主義與守法主義，以致於它們無法確實瞭解政府在何種背景情況下，會做出影響人權的決策？這些組織是不是刻意漠視其它政府與大眾認為具有合法性之價值與政策（例如和平、安全、經濟成長等）呢？或者，這些非官方團體能夠依其所需，而動搖政府與大眾民意對於死刑、同性戀權利、普遍的酷刑、高額軍事花費等議題的看法呢？

- 你認為在武裝衝突及綜合性緊急情況中，我們應採用何種實際的方法，才能夠確實提供糧食、衣物、居所、醫療服務呢？這些方法，是否需要有非官方行為者，例如國際紅十字會與無疆界醫師聯盟等組織的配合呢？既然許多征戰方都刻意攻擊並虐待平民百姓，你認為相關的人道行動是否應該交由北約組織或者是美國國防部來執

行呢？不論如何，國家軍隊（至少主要的國家）本身還是具有更爲強大的後援能力。另外，先不管這個問題可能引起何種爭議，你認爲人道行動是否應該進一步國家或與軍事化呢？

· 你認爲全球對於「發展」的企盼，是否對「永續人性之發展」與人權有一定的助益呢？而「國際樂施會」這類非官方組織對於發展行動又有什麼幫助呢？而「世界銀行」、「聯合國發展計畫」、「美國國際發展局」（USAID）等官方組織，是否會對非官方組織與人性發展造成很大的影響呢？這種取向，是否有可能只是理論面的論述，而不是實際面的表現呢？如果人權與「發展」行動進一步整合爲一，你認爲政府、相關組織的政策會有什麼改變呢？

建議閱讀

Cahill, Kevin M., ed., *Framework for Survival: Health, Human Rights, and Humanitarian Assistance in Conflicts and Disasters* (New York: Basic Books for the Council on Foreign Relations, 1993). 本書整理、收錄了許多在冷戰結束後初期所出現的問題。主要焦點集中在非官方行爲者之上。

Edward, Michael, and David Hume, eds., *Beyond the Magic Bullet: NGO Performance and Accountability in the Post-Cold War World* (West Hartford: Kumarian Press, in corporation with Save the Children Fund, 1996). 作者試圖回答下列主要問題：即使非政府組織宣稱其代表「人民」，但是這些組織究竟有多麼民主、可靠與開放呢？

Fisher, Julie, *Non-Governments: NGOs and the Political Development of the Third World* (West Hartford: Kumarian Press, 1998).

對非政府人權組織與發展組織在南方國家的發展有深入的檢視與討論。

Haas, Ernst, *When Knowledge is Power: Three Models of Change in International Organizations* (Berkeley: University of California Press, 1990). 本書提出了一個解釋爲什麼國際組織會發展其行動政策，作者主要在強調非官方之科學社群在決策過程中的角色。作者同時也以相當多的篇幅來說明人權議題。

Keck, Margaret E., and Kathryn Sikkink, *Activist beyond Borders: Advocacy Networks in International Politics* (Ithaca: Cornell University Press, 1998). 作者以「運動」的概念來分析非官方行爲者的人權行動，儘管作者認爲某些政府官員其實也是此運動的一分子。

Korey, William, *NGOs and the Universal Declaration of Human Rights: "A Curious Grapevine"* (New York: St. Martin's Press, 1998). 儘管本書是作者個人的看法，且其內容條理不甚清楚，但是卻爲打算研究人權議題的讀者，提供了相當有用的資訊。作者對非政府組織在當代人權演進中的行動著墨甚多，尤以猶太人團體爲最。

Livezey, Lowell W., *Non Governmental Organizations and the Idea of Human Rights* (Princeton: Princeton University Center for International Studies, 1988). 雖然本書有點過時，但是其內容卻相當完整詳細。

Moore, Jonathan, ed., *Hard Choices: Moral Dilemmas in Humanitarian Intervention* (Lanham: Rowman and Littlefield, 1998). 本書收錄了許多理論家與實踐家對於人道援助的不同看法與實際經驗。

Natsios, Alexander, *US Foreign Policy and the Four Horseman of the Apocalypse: Humanitarian Relief in Complex Emergencies* (Westport: Praeger, 1997). 作者曾經擔任過美國政府的官員，同時也是「世界展望會」(World Vision) 的主要成員。該組織是一個與教會有關的非官方救濟組織，其主要焦點放在美國之上，但卻也強調政府、國際組織，以及如國際紅十字會之非官方行爲者之間的互動關係。

Power, Jonathan, *Amnesty International: The Human Rights Story* (New York: McGraw-Hill, 1981). 本書雖然有點過時，但內容卻相當嚴謹紮實。

Smith, Brian H., *More than Altruism: The Politics of Private*

Foreign Aid (Princeton: Princeton University Press, 1990). 對於非官方發展與救濟組織有相當深入的剖析。

Smith, Jackie, and Ron Pagnucco with George A. Lopez, "Globalizing Human Rights: The Work of Transnational Human Rights NGOs in the 1990s," *Human Rights Quarterly*, 20, 2 (May 199), 379-412. 儘管本文內容主要是敘述性的觀點,但是其論點卻相當重要。

Smith, Jackie, Charles Chartfield, and Ron Pagnucco, eds., *Transnational Social Movements and Global Politics: Solidarity Beyond the State* (Syracuse: Syracuse University Press, 1997). 本書收錄了許多有關非政府網絡與其在人權層面上之影響的個案分析。

Steiner, Henry J., *Diverse Partners: Non Governmental Organizations and the Human Rights Movement* (Cambridge, MA: Harvard Law College, 1991, for the Harvard Law School Human Rights Program and the Human Rights Internet). 本書對從事人權議題工作之不同類型的非官方行為者,有簡要的分析討論。

Tolley, Howard J., Jr., *The International Commission of Jurists: Global Advocates for Human Rights* (Philadelphia: University of Pennsylvania Press, 1994). 作者從法律觀點出發,對此一以日內瓦為根據地之著名的非政府人權組織有相當深入的探討。作者也企圖要將政治歷史與社會科學理論結合在一起。

Weiss, Thomas G., "The Humanitarian Identity Crisis," in *Ethics & International Affairs*, 13 (1999), 1-22. 作者是在人道事務領域中相當有名的學者,他贊成國際行動需要有所改變。作者在文中對當前學術界激辯的議題做了簡要的整理。在該其期刊中,也有其它有關人權議題的文章可供讀者參考。

Welch, Claude E., *Protecting Human Rights in Africa: Strategies and Roles of Non Governmental Organizations* (Philadelphia: University of Pennsylvania, 1995). 本書對人權議題提出相當不錯的概述。作者並且對非洲的非政府組織多所嘉許,因為其面對的環境相當惡劣。

Willetts, Peter, ed., *"The Conscience of the World": The Influ-*

ence of Non-Governmental Organizations in the UN System
(Washington: Brookings, 1996). 本書收錄了許多優秀的文章,包括
由 Jane Connors 所撰寫之與國際特赦組織及人權有關的專文。

本章注釋

[1] William Korey, *NGOs and the Universal Declaration of Human Rights: "A Curious Grapevine"* (New York: St. Martin's Press, 1998).

[2] Kackie Smith and Ron Pagnucco with George A. Lopez, "Globalizing Human Rights: The Work of Transnational Human Rights NGOs in the 1990s," *Human Rights Quarterly*, 20, 2 (May 199), 379-412.

[3] Margaret E. Keck and Kathryn Sikkink, *Activist beyond Borders: Advocacy Networks in International Politics* (Ithaca: Cornell University Press, 1998), 11.

[4] Jackie Smith, Charles Chatfield, and Ron Pagnucco, eds., *Transnational Social Movements and Global Politics: Solidarity Beyond the State* (Syracuse: Syracuse University Press, 1997); and Keck and Sikkink, *Activists beyond Borders*.

[5] 對於探討非政府組織透過慈善基金會所得到之經費來源等議題,可說相當重要,但卻鮮少受到學術界的研究與重視,讀者可參考 Jay Ovsiovitch, "Feeding the Watchdog: Philanthropic Support for Human Rights NGOs," *Buffalo Human Rights Law Review*, 4 (1998), 341-364 。

[6] Lloyd Axworthy, "Without Justice, No Security for Ordinary People," *International Herald Tribune*, June 16, 1998, 6.

[7] Henry J. Steiner, *Diverse Partners: Non Governmental Organizations and the Human Rights Movement* (Cambridge, MA: Harvard Law College, 1991, for the Harvard Law School Human Rights Program and the Human Rights Internet); Laurie Wiseberg, "Human Rights Non-Governmental Organizations," in *The Role of Non governmental Organizations in the Promotion and Protection of Human Rights* (Leiden: Stichting NJCM-Boekerig, N. D. [1989?]); and Keck and Sikkink, *Activist beyond Borders*.

[8] http://www.imistite.org.

[9] 至於另一種不同的研究途徑,讀者可參考 Howard J. Tolley, Jr., *The International Commission of Jurists: Global Advocates for Human*

Rights (Philadelphia: University of Pennsylvania Press, 1994)。

[10] 關於國際特赦組織的詳細介紹，請參考該組織的簡報資料 News Service Release 108/99, March 1999.

[11] 詳細的介紹請參考國際紅十字會的年報（Annual Reports）。

[12] David P. Forsythe, "Human Rights and US Foreign Policy: Two Levels, Two World," in David Beetham, ed., *Politics and Human Rights* (Oxford: Blackwell, 1995), 111-130, especially 120.

[13] Claude E. Welch 指出非政府人權組織並不是利益團體，因為這些組織乃是以「利他」為目的，而非是追求自我利益之以自我為中心的行為者。然而，這個論點似乎不具有足夠的說服力。不可否認，社會上的確還是存有與人權非政府組織十分類似的若干公益團體，例如「美國公民行動組織」(Common Cause)即是一例。該組織透過傳統的遊說方式，以爭取有利社會發展的各項價值，同時也透過嚴厲地批評國會議員與政客，達到公民所希望見到的結果。「美國公民行動組織」無疑地是一個公益團體，而國際特赦組織也是如此。不過，它們卻同樣都是利益團體。讀者可進一步比較Welch 的論點，詳見Welch, *Protecting Human Rights in Africa: Strategies and Roles of Non Governmental Organizations* (Philadelphia: University of Pennsylvania, 1995), 44 and passim。

[14] 關於此部分的探討，讀者可參考Aryeh Neier 與 Jeffrey Garten二人之間的辯論。前者曾經是人權觀察的一員，強調道德一致性對非政府人權組織來說是相當重要的；後者則曾經擔任美國政府官員，認為要提升人權的發展，仍有許多不同的管道與方法，而非政府人權組織在作判斷的時候，則應該要有更多的彈性－亦即建議對不協調的情況需要有所容忍。（"Comment: The Need for Pragmatism"）。其二人的爭辯內容，在第四章中也曾稍微提到一部分。詳見*Foreign Policy*, 105 (Winter 1996-1997), 91-106。

[15] 其實外交政策根本就是對內在矛盾的一種管理。詳見Stanley Hoffmann, "The Hell of Good Intentions," *Foreign Policy*, 29 (Winter 1977-1978), 3-26.

[16] Smith et al., "Globalizing Human Rights," 392.

[17] 關於國際關係中的觀念角色，請參考 John Mueller, *Quiet Cataclysm: Reflections on the Recent Transformation of World Politics* (New York: Basic Books, 1996); and Judith Goldstein and Robert O. Keohane, eds., *Ideas and Foreign Policy: Beliefs, Institutions, and Political Change* (Ithaca: Cornell University Press, 1993)。

[18] News Service Release 135/99, July 15, 1999.

[19] Ole Holsti, "Public Opinion and Human Rights in American Foreign Policy," in David P. Forsythe, ed., *The United States and Human Rights: Looking Inward and Outward* (Lincoln: University of Nebraska Press, 1999), ch. 7. 本書的第六章也對此一觀點提出了若干看法。

[20] Neier, "The New Double Standard,"; Ellen Dorsey, "US Foreign Policy and the Human Rights Movement: New Strategies for a Global Era," in Forsythe, *The United States and Human Rights*, ch. 8.

[21] Eric Schmitt, "US Backs Off Sanctions, Seeing Poor Effect Abroad, " *New York Times*, July 31, 1998, 1. 但是，在一九九九年時，柯林頓政府卻宣佈對阿富汗的塔里班政府（Taliban government）施以單邊經濟制裁，主要是對其支持恐怖主義做出回應，不過，阿富汗境內對於婦女地位的歧視，也是導致經濟制裁的另一個因素。對於此項決定，美國國會與社會大眾也都持默許的態度，而沒有公開反對。

[22] 一般來說，非政府組織的人權教育也會結合正統教育的每一個階段，而各種職業協會也有安排若干人權教育的課程，供大家修習。詳見George J. Andreopoulos and Richard Pierre Claude, eds., *Human Rights Education for the Twenty-First Century* (Philadelphia: University of Pennsylvania Press, 1997); and Sia Spiliopoulou Akermark, *Human Rights Education: Achievements and challenges* (Turku/Abo, Finland: Institute of Human Rights, Abo Akademi University, 1998)。

[23] UN Doc.: A/conf.157/24 (Report of the World Conference on Human Rights), 13 October 1993, Part I, p. 9.

[24] Don Hubert, "Inferring Influence: Gauging the Impact of NGOs," in Charlotte Ku and Thomas G. Weiss, eds., *Toward Understanding Global Governance: The International Law and International Relations Toolbox* (Providence, RI: ACUNS Reports and Papers, No. 2, 1998), 27-54.

[25] Bernard C. Cohan, *The Public's Impact on Foreign Policy* (Boston: Little, Brown, 1973); and David P. Forsythe, *Human Rights and World Politics*, 2nd edn (Lincoln: University of Nebraska Press, 1989), ch. 6.

[26] Keck and Sikkink, *Activists beyond Borders*.

[27] Ernst Haas, *When Knowledge is Power: Three Models of Change in International Organizations* (Berkeley: University of California Press, 1990); and Peter Haas, "Introduction: Epistemic Communities and International Policy Coordination," *International Organization*,

46, 3 (Winter 1992), 1-26.

[28] Donald M. Fraser, "Freedom and Foreign Policy," *Foreign Policy*, 26 (Spring 1977), 140-156; and John Salzburg, "A View from the Hill: US Legislation and Human Rights," in David D. Newsom, ed., *The Diplomacy of Human Rights* (Lanham: University Press of America, 1986), 13-20.

[29] Lowell W. Livezey, *Non Governmental Organizations and the Idea of Human Rights* (Princeton: Princeton University Center for International Studies, 1988).

30 N. McDermot, "The Role of NGOs in the Promotion and Protection of Human Rights," in *The Role of Non Governmental Organizations*, 45-52.

[31] Jonathan Power, *Amnesty International: The Human Rights Story* (New York: McGraw-Hill, 1981); Egon Larsen, *A Flame in Barbed Wire: The Story of Amnesty International* (London: F. Muller, 1978). See also Jane Connors, "Amnesty International at the United Nations," in Peter Willetts, ed., *"The Conscience of the World": The Influence of Non-Governmental Organizations in the UN System* (Washington: Brookings, 1996).

[32] Peter R. Baehr, "The General Assembly: Negotiating the Convention on Torture," in David P. Forsythe, ed., *The United Nations in the World Political Economy* (London: Macmillan, 1989), 36-53; Lawrence J. LeBlanc, *The Convention on the Rights of the Child: United Nations Lawmaking on Human Rights* (Lincoln: University of Nebraska Press, 1995), chapter 2.

[33] Keck and Sikkink, *Activists beyond Borders*, 3.

[34] P. H. Kooijmans, "The Non Governmental Organizations and the Monitoring Activities of the United Nations in the Field of Human Rights," in *The Role of Non Governmental Organizations*, 15-22. Peter R. Baehr and Leon Gordenker, *United Nations University Public Forum on Human Rights and Non Governmental Organizations* (Tokyo: United Nations University Lectures, September 14, 15, 18, 1996).

[35] 最經典的例子，就是阿根廷叛軍在一九八〇年代時，企圖在聯合國人權委員會裡，封殺批評阿國人權紀錄的發言。讀者可參考Iain Guest, *Behind the Disappearances: Argentina's Dirty War Against Human Rights and*

the United Nations (Philadelphia: University of Pennsylvania Press, 1990).

[36] Paul Lewis, "UN Committee, Under Pressure, Limits Rights Group," *New York Times*, June 22, 1999, A3.

[37] 關於墨西哥的情形，詳見Keck and Sikkink, *Activists beyond Borders*。關於柬埔寨的例子，我所指涉的部分則是在赤色高棉將所有外國觀察者驅逐出境後，所發生的大規模屠殺行為。

[38] Francis Fukuyama, *The End of History and the Last Man* (New York: The Free Press, 1992). 當然，我們都知道政治理論中的合法國家與國際關係的現實情況之間，其實是存有一條鴻溝的。實際上，除了良好的人權表現之外，個人與政府官員都有可能基於傳統、結盟、及／或權力的有效執行，而得到合法正當性的地位，也就是能夠得到適當統治的權力。詳見David P. Forsythe, *Human Rights and Peace: International and National Views* (Lincoln: University of Nebraska Press, 1993), ch. 3 。讀者可同時比較另一篇文章的論點，詳見Jack Donnelly, "Human Rights: A New Standard of Civilization?," *International Affairs*, 74, 1 (1998), 1-24 。

[39] 與此有關的法定規範，可見於一九四九年的〈日內瓦公約〉以及一九七七年的〈增補議定書〉。許多學者也曾對武裝衝突的受難者作進一步的分析，例如Monika Sandvik-Nylund, *Caught in Conflicts: Civilian Victims, Humanitarian Assistance and International Law* (Oturku/Abo, Finland: Institute for Human Rights of Abo Akademi University, 1998).

[40] Alexander Natsions, *US Foreign Policy and the Four Horseman of the Apocalypse: Humanitarian Relief in Complex Emergencies* (Westport: Praeger, 1997).

[41] 此外，有關洪水、地震、颱風、火山爆發等自然災害的救濟體系，也有許多學者進行相關的研究，包括已故的一位專家Frederick Cuny 的著作：*Disasters and Development* (New York: Oxford University Press, 1983)。

[42] 此部分的內容是轉引自David P. Forsythe, "The International Committee of the Red Cross and Humanitarian Assistance - a Policy Analysis," *International Review of the Red Cross*, 314 (September-October, 1997), 512-531 。

[43] Adam Roberts, "Humanitarian War: Military Intervention and Human Rights," *International Affairs*, 69, 3 (July, 1993), 429f. See further Jonathan Moore, ed., *Hard Choices: Moral Dilemmas in*

Humanitarian Intervention (Lanham: Rowman and Littlefield, 1998); and Thomas G. Weiss, "The Humanitarian Identity Crisis," in *Ethics & International Affairs*, 13 (1999), 1-22, with associated commentary.

[44] Jennifer Learning, "When the System Doesn't Work: Somalia, 1992), in Kevin M. Cahill, ed., *Framework for Survival: Health, Human Rights, and Humanitarian Assistance in Conflicts and Disasters* (New York: Basic Books, for the Council on Foreign Relations, 1993), 112.

[45] *Directory of Non-Governmental Organizations Active in Sustainable Development* (Paris: OECD, 1996).

[46] Brian H. Smith, *More than Altruism: The Politics of Private Foreign And* (Princeton: Princeton University Press, 1990), 6.

[47] David P. Forsythe, "The United Nations, Human Rights, and Development," *Human Rights Quarterly*, 19, 2 (May 1997), 334-349.

[48] Theo Van Boven, "Human Rights and Development: The US Experience, " in David P. Forsythe, ed., *Human Rights and Development: International Views* (London: Macmillan, 1989), 121-135.

[49] Julie Fisher, *Non-Governments: NGOs and the Political Development of the Third World* (West Hartford: Kumarian Press, 1998).

[50] Smith, *More than Altruism*, 72.

[51] Sue Ellen M. Charlton and Jana Everett, eds., *NGOS and Grassroots in Development Work in South India: Elizabeth Moen Mathiot* (Lanham: University Press of America, 1998).

[52] Michael Edwards and David Hulme, eds., *Beyond the Magic Bullet: NGO Performance and Accountability in the Post-Cold War* (West Hartford: Kumarian Press, in cooperation with Save the Children Fund, 1996).

℘　第八章　℘

跨國公司與人權

　　我們在第七章裡曾明確指出，國際人權法的約束對象，主要是公部門，例如國家本身與其政府，不過，許多非官方行為者，例如傳統的人權團體，卻可從旁協助形塑人權論述之議題與相關行動之設計。在本章中，我們將進一步指出跨國公司（transnational corporations，簡稱TNCs）對於當代世界中的人類，也有相當重大的影響，包括正面與負面的影響。在〈聯合國憲章〉與〈世界人權宣言〉通過後的最初五十年內，這些營利企業往往都是獨善其身，並沒有涉入有關國際認可之人權規範的推廣與保護的主流爭辯之中。不過，到了即將邁入二十一世紀的前夕，情況有了很大的轉變。由於跨國公司與人權間的關係逐漸受到重視，國際社會在人權面向的論述因而增加了一個新的領域。許多非營利的人權團體，以及媒體與消費者組織和運動，開始把這些企業視為監督的對象。這樣的結果，也對公部門，尤其是國家本身形成一定的壓力。相關團體要求政府當局必須通過相關規範，以確保這些營利企業會依循著國

際認可之人權規範行事，而非與人權規範有所衝突。

巨大的影響

　　一直以來，各界都同意那些穿梭在國家疆界之間的營利企業，對當代社會確實有著相當巨大的影響。如果我們將全球前二十五大跨國公司的年度總收入與各國的年度總收入相比，我們可以看到只有六個國家的年度總收入高於前九大跨國公司（如表8.1所示）。如果我們將跨國銀行也一併列入比較，則私人營利企業的影響力（權力）將更為可觀。

　　如表8.2所示，全球前二百大跨國公司只分佈在十個國家之內，其中大多數公司的總部是設在美國與日本。這也就是說，如果有人可以影響這少數幾個國家對跨國公司所採用的政策，那麼，或許就有可能進一步改變這些跨國公司的全球影響力。

表8.1　國家與跨國公司之年度總收入比較（十億美金）

國家 ／ 跨國公司	年度總收入	年度
美國	1.248	1994
德國	690	1994
日本	595	1995
英國	389	1994 ／ 95
義大利	339	1994
法國	221	1993
Mitsubishi	184	1995
Mitsui	182	1995
Itochu	169	1995
General Motors	169	1995
Sumitomo	168	1995

Marubeni	161	1995
Ford Motor	137	1995
Toyota Motor	111	1995
Exxon	110	1995
荷蘭	110	1992
Royal Dutch / Shell Group	110	1995
瑞典	109	1995 / 96
Nissho Iwai	98	1995
西班牙	97	1994
澳大利亞	96	1995 / 96
Wal-Mart Stores	94	1995
加拿大	90	1994 / 95
Hitachi	84	1995
Nippon Life Insurance	83	1995
Nippon Telegraph & Telephone	82	1995
AT & T	80	1995
Daimler-Benz	72	1995
IBM	72	1995
Matshushita Electric Industrial	70	1995
General Electric	70	1995
南韓	69	1995
Tomen	68	1995
Mobil	67	1995
Nissan Motor	63	1995
Volkswagen	61	1995
Siemens	61	1995
巴西	59	1994
其它國家		
肯亞	2.4	1990
塞內加爾	0.9	1996
烏甘達	0.6	1994 / 95
尼加拉瓜	0.4	1996

資料來源：公司資料來源："Fortune's Global 500. The World's Largest Corporations" in Fortune, 5 August 1996.
國家收入來源：The World Factbook by the CIA as posted on the World Wide Web.

表 8.2　全球最大的跨國公司：總部所在國、總收入、利潤

國家	公司數	全年總收入	全年利潤	全球總收入%	全球利潤%
日本	62	3,196	46.0	40.7	18.3
美國	53	1,998	98.0	25.4	39.2
德國	23	786	24.5	10.0	9.8
法國	19	572	16.0	7.3	6.3
英國	11	275	20.0	3.5	8.0
瑞士	8	244	9.7	3.1	3.9
南韓	6	183	3.5	2.3	1.4
義大利	5	171	6.0	2.2	2.5
英國 / 荷蘭	2	159	9.0	2.0	3.7
荷蘭	4	118	5.0	1.5	2.0
委內瑞拉	1	26	3.0	0.3	1.2
瑞典	1	24	1.3	0.3	0.5
比利時 / 荷蘭	1	22	0.8	0.3	0.3
墨西哥	1	22	1.5	0.3	0.6
中國	1	19	0.8	0.2	0.3
巴西	1	18	4.3	0.2	1.7
加拿大	1	17	0.5	0.2	0.2
總數	200	7,850	251.0	100.0	100.0
全世界生產總值		25,223			
二百大跨國公司之收入佔全世界生產總之百分比				31.2	

資料來源：Le Monde Diplomatique, April 1997, p. 16.

此為一九九五年的數據資料；總收入與利潤之單位為十億美金。

　　此外，因爲這些跨國公司的強大經濟力量，通常也能夠被轉換成爲政治權力，這就引起另外一項爭論性議題，亦即：這些跨國公司究竟能否超脫在國家政府的有效控制之外呢？根據一份研究結論指出，跨國公司一般而言還是無法擺脫「主權」國家的制約。[1]　然而，在此同時，卻也有許多觀察家認爲任何一個國家想要有效地規範「其」國內企業在國外的種種行爲，基於許多理由，其實是相當困難的。營利企業最主要的工作就是在全球各地快速地移動資源，尤其是資本，不過，國家政府若想要知道這些跨國公司到底在做些什麼，卻也只是時間上的問題，並不會有太大的困難。同樣地，跨國公司對於國家的政治體制也有相當程度的影響力，若是透過支持企業的政黨與個人進一步地運作，則影響更是深遠。如此一來，自然也使得政府想要規範企業的意圖，更加難以實現。

　　不過，就這一點來說，國家想要單獨完成此一目標，卻是相當困難的。因爲從過去的歷史來看，國際法並沒有支持國家對經濟事務施以治外法權之審判的先例。[2]　此外，如果國家真的介入經濟事務，那麼將有可能會使「其」國內企業喪失全球競爭力，而國家得到的經濟利益也將因此減少，同時，也將出現更多競爭者。舉例來說，當美國在一九七七年通過〈反國外賄賂法〉（Foreign Corrupt Practices Act，簡稱FCPA），明令規定在美國註冊成立的企業，若以行賄方式取得國外公司的訂單，則該行爲不合法。這樣的法律通過之後，使得許多公司在全球競爭的版圖裡，失去了顯著的優勢與利基。一直要到一九九八年，美國才說服「經濟合作發展組織」，使其同意通過一項多邊公約，透過各成員國自行立法的方式，進一步對此違法行爲達成一致的共識。[3]　的確，關於在無政府狀態下之

合作結果，或者是在毫無規範之市場競爭中的必然，都可說是相當重要的一個課題。

然而，最主要的問題並不是關於跨國公司的權力有多大，或者是規範這些公司有多麼困難。因為各界對於這兩點，都已經有了相當程度的認知。總的來說，較為複雜的問題在於跨國公司對於個人，以及當前世界上的人權發展，究竟有何影響？就此點來說，目前仍然有許多值得辯論與爭議的空間。再者，究竟我們應不應該以人權為名，對跨國公司施加更多的規範與限制，也是我們可以仔細思考一個問題。

一個批判性的觀點

除了社會達爾文主義者（Social Darwinists）之外，並沒有太多人看好資本工業革命的早期發展。當然，藉由這種基本上毫無限制的資本主義，國家經濟力量確實得到若干程度的提升，而相關產業的所有人也從中獲得許多利益。但是，從Charles Dickens的小說裡，我們不難看出當前對於早期工業資本主義那種背離人性條件（更別提對環境造成的傷害）的反動，已經成為一種全球化的現象。也因此，現在已經沒有任何已開發之西方市場經濟民主國家與資本主義國家，願意支持絕對的「放任主義式」（Laissez-faire）經濟。即使是如Ronald Reagan與Margaret Thatcher這類的現代政治保守主義者，也支持某種形式之受規範的資本主義，或者是福利國家資本主義（舉例來說，Thatcher即是支持英國國家醫療服務最力的人士之一）。自認負有社會責任的企業界相關人士也承認，資本主義其實是一種相當嚴酷的制度。在這種制度下，並不是所有人

都可以獲得利益；有些人還是需要透過國家的保護，才能夠在這種以私有財產權爲基礎之經濟制度下，擁有生活的尊嚴。[4] 再者，那些貧困的人與富有的人，也沒有絕對的自由能夠決定自己是否需要住在陰冷的橋墩之下。此推論其實很合理，因爲不管窮人願不願意，他們也沒有更好的棲身之所，而富人則不會自願委身在那種不舒適的地方。

前述這段對歷史模式的簡要說明，其實是對紊亂無紀律之企業提出相當重要的批評。如果我們不予以重視，即使是在那些相當重視個人權利並進化成爲自由與／或社會民主的國家裡，這些企業也會盡其所能地剝削、壓榨、凌虐、侮辱人性尊嚴。一旦傳統鄉村與農業背景之社群意識轉變成爲都會與工業資本主義之無人性的環境，那麼窮人很明顯就必須依附在富人的權力之下，才能獲得必要的保護。然而，不論改善此種情事的政治過程有多少困難，管理營利體系之人性化國家規範最終還是能夠被建立起來（至少Dicken筆下的英國是如此）。國家力量的介入與干預，其實是爲了抗衡早期工業資本主義底下，那些「無道義的工業鉅子」，如Henry Ford、Andrew Carnegies等人的強大經濟力量。[5] 不過，冷戰結束之後，在俄羅斯與阿爾巴尼亞等地，卻出現一個嚴重的問題，那就是規範這些工業鉅子的制度並沒有完全發揮效用。這也是爲什麼同時具有成功的金融家、投資人，以及慈善家身分的George Soros，會認爲資本主義會是蘇聯與東歐的前共產集團附庸成爲民主國家之最重大威脅的原因了。[6]

而過去近一個世紀以來不容於西方國家政治經濟體制的紊亂資本主義，現在則是在國際關係裡暢行無阻—至少目前是如此。甚而，我們也能夠很清楚地發現，國際法在經濟領域的相

關規範,雖然有日漸增多的趨勢,不過,這些規範的目的,卻都是用以鼓勵進行自由貿易與商業活動,而不是以人權爲名,進一步限制這些經濟活動。「關稅暨貿易總協定」(General Agreement on Tariffs and Trade,簡稱GATT)與「世界貿易組織」(World Trade Organization,簡稱WTO)的成立,主要都是爲了鼓勵國際資本主義的推展,而不是要根據社會價值之精神,而控制與管理資本主義的運作。同樣地,這也是「北美自由貿易協議」(North American Free Trade Agreement,簡稱NAFTA)的主要精神之所在,此協議後來則又在美洲工會與其它行爲者的要求下,添加了許多保護生態與勞工權力的規定。然而,不可否認,在國家資本主義之規範性架構(以防止嚴重剝削情事)與國際資本主義之規範(爲穩固資本主義而不顧剝削情事)之間,確實存有相當顯著的鴻溝。

從國內政治經濟面向來看(至少從民族性的觀點來看,而不管階級地位之因素),我們其實都是國家內部的「我群」。但若從國際政治經濟層面來看,則不難發現國際社會存有一個「內」群體—「我群」,及一個「外」群體—「他群」。一旦民族主義的力量無限擴大,而相關(經濟)利益也會隨之流向「我群」,而對於「他群」的道德責任也會隨之減少。根據「聯合國發展計畫」所公佈的「世界發展報告」(The World Development Report)指出,富裕的北半球國家與貧困的南半球國家之間的鴻溝,正在逐漸擴大。如果我們無法改變這種情形,那麼將可以預期國際經濟將更加肆無忌憚地影響所有的行爲者,如此一來,將會造成以下的結果:全球社群意識逐漸削弱,出現擁有財產權與龐大資本的菁英,許多貧困者生活在近乎沒有人性尊嚴的環境裡。不過,我相信Dickens必然不會對

這樣的未來感到訝異。

　　在這樣的背景之下，我們可以發現那些不講道德、沒有原則的跨國公司，透過不斷地剝削員工與旁觀者的方式，而獲取可觀的利潤。從早期的 Stephen Hymer，一直到九〇年代的 David Korten 等作家，也都詳細紀錄了這些情形。[7] 許多不同的跨國公司，包括「美國聯合果類公司」（United Fruit）至「可口可樂」（Coca-Cola）等，都不斷向那些亟欲提升勞工與其它人權的政府與法律提出抗議。[8] 另外，哈佛大學商學院的 Debora L. Spar 也指出，關於跨國公司在其它國家不斷榨取天然資源的紀錄，可說是相當稀少。[9] 一方面，跨國公司必須和掌握取得資源管道的政府（極端保守的政府）保持良好的關係。跨國公司與地方政府則進一步共同分享當地順從的勞力資源。另一方面，除了利用勞力之外，當地居民對跨國公司並沒有其它面向的利益。幾乎所有的資源都是運往外國，其中部分的利潤則是由政府菁英取得。如果這些菁英沒有將所得到的利潤再投資到改善當地居民生活的基礎公共建設之上，例如教育、醫療照顧、生態保護等，那麼跨國公司或許就可以利用這種「貪污」的條件，而取得短期的經濟利益。

　　不可諱言，跨國公司的存在理由，就是盡可能獲得經濟利益，而不是努力成為一個倡議人權的行為者。至少，從過去的歷史來看，這是一個相當明顯的事實。「投資者與經營者傾向於將人權看成市政府官員與外交官員所應負責執行的事務，同時他們抗拒任何將他們的企業用來當成政治改革工具的壓力・・・經濟全球化與人權全球化的形成，雖然都是本世紀中葉之後的重要現象，但是卻各自有不同的發展道路。」[10]

　　某些跨國公司則會與極度保守的政治菁英合作，同時也會

支持其各項決定。舉例來說,「美國聯合果品公司」與「美國
國際電話電報公司」(ITT),就曾先後於一九五四年和一九七
三年,在瓜地馬拉與智利二地,和美國政府密切合作,聯合推
翻支持勞工權利的政治家(包括瓜地馬拉的Arbenz與智利的
Allende)。[11]

　　讓我們再看看另一個比較受到報章媒體注意的例子:過去
「皇家荷蘭殼牌集團」就曾與奈及利亞的軍政府共同合作,以暴
力行動鎮壓當地居民對該集團在「歐格尼」(Ogoni)部落開採
石油的抗議行動。同時,對於當地發動之環保抗議行動,奈及
利亞的阿巴卡政府也同樣以暴力手段予以回應。另外,當軍事
獨裁政府打算處死抗議行動之發言人Ken Saro-Wiwa的時候,
「皇家荷蘭殼牌集團」也宛若置身事外,而沒有出現為他求情。
面對來自世界各地的壓輿論力,「殼牌集團」也採取了若干與
其企業運作有關,並可當地人權條件的行動。不過,總的來
說,「皇家荷蘭殼牌集團」到現在為止,仍沒有為其在奈及利
亞的所作所為付出代價與承擔任何社會責任。[12]

一個較正面的觀點

　　Debora Spar同時也指出,那些專門榨取各地資源之跨國
公司的社會紀錄尤其不堪。根據她的觀察,跨國公司還有其它
幾種不同的類型:消費品公司、製造業公司、服務與資訊公司
等等。Spar認為這些類型的跨國公司之中,有部分企業的運作
及政策並不會和某些人權規範發生抵觸。她甚至認為跨國公司
有時候還會對外宣導人權價值。[13] 我們從Debora Spar的研
究中可以發現,某些跨國公司不但希望僱用廉價的勞工,也希

望能夠得到曾受過高等教育的優秀勞力，同時還希望公司所在
地能夠有一個穩定的民主制度。根據這些條件，「英特爾」
（Intel）遂選擇哥斯大黎加爲其國外工廠的據點之一。此外，
各大企業也希望將貨品銷售到具有高購買力的海外市場，並希
望那些具有優厚收入的勞工，能夠以其自由支配的收入來購買
公司的產品。

　　不過，Spar接著指出最重要的一點：所有的企業都致力於
避免任何可能影響其銷售額的負面名聲。因此，跨國公司並不
希望其海外工廠的惡劣與剝削情況，或者是其與非法政權合作
的事例被公諸於世，因爲這將會使公司面臨消費者抵制其貨
品，或是市場上出現不利於公司之負面消息的局面。她並列出
因爲外界的批評，於是已經改變公司既定政策，同時也建立公
司行爲準則，並接受各界對其勞工工作環境進行獨立監督的企
業，包括有：「星巴客」（Starbucks Coffee）、「GAP服飾」
（Gap clothiers）、「耐吉」（Nike）、「銳跑」（Reebok）、
「玩具反斗城」（Toy R Us）、「雅芳」（Avon）等等。Spar指
出，有許多企業已經將工廠相繼從緬甸（Burma）撤出，因爲該
地軍事政府的高壓作風，受到國際社會的嚴厲譴責，這些企業
包括有：「李維牛仔服飾」（Levi Strauss）、「梅西百貨」
（Macy's）、「麗詩加邦服飾公司」（Liz Claiborne）、「愛
蒂寶爾公司」（Eddie Bauer）、「海尼根」（Heineken）等等。
她並指出國際社會正蔓延著一股抨擊不法公司僱用童工製作足
球的氣氛，因此許多知名的跨國運動品公司只好一再保證該公
司絕對沒有僱用童工或奴工之情事。簡而言之，或許有人會認
爲，既然目前已經可以確認各地的鮪魚是不是使用會對海豚造
成危害的漁網所捕獲的，那麼，爲什麼不進一步確認各種消費

品的製造過程中，有沒有任何違反人權之情事發生呢？

　　甚而，跨國企業為了避免需要對可能危害公司聲譽的負面消息做出回應，某些觀察家注意到這些公司會在各地實施相同的標準作業程序。一般認為，與原先在若干開發中國家的操作程序相比，運用標準程序的政策，也是一種改善人權的作法。跨國公司設在南半球的工廠，通常也會涉有負責醫療保健或者改善安全環境的醫務室。此外，雖然這些工廠員工的薪水遠遠不及於北半球的標準，但是跨國公司付給開發中國家員工的薪水，已經足夠使這些國家得到一定程度的經濟成長，並有剩餘的財富可以儲蓄或者進行投資。

　　不可否認，被稱為「亞洲四小龍」（Asian Tigers）的亞洲國家，如台灣，從一九五○年代中期到一九九○年代中期，就因為以採取開放的經濟政策為基礎，而吸引諸多跨國公司投資，於是獲得了可觀的經濟成長。值得注意的是，南韓與台灣等國家，不但在經濟上變得越來越繁榮，並擁有高技能的勞動力，與其過去國家體制相比，這些國家同時轉型成為更自由的社會民主國家。正因為這種互蒙其利的現象，跨國公司在運作的過程之中，並不需要因為任何因素而阻擋所在國取得一定的經濟利益，或是基於任何因素而拒絕遵守人權規範。雖然跨國公司過去曾經偶爾有過類似的作為，但是由許多具有自由市場之民主國家，甚至是社會民主國家組成的世界正逐漸浮現，跨國公司也能夠更輕易地在此種國際環境中賺取一定的盈餘。若以美國為例，其主要的貿易夥伴都是採用市場經濟的民主國家，例如加拿大與歐洲聯盟成員國等等。儘管馬克斯主義的分析仍受到重視，但是我們已經不再需要透過嚴厲的剝削政策，才能使資本主義發揮最大的功效了。

另外一份研究報告也發現，跨國公司的存在以及國外資金直接投資，對於開發中國家內部的公民與政治權利發展，都有相當正面的幫助。而公民與政治權利的發展，也將進一步促成較高的國民生產總值，並使這些開發中國家得到更多來自美國的外交援助，並有更多能力可以借款給其它國家。同時，國外資金的直接投資，也提高了這類國家的生活品質，包括人民的壽命、營養與教育等。因此，該份研究報告的作者在結論中指出，在現代社會之中，跨國公司不但是驅使（國家）進步發展的引擎，同時也能夠提升（該國人民的）公民政治，以及社會經濟權利。[14] 當然，除了這份研究報告外，我們還可以看到許多其它對資本主義抱持樂觀態度的社會學與政治學著作。[15]

資產負債表

不過，即使跨國公司最後為了獲得短期的利益，而選擇不顧許多人的人格尊嚴可能會因為其政策，而遭到損害，這樣的結果卻也是很容易理解的。如果跨國公司所採用的政策能夠符合〈國際人權法典〉的相關規範，我們相信這一定是因為外界存在著一股來自國家或人權組織、運動的抗衡性力量，在一定程度上制約了跨國公司的政策方向所致。誠如前文所述，國際間並沒有太多行為者重視〈國際人權法典〉的存在，也因此，各種看似有效的人權規範，其實在猛烈的鬥爭與爭辯中，往往就被拋在一邊了。[16] 北半球國家過去的經驗就明確顯示出，毫無紀律、無所限制的資本主義，其實對人性尊嚴與社會正義是會造成相當程度的傷害。

印尼在一九九八年所發生的社會動盪，就與前述模式相當

吻合。在許多跨國公司的大力支持下,當時由Suharto主政的
獨裁政權,打著「·亞洲價值」(Asian values)的旗幟,堅持
保持現狀—其主張也就是認為,獨裁的亞洲國家已經找到一個
成功的經濟發展模範,因此,它們並不需要賦予人民廣泛的政
治參與、設立獨立的工會,或者遵守其它國際認可之人權規
範。儘管亞洲地區確實有某些國家顯現出讓人印象深刻的經濟
成長,但是,也如同Novak與Lenkowsky所預測的一般,大多
數地區還是出現持續性的窮困。[17] 不久後,該地區出現了廣泛
的「亞洲感染效應」(Asian flu),在金融風暴的席捲之下,
各國的經濟狀況均呈現大幅度的衰退。這樣的結果,導致學
生、勞工團體群起要求政府重新評估「親密資本主義」(crony
capitalism)的定位,同時也有許多人呼籲政府必須給予人權
更多的重視與關注。以印尼為例,Suharto辭職下台後,繼任
的政府不再以「亞洲價值」的擁護者自居,同時做了許多改
變。在社會大眾的壓力之下,有部分的菁英開始從事改革運
動,而這也正是西方世界早期所曾經走過的階段。

　　「耐吉」與「銳跑」過去在亞洲的經驗,也呈現出類似的情
況。這二家公司皆把運動鞋與足球的生產權轉包給亞洲地區的
工廠,然而,這些工廠卻肆無忌憚地剝削勞工的血汗、僱用童
工,同時還違反了許多國際社會認可之勞工權利。當然,這種
情形也引起國際輿論的嚴聲撻伐。於是,這二家公司只好改弦
易轍,「耐吉」甚至還聘請著名的美籍人士Andrew Young,
負責監督、檢驗亞洲工廠的運作過程。然而,究竟這些公司是
否只是為了避免造成更多的反動,而以表面功夫來回應社會批
評,或者是真的想要確實遵守人權規範,仍然引起相當多的爭
辯。(誠如第三章所述,某些勞工權利,例如不被奴役的自

由、享有勞資談判的自由、結社自由等等，都被認為屬於基本
人權的一部分。）「耐吉」面對的情形已然如此，而「銳跑」面
對的爭議更為嚴峻。該公司為了平息各界的不滿，不但採取相
當多的革新措施，同時也支持許多有關人權的活動，例如支持
「國際特赦組織」舉辦搖滾音樂會，以及設立年度人權獎章等
等。除了這些作為以外，這二家公司以及其它企業，也確實參
與若干保護童工的計畫，不讓童工從事製造印有其公司標誌之
足球的工作（因為童工的小手最適合從事縫紉工作）。[18]

真的有人權規範嗎？

　　誠如前文所述，國際法對於跨國公司之行動可能產生的社
會影響，其實並沒有太多著墨。國際法主要規範的對象是以國
家為主體。在各國的司法管轄權內，國家必須要對該國的人權
情況負責。從國際法的基本立場來看，跨國公司並不是其所欲
規範的主體，不過，卻可以透過與跨國公司有合作關係之國
家，來扮演中介者的角色，而間接成為國際法約束的對象。[19]
因此，跨國公司並不必直接向國際法負責，換言之，跨國公司
—歐洲聯盟架構之外的公司—能夠規避國際法對其施以直接的
約制與束縛。

聯合國的狹隘作為

　　在一九七○年代，聯合國當時還是各國討論「國際經濟新
秩序」（New International Economic Order，簡稱NIEO）
的場域，來自南半球的國家，在共產集團國家的支持下，要求
國際社會必須通過能夠約束跨國公司的法定準則。然而，就像

「國際經濟新秩序」的結果一樣，西方社會的資本出口國基於確
保「它們的」企業有能夠賺取利潤的自由，因此採取了許多阻
撓行動，而那些具有約束力的準則，最後自然無法真正發揮效
用。（由西化的民主國家組成之「經濟合作發展組織」雖然贊
成制定不具約束力的準則，但是卻沒有發揮太大的影響力。）
雖然在「聯合國貿易與發展會議」（UN Conference on Trade
and Development，簡稱UNCTAD）上，各成員國曾經討論有關
制定約束跨國公司行為之準則的問題，但是最後還是沒能通過
任何相關法令。該會議是由開發中國家所主導，而其通過的一
系列聲明，也的確對跨國公司過去的種種紀錄多所批評。然
而，這些聲明到了一九八○年代之後，卻銷聲匿跡，這些開發
中國家也甚少提出批評的言論。事實上，整個國際局勢的轉
變，使得這些開發中國家轉而積極希望透過跨國公司，吸引更
多的外資，而不想因為內部的反動，而嚇走這些國際資金。

　　正因為這種矛盾的態度，使得「聯合國人權小組委員會」
（這裡指的是「聯合國防止歧視與保護少數族裔小組委員會」）
對跨國公司提出許多批評。一九九八年八月，有位塞內加爾籍
的特別書記員El Hadji Guisse便要求各國必須以國內法來規
範跨國公司違反國際社會認同之人權規範的種種行動。[20]　然
而，以往諸如此類的批評卻都不具有重大的影響力。最主要的
原因就是有關社會經濟權利之國際規範的內涵，到目前為止還
是太過於模糊，而無法有相當明確的詮釋，法官自然也就無法
據此做出刑事處分的判決了。

聯合國的廣泛作爲

　　冷戰結束之後，「國際勞工組織」並沒有以十分積極的態度，針對跨國公司的剝削行爲提出批評，換言之，其扮演的角色並不特別顯著。有部分原因或許是因爲該組織有三分之一的成員，都是國內企業的社團。另外一項原因，即使以美國爲首的西方社會，向來就不願意改變它們對該組織的看法。在冷戰期間，「國際勞工組織」與華盛頓當局因爲對某些政治議題有不同的看法，因此發生了嚴重的衝突，該組織的聲望也因此受到相當大的損害。即使到了世紀交替的時候，「國際勞工組織」都還沒有從早期激烈的衝突中恢復過來。此外，該組織也還無法證明其是一個能夠在防衛勞工權利面向獲致重大發展的積極性組織。

　　不可否認，「國際勞工組織」是一個歷史悠久，且廣爲人知的組織，同時，該組織一直以來也都在執行與勞工權利有關之人權計畫。誠如第三章所述，從一九一九年開始，「國際勞工組織」已經發展出一系列合理的 陵汷]是模糊的 W範，這些規範都是與設立一個安全與健康與沒有歧視之工作環境、享有公平薪資、正常工作時數、禁用童工與囚犯或禁止強制勞動、結社自由、組織動員權利、以及進行勞資談判權利等國際勞工權利的要求有關。然而，儘管該組織設立了一個完善的體制，專門負責審查並監督相關法規的執行，但是「國際勞工組織」卻無法得到國際社會廣泛的支持，「至少跨國公司並不完全依循國際法規的規定。」[21] 甚而，該組織於一九七七年通過之〈關於多國企業和社會政策原則的三方宣言〉（Tripartite Declaration of Principles Concerning Multinational

Enterprises and Social Policy），同樣也無法影響跨國公司的實際作為。（其實此宣言只是一項建議案，而沒有約束力。）比較弔詭的是，從理論上來看，勞工權利應該是西方社會與東方社會，而不是北半球與南半球在冷戰期間能夠互相合作的一項議題。然而，「國際勞工組織」在冷戰期間卻沒能促成太多革新性的改變。[22] 值得注意的是，這些抽象的規範或許仍有一定程度的效力。而相關基本法規的原則，也可能轉變成為習慣法，甚至對那些不屬於「國際勞工組織」成員的行為者，也具有一定程度的約束力。綜上所述，目前最重要的問題，就是該如何發展出一套能夠使這些法規得以被重視的政治行動進程了。

就整個國際局勢的發展來看，國際社會在冷戰後對童工問題的日漸重視，可說是一項最正面、最激勵人心的發展。進一步來說，除了美國與蘇丹之外，幾乎所有國家都已經簽署並批准了〈國際兒童權利公約〉。此項公約明確規定 國家必須確保兒童不會被迫勞動，也不會在危險的環境裡工作。[23]「聯合國兒童基金會」可說是聯合國諸多組織中，處理兒童問題最主要的機構。該機構不但時時以〈國際兒童權利公約〉為依歸，同時，其不但自認為是一個人權行為者，同時也是一個從事救濟與發展工作的組織。在一九九七年舉辦的一場國際會議裡，「聯合國兒童基金會」對當時全球共有二億五千萬童工（大部分是在服飾工業）遭受剝削的情形表示樂觀的看法，認為這種情形將有機會得到改善。[24]

貿易法

　　從另一方面來看，早期的貿易法其實並不十分重視人權的發展。誠如我在本書前面幾章所言，各界甚至還擔心「世界貿易組織」底下之「評議小組」所通過之決議，有可能會凌駕於國家與各地方政府所制定之限制跨國公司在高壓國家（例如緬甸）之活動的相關法律之上。舉例來說，許多觀察家目前正抱持著觀望的態度，要看看「世界貿易組織」是否會將美國麻州通過的人權法令，以及洛杉磯市通過之新法令，視為是阻撓自由貿易的障礙，而不予支持。（不過，這些地方政府通過之人權法令，也有可能被國家法院以不同理由而加以駁回。[25]）不過，「世界貿易組織」在一九九六年時，因為得到美國的大力支持，而順利通過一項宣言，要求所有的成員國必須尊重勞工權利。儘管如此，該項宣言仍然不具有任何強制性的約束力，同時其內容也欠缺明確。此外，由於「世界貿易組織」曾經以環境規範為理由，否決過美國提出的部分貿易決議，認為這些決議有礙自由貿易，所以有些觀察家也擔心「世界貿易組織」會以同樣不友善的態度來看待人權規範。

非營利組織的運作

　　我在第七章裡曾經提過國際公民社會正在逐漸形成，同時有許多非營利組織與運動，包括人權團體在內，也開始越來越關注公共政策的議題。在這一章裡，我將繼續對這個主題做進一步的探討，並指出許多團體與運動已經開始從人權規範的角度，來評估、因應跨國公司的政策與實際作為。當談到跨國公司的相關議題時，或許有人會提到關於「社會責任」之類的概

念，不過，人權價值卻僅是其中的一部分而已（也包括了反貪污、反腐敗的措施，以及生態事務的政策等）。[26] 早在一九七二年時，「國際商業議會」（International Chamber of Commerce）就通過了一項關於跨國公司行為之不具約束力的準則。而某些企業界的經理人也組成了負責推廣跨國公司之社會責任的「考克斯圓桌委員會」（Caux Round Table），這些責任包括有：「對人性尊嚴的承諾，以及對政治與經濟自由的保障等」。[27] 「皇家荷蘭科學院」（Royal Netherlands Academy of Sciences）也進一步認可「企業觀察」（Corporate Watch）與「荷蘭人權研究所」（Netherlands School of Human Rights Research）之間的合作關係。[28] 若干正統的人權組織，例如「人權觀察」與「國際特赦組織」等，也開始對跨國公司投注更多的注意力。[29] 此外，許多以維護消費者權益為宗旨，而長期追蹤企業界政策作為的團體，例如Ralph Nader設在華府的「全球貿易觀察」（Global Trade Watch），也逐漸越來越重視人權議題。同時，許多工會，例如「美國勞工總會與產業勞工組織」就持續高度注意跨國性的勞工議題。

若從一些非官方的施壓案例來看，確實也能夠找到若干成功的個案—例如跨國公司減少僱用童工製作足球，或者是迫使「耐吉」必須進一步檢視其在亞洲的轉包工程。此外，「蘇立文原則」（Sullivan Principles）至少也將白人統治下的南非，把不同種族安排在不同的工作環境的情況，公諸於世，讓各界注意到這種不公平的待遇。不過，就連Reverend Sullivan本人最後也承認，他的努力—想影響外國企業的投資意願—仍然無法將南非的勞力資源整合為一，同時也無法對種族隔離的情況有重大的改善。另一方面，「馬克布萊德原則」（Mcbride

Principles）的關注焦點，則是集中在北愛爾蘭地區在僱用員工時所發生的宗教歧視之上。因為有此原則的規範，許多在此投資的企業，也盡量減少其對天主教徒或新教徒的偏見與歧視。誠如前文所述，基於人權價值的重要性，許多企業只好蒙羞改變其政策。舉例來說，「星巴客」就接受人權觀察者檢視其工作執行過程，「海尼根」與「李維牛仔服飾」則是乾脆分別裁撤該公司在緬甸與中國的生產工廠。

　　直到一九九九年，美國的跨國公司能夠從三項新的行為規範中，任意挑選一項規範，並以之回應發生在國外貿易裡之勞工權利的各項壓力。[30] 這三項規範分別是：第一項規範—由一些非常謹慎的企業所設計，但卻相當模糊、沒有說服力、且沒有被廣泛接受；第二項規範—得到柯林頓政府的支持，涵蓋了相當廣泛的勞工議題，雖然得到外界支持與媒體的注意，但是卻沒有提到「最低工資」的問題；第三項規範—除了討論其它人權問題之外，還透過一套複雜的公式來處理薪資議題，乃是最具挑戰性的規範。

　　一九九八年秋，一群服飾與鞋類工業的跨國公司，包括有「麗詩加邦服飾公司」、「耐吉」、「銳跑」等等，同意獨立的人權監督者可以在正式協定之下，逕行檢視這些公司在海外地區的工作程序與工作環境。「成衣工業夥伴」（Apparel Industry Partnership，簡稱AIP）的計畫，或者是「公平勞動協會」（Fair Labor Association，簡稱FLA）的任務，就都是為了紐約「人權律師委員會」（Lawyers Committee for Human Rights）與其它受尊敬之非政府人權組織所為之不定期的視察而設計的。[31] 跨國公司之所以願意接受此項協議，柯林頓政府從中穿針引線，可說是最大的功臣。事實上，美國政府為

了促成此項協議，其實已經努力了超過二年之久。儘管相關的協議仍然遭到美國勞工團體、美國大學生、以及其它行爲者的批評，認爲協議的規定仍然不夠充分。但是，這些發展卻已經得到其支持者的認同，認爲協議的通過，是各界關注跨國勞工權利的一項重大進展。[32] 大約有二十所美國主要大學，以及其它著名的運動節目與流行的運動服飾，例如「密西根大學」、「聖母大學」與「內布拉斯加大學」等等，都加入了此項協議。[33]

　　同樣在一九九八年的時候，包括「玩具反斗城」、「雅芳」等企業組成了「經濟優先委員會」（Council on Economic Priorities，簡稱CEP）。此委員會除了處理海外子公司或是工程轉包商的勞工權利問題之外，同時也針對不同國家，設計符合當地標準的「最低工資」。就後者而言，委員會是根據特別公式的計算，將滿足個人最低生活需求所需要的費用，以卡路里爲單位來計算。如此一來，每個國家的薪資可以被轉換成爲一致的單位數據，而更容易加以比較。的確，這個特別公式被認爲是相當合適的。然而，在「經濟優先委員會」提出各界必須支持「成衣工業夥伴」／「公平勞動協會」的論點後，某些企業團體與評論家卻對此感到爲難。因爲就某方面來說，設定「最低工資」的標準，將有可能會降低國外企業投資的意願，進而導致南半球的工作機會大幅度減少，而這並不是它們所樂見的結果。[34] 不管如何，某些國家還是相信廉價的薪資，乃是構成該國全球市場競爭優勢一項不可或缺的要素，馬來西亞就是如此。

　　另外還有部分企業自行組成了「美國服飾製造商協會」（American Apparel Manufacturers Association）。雖然

該協會允許各界可監督所屬企業之勞工權利有無受損，然而，由於該協會設定的標準太低，所以並沒有得到外界的稱許，反而引來許多人權團體、工會、注意勞工議題的大學生，以及其它服飾工業領域外之觀察家的責難。

　　除了上述較為成功的例子外，其它非官方人權行為者與運動所獲得的成就與發展就比較具有爭議性。誠如前文所述，「皇家荷蘭殼牌」公司並沒有因為外在壓力，而完全裁撤在奈及利亞的工廠。同時，該公司也沒有採取特別政策以改善其在歐格尼所造成的環境污染。最重要的是，「皇家荷蘭殼牌」也沒有試著拯救Ken Saro-Wiwa與其他抗議者，使他們能夠免於死刑。我們可以發現，儘管該公司面對接踵而來的輿論壓力，但至多也只是投資更多金錢來維繫與外界的公共關係，並規避外界提出抵制與制裁的要求。這個案例到現在仍為獲得完善的解決，此跨國石油公司與拉哥斯（Lagos，奈及亞首都）的後阿巴卡政府目前的關係，和過去其實並無二致。可以確定的是，各界提出跨國公司必須採取更積極之政策的要求，或多或少還是有助於改善奈及利亞的情況。誠如我們在第七章所討論的內容一般，人權團體與人權運動的「成功」定義其實是相當模糊的，而唯有透過長期的教育（養成訓練），才能逐漸改變國際社會對此議題的觀點。

　　最後，我們也必須注意到另一層面的發展，亦即，有部分非官方行為者已經對跨國公司與其在世界各地的運作政策提出國內司法訴訟。以美國為例，根據一七八九年通過之〈海外侵權法案〉（Alien Tort Statute）指出，一般平民可以在非官方團體有違反相關規定之情事時，不論該團體所屬國籍為何，均可對其提出司法訴訟。大部分與此法案有關的判例，都是和

酷刑有關。[35] 不過,在一九九〇年代時,有某些團體指控「加州聯邦石油公司」(Unocal)有允許其在緬甸的承包商強迫工人勞動並做出其它違反人權行為的罪行。美國地方法院經過多次的討論,認為此案例具有潛在的重要性,於是便對此個案進行深入的調查,直到我開始撰寫此書的時候,法院才正要做出最後的裁決。[36] 不可否認,最後的判決若是裁定跨國公司必須為其違反國際人權法之行為承擔法律與財務上的責任,那將會是人權(勞工)領域的一個重要的里程碑。

國家的行動

誠如前文所述,在一九七〇年代時,某些西方國家試圖要規避「國際經濟新秩序」所倡議之用以規範跨國公司的國際法。到了一九九〇年代,情況有了部分改變,有許多西化的民主國家,包括某些原本支持企業界與中央集權的國家陞F進一步提升企業所應承擔之社會責任,因此支持制定若干行為規範與其它不具約束力的措施,包括重視人權以及監督對跨國公司的各項行動等。舉例來說,Helmut Kohl 主政時的德國,就曾經為了確保亞洲國家沒有僱用童工製造出口至德國的地毯,而提出一項「地毯標誌運動」(Rugmark Campaign)。加拿大的柯提昂政府(Chretian government)也開始重視海外的童工議題。另外,我們在前面曾提過,為了施壓「皇家荷蘭殼牌」改變其在奈及利亞的政策,柯林頓政府還從中促成了「成衣工業夥伴」/「公平勞動協會」的協議。當歐洲國家發現「英國石油公司」(British Petroleum)為了在哥倫比亞建造輸油管,而導致該國軍隊以殘酷的行動控制當地勞工,為了迫使其改變政策,這些國家也透過「歐洲議會」(European

Parliament)對英國施壓。至此,或許就有人會開始思考究竟需要有多少國家採取行動,才能讓跨國公司更佳重視人權的問題。不過,關於此問題的辯論,是永遠不會停止的。

總的來說,一般人還是認爲政府並不願意以人權爲名義,而使用法律來確實有效地規範跨國公司的行爲。政府真正願意做的是去刺激「它們」內部的企業,透過不具約束力的規範與逐漸增多之非政府組織的監督,希望這些企業能夠自我約束。目前真正在運作的「制裁」手段,大概只有負面的名聲與消費者的抵制。這些手段對於若干直接銷售商品給個人消費者的公司,似乎是比較有效的,例如「海尼根」、「耐吉」等等。

美國政府曾經對美國外交政策與跨國公司的人權行動作了詳盡的回顧,從其報告的內容,我們不難看出美國政府往往只是透過口頭上的宣示,而較少採用具體有效的行動來規範跨國公司的政策,明顯與「成衣工業夥伴」／「公平勞動協會」的協議似乎是背道而馳的。[37] 的確,不管是民主黨(Democrat)或共和黨(Republican)掌握政權,美國政府都還是擔心如果太強調「國家主權」的優越性,將可能會對市場經濟造成損害。

公元一九九六年,美國商務部(Department of Commerce)提出一項名爲〈模範企業原則〉(The Model Business Principles)的規範,並將這些原則與普世人權標準結合在一起。此項規範強調的要點除了包括一個安全與健康的工作場所、公平的工作機會、在工作場所享有自由的言論權與反對政治強迫的權利,同時也包括對環保與反貪污腐敗的重視。然而,除了一九九八年通過之「成衣工業夥伴」／「公平勞動協會」協議外,美國政府與民間後來似乎就沒有制定其它相關的

配套措施。對於這樣的發展，其實我們並不感到意外，因為商務部本來就比較支持企業界，在柯林頓政府時期尤其明顯。商務部的立場與勞工部(Labor Department)部長Robert Reich的看法可說是南轅北轍。不過，在許多國家政府裡，這二個部門之間的緊張關係，本來就是相互競爭，而顯得劍拔弩張。

　　雖然我們一直聽說美國國務院、美國貿易代表局(Office of the US Trade Representative)、以及其它政府部門已經開始關心其它國家的勞工權利問題。而國務院的「民主、人權與勞工局」(Bureau of Democracy, Human Rights, and Labor)每年提出之「年度國家人權報告」(Annual Country Human Rights Reports)，確實也對各國的勞工議題有所著墨。然而，我們也都知道，雖然該局從一九七六年開始，就詳細地把各國違反人權行為之紀錄整理在書面報告裡，但是美國政府並沒有採取任何有效的實際行動，以確實改善這些人權問題。換言之，這二者之間確實存有相當大的鴻溝。儘管華府當局的貿易法令規定可就各國之人權行為表現，來決定是否與該國進行貿易往來。[38] 但是，就美國與歐洲聯盟與非歐洲地區之貿易夥伴間的關係看來，這些條件限制似乎並沒有實際效用。

　　此外，我們也不難發現美國外交官員會針對各國勞工權利以及跨國公司之社會責任等議題發表談話，但是，若要美國政府確實採取行動以抵制跨國公司的錯誤行為，那似乎就不是那麼容易的事了。另一方面，美國政府一直以來對反對跨國公司賄賂政府官員的態度，似乎也比關切童工問題與其它違反勞工權力之問題更為積極。

　　儘管如此，值得我們注意的事，美國還是參與許多其它行為者的行動。例如美國就曾提供資金給「聯合國兒童基金

會」，以協助亞洲地區的學齡兒童可以重新回到學校接受教育，不必在工廠裡從事粗重的工作。同時，美國商務部與勞工部也定期發佈有關海外童工資訊的報告，並且提供相關的行為準則供跨國公司參考，並建議這類公司可以挑選若干監督組織對其工作程序與環境進行評估、監督。另外，美國政府也持續贊助「國際勞工組織」的相關計畫，雖然這些計畫往往沒有發揮太多效用。

結論

相較於跨國公司過去被敦促不可介入公司註冊國的內部事務，現在的情況似乎有了很大的改變：各國公民與其政府已經越來越常要求跨國公司應該承擔更多與國際人權事務有關的責任。[39] 曾經有一篇《紐約時報》的社論指出：「約四分之一世紀以前，企業界認為保護環境並不是它們的工作。但是到了今天，幾乎沒有任何一家美國公司會這樣說了。同樣的情況也出現在與人權議題保持合作態度的面向上。有越來越多的公司承認它們的行為會影響到人權，同時，尊重人權也符合其企業利益。」[40]

儘管目前國際公法，尤其是國際刑事法，還不能運用到跨國公司之上，但是我們仍有許多其它的方法，能夠對私人企業進行再教育，使其政策行為可以符合人權規範的標準。一九七〇年代與一九八〇年代所通過的不具約束力的行為準則，不管是「國際商業議會」、「經濟合作發展組織」、「國際勞工組織」、美國政府，或是由「聯合國貿易與發展會議」所通過的各項規範，由於缺乏適當且具公信力的監督機制，最後證明都

沒有足夠的效力。不過,部分以談判協議形式呈現的非官方規範,因為搭配了獨立的監督與公開報告機制,對企業的行為確實有若干(正面)影響。當這些規範得到政府的支持時,因為在執行上較為順利,其效力會更顯卓著。我們在前面提到之「成衣工業夥伴」/「公平勞動協會」的協議,就是因為得到美國政府的背書,勞工部亦從旁進行推廣遵守協議的研究,才能順利運作。同樣地,德國政府支持的「地毯標誌運動」則是另外一個範例。

　　雖然一般人還是希望看到跨國公司在不久的將來,能夠以更多的心力來遵守人權規範,不過為了獲致此一目標,官方與非官方的行動往往遊走在法律的灰色地帶裡。跨國企業所面臨的壓力,通常是來自於非營利組織,同時也伴隨著媒體的大量報到,加上消費者或百姓以實際行動加以抵制,在有可能影響到企業獲利的情況下,企業只好進一步考慮修改其政策。然而,所謂承擔社會責任的企業夥伴,卻僅是指涉部分企業與政府間的關係。儘管迫使跨國公司必須因為違反人權之行為而承擔民事懲罰的國內法院判決可能是造成此項變化的因素之一,但是此過程卻仍有可能是透過半官方與正常法律程序以外之行動來進行。

　　我們除了能看到全球服飾與鞋類工業修改其企業政策外,有部分具有良知的公司,例如「海尼根」、「星巴客」等,也同樣朝著遵守人權規範的路線前進。此外,當德國企業給付補償金給那些在「納粹」時期被迫勞動的人民時,似乎也可以看出某種正面效應正逐漸發酵。再者,「福斯汽車」(Volkswagen)與其它企業,為了免於遭到起訴,甚至成立了德國法律規定以外之「人道基金」,專門用以補償相關受難者的

損失。[41] 德國內部之所以會出現這些正面的發展，瑞士銀行的例子應該是主要原因。當時人民對於部分瑞士銀行管理猶太人在第二次世界大戰時之存款的政策普遍感到不滿，於是威脅要對這些銀行提起訴訟，而美國有些城市與州也同時提出類似的法律威脅。來自官方與社會上的壓力使得這些瑞士銀行不得不修正其政策，以緩和各界的抨擊。我們可以發現，這些發展，其實都是屬於一種新興心理環境的一部分，在這種環境底下，跨國公司被預期會願意採取承擔社會責任的政策。在這些政策之中，就有大部分是與國際人權規範有關。

問題討論

- 你認為跨國公司的規模與力量是否過於強大,而能夠擺脫政府當局的約束?你認為國際規範與國內規範相比之下,何者對於跨國公司的約束力較大?

- 「經濟合作發展組織」過去處理私人、營利企業,與其對勞工之影響的案例,有何值得參考的經驗?這些經驗的教訓是否被運用到國際關係之上呢?

- 當我們把人權考量運用到跨國公司之上時,是否真的會形成一種西化的帝國主義,甚而因為保護勞工的權利而阻撓了整個北半球的經濟成長與繁榮?

- 如果你是一家跨國公司的股東,如果「你的」公司關切人權與勞工權利的結果會使你的利潤減少,你是否還會希望公司如此做呢?假設你同時具有公司負責人與消費者的身分,是否會改變你原先的看法?為什麼我們會期待美洲與歐洲的企業負責人或消費者去關懷亞洲、非州、或拉丁美洲的工人呢?

- 你認為「耐吉」、「銳跑」等企業,究竟只是表面上遵守「成衣工業夥伴」/「公平勞動協會」的協議,或者真的對其在亞洲地區之勞工的人性尊嚴有確實的承諾呢?當我們談到國外地區的社會議題時,你認為「耐吉」與「皇家荷蘭殼牌」這二家公司的態度有何不同?

- 當我們談論到血汗工廠的議題時,你認為跨國公司是否能夠有效地抗衡由大學生、工會、人權團體、以及媒體等行為者所組成之抗議運動呢?你認為政府是否需要支

持這類運動呢？那些非官方的行為規範，是否真的能夠
影響跨國公司的政策呢？

* 我們都知道早在一九二〇年左右就有所謂的「國際勞工
  組織」，但是為什麼許多有關勞工權利的行動都不是由
  此類組織所發起的呢？我們是否能夠不靠國際法與國際
  組織的力量，而在勞工權利獲得重大進展？相對地，我
  們是否應該根據國際法之規定，直接要求跨國公司承擔
  責任，而不是讓這些公司透過國家間接地承擔責任？政
  治上的運作，是否真的比法律規定更為重要呢？

建議閱讀

Barnet, Richard J., and John Cavanagh, *Global Dreams: Imperial Corporations and the New World Order* (New York: Simon & Schuster, 1994). 本書對跨國公司與公共政策有相當詳盡的檢視。

Compa, Lace A., and Stephen F. Diamond, eds., *Human Rights, Labor Rights, and International Trade* (Philadelphia: University of Pennsylvania Press, 1996). 本書集結了許多精闢的文章，並提出相當扼要的概述。

Donaldson, Thomas, "Moral Minimums for Multinationals," in Joel H. Rosenthal, ed., *Ethics and International Affairs: A Reader*, 2nd edn (Washington: Georgetown University Press, 1999), 455-480. 本書簡短說明跨國公司的倫理行為。

Gilpin, Robert, *The Political Economy of International Relations* (Princeton: Princeton University Press, 1987). 這是一本相當經點的著作。第六章即專門探討跨國公司。雖然本書並沒有明確提及人權相關議題，但是卻透過更廣泛的政治觀點，來詮釋許多跨國公司的行為。

Haas, Ernst A., *Human Rights and International Action* (Stanford: Stanford University Press, 1970). 作者總結認為「國際勞工組織」

在冷戰期間無法改善共產集團內部的勞工權利。

Houck, John W., and Oliver F. Willaims, *Is the Good Corporation Dead: Social Responsibility in a Global Economy* (Lanham, MD: Rowman & Littlefield, 1996). 本書對有關企業行為之社會責任概念有相當完整的檢視。

Hymer, Stephen, "The Multinational Corporation and the Law of University Development," in J. W. Bhagwati, ed., *Economics and World Order* (New York: Macmillan, 1971), 113-140. 本書詳細說明跨國公司的各種惡劣行徑。

Korten, David, *When Corporations Rule the World* (West Hartford: Kumarian Press, 1995). 作者從極度批判性的觀點來探討跨國公司以及其可能造成之損害的著作。

Meyer, William H., *Human Rights and International Political Economy in Third World Nations: Multinational Corporations, Foreign Aid, and Repression* (Westport, CT: Praeger, 1998). 作者運用量化途徑來說明南半球之跨國公司與其它良好事務之間的關聯性。作者發現其間呈現出正相關的現象。作者的研究方法受到許多學者的質疑。

Rodman, Kenneth A., "Think Globally, Punish Locally: Non-State Actors, Multinational Corporations, and Human Rights Sanctions," *Ethics & International Affairs*, 12 (1998), 19-42. 作者指出企業所面臨到之必須更尊重勞工權利的壓力，主要是來自於人權組織與消費者運動。

Schlesinger, Stephen C., and Stephen Kinzer, *Bitter Fruit: The Untold Story of the American Coup in Guatemala* (Garden City, NY: Doubleday, 1982). 本書記載了美國企業團體以及美國政府合作推翻瓜地馬拉之Arbenz政府的來龍去脈，並指出瓜地馬拉在那之後，便開始了數十年的殘暴壓抑政權。

Soros, George, "The Capitalist Threat," *Atlantic Monthly*, 279, 2 (February 1997), 45 and passim. 作者是一位成功的匈牙利裔金融家與慈善家。作者對東歐地區與前蘇聯國家內部之沒有紀律的資本主義提出警告，認為那是相當危險的。

Spar, Deborah, "The Spotlight and the Bottom Line: How Multinationals Export Human Rights," *Foreign Affairs*, 77, 2 (March-April 1998), 7-12. 作者對受到規範與壓抑的企業抱持樂觀態度，並指出某些企業的人權紀錄相當惡劣。

Tavis, Lee, *Power and Responsibility* (Notre Dame: Notre Dame Press, 1997). 這是一本檢視社會責任與企業行為的優秀著作。

Vernon, Raymond, *Sovereignty at Bay: The Multinational Spread of US Enterprises* (New York: Basic Books, 1972). 作者認為跨國公司仍然沒有擺脫當代國家的控制。

本章注釋

[1] Raymond Vernon, *Sovereignty at Bay: The Multinational Spread of US Enterprises* (New York: Basic Books, 1972).

[2] 不過，亦有學者持不同看法，例如 Mark Gibney and David R. Emerick, "The Extraterritorial Application of Corporations to Domestic and International Standards," *Temple International and Comparative Law Journal*, 10, 1 (Spring 1996), 123-145。

[3] AP, "Congress Passes Bill to Curb International Business Bribery, " *New York Times*, October 22, 1998, A5.

[4] Michael Novak and Leslie Lenkowsky, "Economic Growth Won't End Poverty," *New York Times*, July 24, 1985, A 19. 作者與「美國企業研究所」(American Enterprise Institute，簡稱 AEI) 有密切的關係，此研究所是一個位於華府的保守、傾企業界的智庫。

[5] 這種政治體制也就是西方世界用以平衡企業權力的方式，詳見 E. E. Schattschneider, *The Semi-Sovereign People: A Realist's View of Democracy in America* (New York: Holt, Rinehart and Winston, 1960)。

[6] George Soros, "The Capitalist Threat," *Atlantic Monthly*, 279, 2 (February 1997), 45 and passim.

[7] Stephen Hymer, "The Multinational Corporation and the Law of University Development," in J. W. Bhagwati, ed., *Economics and World Order* (New York: Macmillan, 1971), 113-140; David Korten, *When Corporations Rule the World* (West Hartford: Kumarian Press, 1995). See also Richard J. Barnet and John Cavanagh, *Global Dreams: Imperial Corporations and the New World Order* (New York:

Simon & Schuster, 1994).

8 例如美國聯合果品公司在瓜地馬拉的反對行動即是一例。詳見Stephen C. Schlesinger and Stephen Kinzer, *Bitter Fruit: The Untold Story of the American Coup in Guatemala* (Garden City, NY: Doubleday, 1982)。

9 Debora L. Spar, "Multinational and Human Rights: A Case of Strange Bedfellows," in *Human Rights Interest Group Newsletter*, American Society of International Law, 9, 1 (Winter 1998), 13-16.

10 Lance Compa and Tashia Hinchliffe-Darricarrere, "Enforcing International Rights through Corporate codes of Conduct," *Columbia Journal of Transnational Law*, 33 (1995), 665.

11 關於Arbenz與瓜地馬拉的案例，除了註8的文獻可供參考外，讀者亦可參考Piero Gleijeses, *Shattered Hope: The Guatemalan Revolution and the United States 1944-1954* (Princeton: Princeton University Press, 1991)。關於Allende與智利的案例，可參考Richard Z. Israel, *Politics and Ideology in Allende's Chile* (Tempe: Arizona State University Press, 1989)。

12 關於「皇家荷蘭殼牌集團」在奈及利亞的作為，並沒有太多相關的文獻，不過讀者仍可參考Human Rights Watch, *The Price of Oil: Corporate Responsibility and Human Rights Violations in Nigeria's Oil Producing Communities* (New York: Human Rights Watch, 1999)。

13 除了我們已經提到的觀點外，讀者可以進一步參考她的文章 "The Spotlight and the Bottom Line: How Multinationals Export Human Rights," *Foreign Affairs*, 77, 2 (March-April 1998), 7-12。另外也可參考Kenneth A. Rodman, "Think Globally, Punish Locally: Non-State Actors, Multinational Corporations, and Human Rights Sanctions," *Ethics & International Affairs*, 12 (1998), 19-42。

14 William H. Meyer, "Human Rights and Multi-National Corporations: Theory v. Quantitative Analysis," *Human Rights Quarterly*, 18, 2 (Spring 1996), 368-397; and *Human Rights and International Political Economy in Third World Nations: Multinational Corporations, Foreign Aid, and Repression* (Westport, CT: Praeger, 1998).許多學者則進一步對作者的研究方法與結論有所爭辯。

15 Max Singer and Aaron Wildavsky, *The Real World Order: Zones of Peace, Zones of Turmoil*, rev. edn (Chatham, NJ: Chatham House Publishers, 1996).

[16] Rhoda Howard, *Human Rights in Commonwealth Africa* (Totowa, NJ: Rowman & Littlefield, 1986).

[17] Cf. Novak and Lenkowsky, "Economic Growth".

[18] 和「皇家荷蘭殼牌」在奈及利亞的案例一樣,學術界並沒有太多文獻探討有關「耐吉」在亞洲地區的種種作為,讀者可參考 Philip Segal, "Nike Hones Its Image on Rights in Asia," *New York Times*, June 26, 1998, 1。光是一九九八年一年內,《紐約時報》與世界上的其它媒體,對此主題就有許多相關的報導。

[19] 讀者可參考 Barcelona Traction case,*International Court of Justice Reports*, 1970, 3。

[20] Inter press service, "Human Rights: Holding Transnationals in Check," Global Policy Forum, http://www.igc.org/globalpolicy/socecon/tncs/humrig.htm.

[21] Diane F. Orentlicher and Timothy A. Gelatt, "Public Law, Private Actors: The Impact of Human Rights on Business Investors in China," *Northwestern Journal of International Law and Business*, 14 (1993), 116 and passim.

[22] Ernst A. Haas, *Human Rights and International Action* (Stanford: Stanford University Press, 1970).

[23] 該公約第 32 條的規定與此議題特別有關。

[24] Reuters, "Child Labor Conference Ends on Hopeful Note," http://www.yahoo.com/headlines/970227/international /stories/children_1.html.

[25] Matthew Schaefer, "Searching for Pareto Gains in the Relationship Between Free Trade and Federalism: Revisiting the NAFTA, Eyeing the FTAA," *Canada-United States Law Journal*, 23 (1997), 441-488.

[26] Lace A. Compa and Stephen F. Diamond, eds., *Human Rights, Labor Rights, and International Trade* (Philadelphia: University of Pennsylvania Press, 1996); John W. Houck and Oliver F. Willaims, *Is the Good Corporation Dead: Social Responsibility in a Global Economy* (Lanham, MD: Rowman & Littlefield, 1996); and Lee Tavis, *Power and Responsibility* (Notre Dame: Notre Dame Press, 1997).

[27] http://www.cauxroundtable.org.

[28] http://www.corpwatch.org. 這是一個半官方的機構,不過由獨立的學術

單位所負責經營。

29 讀者可從這些組織的網站裡，得到許多相關的資訊。例如http://www.hrw.org/about/initiatives/corp.html.

30 *Business and Human Rights* (Cambridge, MA: Human Right Program, Harvard Law School, 1999).

31 http://www.lchr.org/sweatshop.summary.htm.

32 Steven Greenhouse, "Groups Reach Agreement For Curtailing Sweatshops," *New York Times*, November 5, 1998, A18.

33 Steven Greenhouse, "17 Top colleges Enter Alliance on Sweatshops, " *New York Times*, March 16, 1999, A15.

34 Aaron Bernstein, "Sweatshop Reform: How to Solve the Standoff," Business Week, May 3, 1999, 186-190.

35 Beth Stevens and Steven R. Tatner, *International Human Rights Litigation in US Courts* (Irvington-on-Hudson, NY: Transnational Publishers, 1996).

36 William J. Aceves, "Doe v. Unocal," *American Journal of International Law*, 92, 2 (April 1998), 312-314.

37 http://www.state.gov/www/global/human _rights/business_principles.html.

38 Compa and Hinchliffe-Darricarrere, "Enforcing International Rights, " 667.

39 The Dutch Sections of Amnesty International and Pax Christi International, *Multinational Enterprises and Human Rights* (no place: AI and PCI, no date), 22-23. Thomas Donaldson, "Moral Minimums for Multinationals," in Joel H. Rosenthal, ed., *Ethics and International Affairs: A Reader,* 2nd edn (Washington: Georgetown University Press, 1999), 455-480.

40 轉引自 "Human Rights and Business: Profiting from Observing Human Rights," *Ethics in Economics*, 1998 (nos. 1 & 2), 2, 125 E. Broad St., Columbus, Ohio, www.businessethics.org.

41 *New York Times*, December 4, 1998, A6 and A23.

第三部分

結論

ℬ　第九章　ℛ

現實世界中的自由主義政治

　　經過前面幾章的討論，相信讀者可以發現人權已經成為當前國際關係裡不可或缺的一部分。Michael Ignatieff就曾準確地掌握了這個趨勢：「我們幾乎沒有察覺到我們的道德想像早從一九四五年起，就因為道德世界主義的普及與實踐，而逐漸轉換成為一種共享的人權文化。」[1] 這種道德世界主義的普及與實踐，以及由其衍生而出的區域性人權，可說是為了彌補充滿血腥暴力之二十世紀的一種特質。

　　不過，以一個新聞記者的角度來看，David Rieff提醒我們需要以一個更質疑的觀點來詮釋普世人權的意涵。他認為「這種普世化的推動力，其實是西方世界的古老傳統，不過，這種在過去曾經招致許多苛責的傳統，現在也同樣引起批評，尤其是在各大學之中。一般認為，伴隨此傳統而來的傷害程度，其實與其帶來之利益相差無幾。此外，這種普世主義，很輕易就會沈淪為一種感情主義，同時也會轉變為一種扭曲且背離人類事務的疏遠距離。」[2] 或者，讓我們以一個比較具體的範例

來詮釋這個觀點。有鑑於幾乎所有國家不管在承平時期或戰爭時期於形式上都支持這種抽象的人權原則,因此「征戰者對戰爭法的瞭解程度,應該和他們瞭解量子力學的程度一樣。」[3]

　　大體而言,國際人權法是以自由主義為基礎,但是人權的實踐卻總是反映出一種現實世界的態勢。舉例來說,國家利益通常凌駕於個人權利之上、人際之間的平等也往往屈從於對「其他人」的輕蔑無禮之下、暴力衝突持續發生、而國際組織則大多軟弱無影響力。[4]

　　不過,我們目前把在一四六〇年與一九六〇年間,發生在剛果河流域的奴隸與其它剝削百姓之行為視為一種違反人權之行為,卻可說是符合 Ignatieff 提出之自由主義的觀點。[5] 從另一個角度來看,我們指出國際社會無法採取任何有效或堅決果斷的行動,來回應對剛果河流域(亦稱之為薩伊或剛果民主共和國)在一九六〇年後發生的屠殺行為與其它嚴重違反人權之行為,卻又相當程度證明了 David Rieff 的現實主義觀點。

回顧

　　到目前為止,我們已經對相關議題做了蠻多的討論,因此有必要依序對主要的論點做一回顧。誠如第一章所言,公元二千年可說是世紀交替的一年,但是當前混亂的國際關係卻呈現出矛盾與分歧的特質。雖然國際人權規範已經逐漸嶄露頭角,但是國家主權卻仍然保有一定的優勢地位。不過國家主權則是因為政府間組織與跨國非政府組織的諸多作為,而發生概念上的轉變。儘管如此,國家正式的認同,仍然具有法律上的正當性,而國家政策與權力對於人類事務而言,仍有相當程度的影

響力。曾有一位歷史學家引用了一位英國外交官的談話，大意
是指〈聯合國憲章〉需要增添一條新的條文：「本憲章現在的
任何內容都不應被影射成為（國家）權力已不具有重要性的錯
誤觀念。」[6] 雖然普世人權的風氣已經擴大了我們的道德想像，
但是在我們生活的這個世界裡，各種以國際人權為名之有效行
動，仍然面臨到民族主義、民族國家，以及國家利益所形成之
強大的障礙。自由主義與現實主義原則之間的交易與妥協相當
常見，正如同在一個以民族國家體制為主體的國際關係裡，人
權價值的意涵也會因時因地制宜一般。[7]

　　第二章所討論的內容，主要是與各項法律有關。〈國際人
權法典〉與其它補充性規範，正是目前最主要的人權國際法。
儘管這些法律仍有許多缺點，同時也遭致許多批評，但是若與
其它主題有關之法律，如國際生態法或貿易法相比，國際人權
法卻還是發展較為完整（也就是較詳細、具體）的法律。

　　正如同其它法律一般，國際人權法無疑也是政治運作過程
下的產物，同時也引起相當多的爭議。各界會對這些與生存
權、宗教信仰自由權、或者與免於歧視之自由有關的跨國規範
多有爭議，我們一點也不必感到訝異。國際人權法之所以能夠
成為跨國界的規範，主要仍應歸功於西方模式之民主國家的努
力－它們的自由價值與「硬性」權力（自由價值本身可以當成
一種軟性權力）。此外，國際認可之人權規範不免也受到以前
的共產主義聯盟或多或少的影響，同時，許多在一九六Ｏ年後
獨立的南半球國家，對此類國際規範的推動也有一定的影響。

　　不可否認，某些西方國家確實發展出較為成熟的政治運
作，而且其運作行為是以尊重人權為基礎，換言之，人權概念
可說是一種為抗拒權力之濫用，而形成的防禦措施。[8] 從一個

簡單的例子來看：不論腳踏車是在哪一個地方發明的，現在的
用途都不會只侷限在發明者當時的歷史或地理環境之上。同樣
地，人權概念的實踐也是如此，其運用範圍應當是可以與時俱
進的。

　　提升人性尊嚴的方法很多，對那些沒有強大權力與財富的
人而言，我們以人權規範爲名，設立許多防範不法行爲與疏忽
怠惰的關卡，就是提升其尊嚴的一種方式。此外，任何刻意的
大規模謀殺與因疏忽而造成的不幸事件，都是對人性尊嚴概念
的公然侮辱。大規模的不幸事件和大規模的謀殺一樣，都可以
透過人類的努力而得到改善，因此我們應該利用各種討論人權
的時機，找出解決這些行爲的方法。就像人們經常提到的一
點，並沒有任何物質或道德理由可以說明爲什麼世界各地會發
生飢荒，因爲是我們自己選擇組織同類，共同成爲這顆星球的
居民。我們創造出有固定疆域的國家，其政府只對國家的百姓
負責；我們形成了一種特別的民族主義，只將道德規範運用在
國家內部；儘管國內有人基於道德因素而反對，但是我們仍然
支持一種極度自由放任的經濟形式。普世人權概念的主要目標
之一，就是要改變這些心理上的事實。

　　然而，人性尊嚴本身與獲致人性尊嚴的人權手段，基本上
卻是相互競爭的二個概念，因此，我們必須透過永不停止的道
德上、政治上，以及法律上的辯論與審視，才能建立起完善的
意涵。除了大規模謀殺與不幸外，基本人權與其它各式各樣法
律權利之間的分野，其實也充滿相當大的爭議。

　　在第三章裡，我們看到聯合國正盡力設立更完善的人權規
範，以便對各國之行爲進行有計畫的監管。這雖然是相當大的
一個進展，然而不幸的是，此進展不但因爲各國不願提供聯合

國必要的資源而受到阻撓，同時也因為各行為者的殘暴本性而無法有更進一步的發展。不過，透過「蒙羞外交政策」，或是「困窘政治行動」的方式，雖然短期內我們仍可預期會有相關違反人權情事出現，但是長期來看，這些政策必然能夠發揮一定的教育性效力。

　　至少，乍看之下，聯合國安全理事會在冷戰結束之後，經常以可能對國際和平與安全造成威脅的說法，投注更多的心力在人權議題之上。只要在目標國主要行為者的同意之下，安理會可以基於第二代人權或更複雜的維和目標，派遣代表團到目標國內部執行任務，主要的目的大多是協助原本已經衰敗的國家，建立起和平的民主秩序。這樣的行為，也顯現出聯合國有意願要解決許多造成違反人權行為的根本原因。聯合國派到薩爾瓦多、那米比亞，以及莫三比克的代表團，就明顯是在歷史上相當革新、進步的一種作為。

　　另外也值得一提的是，安理會為了保護海地與索馬利亞等地的民主政府與其它人類價值，曾授權成員國可以採取強制性的行動，而不顧這種行動可能需要有一個以上的國家共同參與，也不管爾後的行動可能遇到什麼阻礙。儘管聯合國的決心應該受到稱許，但是不幸的是，安理會卻必須依賴美國這個世界唯一超強的支持，才能使各種強制性行動發揮效力。正因為有這個缺點，聯合國的表現紀錄可說是起起落落。尤其是當美國政府發現某些傳統國家利益可能受到損害時，聯合國的行動將無法得到美國的支持，自然也就失去了足夠的威信與強制力。不過，一九九九年發生柯索夫危機之後，美國本想透過「北大西洋公約組織」，採取強制行動來保護當地百姓的人權，但是由於沒有得到安理會的授權，而且其軍事戰略也引起頗大

的爭議，因此最後的成效並不顯著。

　　不管如何，整體來看，聯合國仍是越來越重視人權議題的。聯合國通過許多極具創意的政策，包括：對憲章的第六與第七章有更廣泛的詮釋；要求「人權委員會」召開緊急會議；賦予監督機制更大的威信；設立「人權事務署」；運用非政府組織的資訊等等。

　　這些具有創意的政策，有部分必須與第四章提到之由安理會設立的國際特別刑事法庭共同合作，才能達到一定的效果。聯合國目前正在討論成立第三個國際特別刑事法庭的可能，其鎖定的目標鎖定柬埔寨的赤色高棉政權，不過，通過此項決議的可能性似乎不甚樂觀。至於新成立的常設性國際刑事法庭，其相關法令已經在一九九八年得到各國支持，將與聯合國保持較鬆散的關係。這個有關國際司法審判正面發展的舉措，可說是國際社會近五十年來的偉大成就之一。不過這個發展卻也引起新一回合關於和平與正義的爭辯，以及和道德相比之下，有關什麼才是攸關和平的問題。Ignatieff對此再次提出精闢的看法，他指出：「正義本身並不是一個不確定的課題，但是（司法）正義的獲致，究竟是否有助於達成和解，其結果卻是相當肯定的。」[9] 國際間對設立一個新的刑事法庭的努力，也產生了一些連鎖反應。有鑑於某些行為者因為犯了戰爭罪行、違反人道之罪行，以及屠殺罪行等而遭到起訴，各國決策者也擔心其主要國家目標可能因此受到阻撓，且無法根據傳統國際利益的概念來解釋可能產生的人命損傷，而必須重新思量未來的政策方向。

　　美國內部的保守派人士對此常設性的國際法庭特別感到憂慮，這些人認為這種建制將可能會侵犯國家主權的完整性。若

真是如此，他們將不會同意此一建制的成立。[10] 保守派人士最
擔心的，就是他們制定國家政策的權力，將會受到這些有確實
效力的國際法的限制。美國政府積極推動成立柬埔寨國際刑事
法庭的態度，無疑是爲了轉移焦點，以避免美國百姓被常設性
的國際法庭提起控訴。然而，這種雙重標準的兩手策略，卻太
過於露骨，可說是司馬昭之心，人人皆知。美國政府支持成立
解決前南斯拉夫與非洲大湖區之問題的國際刑事法庭，這只是
一個轉移國際注意力的策略。美國真正在乎的，是不願意自己
成爲法庭審判的對象。這種偏頗的心態，也使美國沒有辦法在
這些問題上展現大國應有的影響力。

　　國際間在一九九三年開始推動成立一個特別法庭的運動，
透過低風險的運作，設法採取必要的行動以來緩和波士尼亞的
情勢，這或可說是一種公關計畫。然而，一直到了一九九八
年，此計畫才成爲一個重要的全球運動，而有一百二十個國家
參與其中。這個讓人意想不到的結果，可說是導因於一連串
「偶然的」或「特別的」決定，例如國家會因爲媒體報導篇幅的
考量、民意的壓力、傳統國家利益與國家權力的考量等等，而
有不同層面的計算。另一方面，儘管私人軍隊有可能犯下許多
違反人權的行爲，而非官方人權團體則是在立法過程中扮演重
要的角色，但是不管如何，國家終究還是最後制定政策的主要
角色。即使是過去向來憤世嫉俗的英國與法國，在談論到設立
一個永久刑事法庭的問題時，也選擇與美國不同的立場，而決
定支持該法庭的成立。

　　就某種程度上來看，誠如第五章所言，這樣的結果有可能
是因爲英國、法國與其它歐洲國家早已經習慣由「歐洲理事會」
與「歐洲聯盟」底下之超國家的法庭來審理人權案件，並做出

最後的裁決。法國的政策尤其經歷了重大的改變。和美國一樣，法國本來認為其國家的人權記錄毫無瑕疵，並不需要因為個人的請願或超國家區域法庭的決定，而接受某種形式的國際審查。但是法國—與土耳其—的態度卻隨著時間流轉而有了變化，而讓我們對美國民族主義最終也會接受多邊人權發展的可能，有了一絲希望。

對「歐洲安全合作組織」來說，透過外交管道（而非法律管道）來保護國內少數民族的權利，應該是較為適當的方法。該組織認為國際社會在一九九九年時，應該利用「北約組織」的影響力來保護阿裔柯索夫人的生命安全。從其行動中，不但可看出區域性組織的重要性，同時也可瞭解國際人權行動在歐洲地區有何重要意義。若我們把保障人權的承諾，視為晉身為歐洲一分子的標準，其實也並不誇張。除了歐洲之外，與「美洲國家組織」、「美洲人權委員會」等組織保持密切聯繫的人權團體，同樣在某些議題上發揮了一定程度的影響力。儘管短期來看，非洲地區的人權發展並不讓人感到樂觀，但是，〈班竹憲章〉的通過，以及「非洲人權委員會」的設立，卻有可能為該地區人權的長期發展奠定相當穩健的基礎。從另一個角度來看，儘管「歐洲人權委員會」與「歐洲人權法庭」的行動背景比非洲地區更為健全（在歷史上來看，也比美洲地區更為樂觀），不過歐洲地區在開始從事保障人權行動後最初十年的紀錄，卻也是平淡無奇，而沒有什麼重大成就。

進一步來看，在這些國際人權發展過程中穿針引線的，乃是各國的外交政策，也是我們在第六章中所探討的重點。的確，能夠在大多數政府間組織制定最重要之決策的，就是國家本身；而各種倡導團體也是國家為其積極遊說的主要對象。雖

然國家主權因為跨國利益與運動的盛行，而有些微不同的轉
變，但是在此世紀交替之時，國家主體與其深信不移的主權概
念，卻仍是全球事務中的一個相當重要而不可或缺的面向。

雖然國際關係目前仍是呈現出無政府的狀態，但是理性的
國家並不會經常採用相同的外交政策，這恰好與若干現實主義
的原則相反。正因為歷史、文化、意識型態，以及自我定位等
因素，某些國家的立場確實是十分支持國際人權。雖然當這些
國家把人權與外交政策結合在一起時，往往會有不同的觀點與
重視之處。不過，有越來越多的國家希望除了強調國家獨立生
存與權力之外，能夠支持某些不一樣的價值與政策。國家當然
不會放棄追求自我利益與設法取得其它優勢，但是它們也常常
試圖將這些傳統的利益考量與對其它行為者之人權考量結合在
一起。我們從國際法之規範與國際組織之宗旨上，可以看出國
際關係正逐漸浮現出自由主義的架構，而這正是驅使各國走向
尊重人權道路的主要原因。

持平而論，各國的外交政策現在確實仍無法滿足許多人權
倡議團體的要求。但是，就經驗上與相對角度來看，當前世界
各國的外交政策，已經比「國際聯盟」時代更加重視人權了。
在這一個宛若地球村的世界裡，凡是在其國內表示尊奉人權的
政府，相當都會發現到它們越來越難忽視其它地區的人權問題
與人性尊嚴問題。這些國家的自我定位與政治文化，在在都連
結了對不同地區的政策與觀感。最初想要規避特定國家（如中
國與伊朗）內部之人權議題的政府，也發現自己已經在不知不
覺內融入支持人權規範的網絡之中。

正如我們在第七章裡所說的一樣，傳統人權倡議團體在人
權立法與規範之執行上，扮演著越來越積極的角色。正因為這

些團體的行動都有準確的資訊作為依據，因此它們便依循著一種道德規範的原則，試圖去「教育」政府當局，而強化政府執行國際認可之人權規範的決心與政策。藉由加入其它夥伴組成之運動或網絡，人權團體開始採用「軟性遊說」的政策（也就是不以選票或財務來威脅政府）。透過「蒙羞外交政策」或「困窘政治行動」的方式，人權團體試圖以理性和民意來迫使政府進行更正面的改變。

　　不過，也因為人權團體往往透過集體行動的方式，來督促政府與進行宣導工作。因此，若要判定究竟哪一個非政府人權組織較具影響力，或者哪一個人權運動較具影響力，可說是相當困難的一件事。儘管如此，若我們以「國際特赦組織」與其它主要的人權團體為例，就其提供的大量資訊以及持續積極從事人權活動的表現來看，我們很難否定這些團體對過去三十年來的全球人權發展的（正面）影響。不過，在某些個案與特殊環境之下，非政府組織的作為與影響是可以用確實的證據來加以說明的。另一方面，國際社會為因應武裝衝突與綜合性緊急情況所設立之緊急救濟規定，如果沒有「國際紅十字會」等人道組織的協助，相信現在的實踐情形必然有所不同。同樣地，還有許多團體的行動目標鎖定在「發展」，或是強調社會與經濟權力等面向，例如「國際樂施會」、「拯救兒童」等等。這些團體通常也會擔任捐助機關和受益者之間的聯絡橋樑。

　　為了進一步瞭解人權在當前世界上的發展，我們不但需要檢視國家與政府間組織的表現，同時也需要觀察非官方團體在人權救濟與發展上的種種作為。我們尤其需要對跨國公司的政策有深入的分析，這也成為本書第八章所探討的重點。由於這些企業在國際經濟裡具有強大且持續成長的力量，加諸資本主

義的動態變化，它們的勞工規範更需要有詳細的監督與審查。
不可否認，國家或許是制定與執行人權規範之最合法的行為
者。但是，因為面臨許多非官方團體與運動的壓力，私人企業
往往成為對人權之實際發展最有影響力的行為者－尤其是在工
作場所裡，企業的影響力更為巨大。國家有時候甚至會扮演中
介者或促進者的角色，負責透過立法程序，將非官方團體與運
動所要求的各項理念轉變成為國家的法律或行政命令，並要求
私人企業遵守之。[11] 這也正是美國政府對服飾工業裡的勞動規
範，與德國政府對國際地毯工業的童工問題所採取的態度與執
行方式。

　　國際人權在二十世紀末的另一項有趣發展，可說在北半球
的許多大學裡出現之學生行動主義與勞動規範運動。這類團體
的結合，使跨國際企業，尤其是服飾工業感受到極大的壓力。
這些企業不但必須停止僱用童工，同時也必須關閉它們在海外
地區的血汗工廠。不過，國際人權運動的壓力，並不是只影響
了服飾工業而已。對於販賣咖啡與其它產品的企業來說，為了
保護其品牌名聲與公司獲利的底線，為了符合國際勞動規範的
規定，它們只好允許國際組織對其工廠設備進行監督與審核。
簡而言之，國際人權之所以會有如此正面的新發展，最主要的
原因並不是我們具有一套健全的國際法或穩固的政府間關係。
相對地，真正促使國際社會設立監督與報告機制之行為準則的
推手，應該是由消費者團體、工會、傳播媒體，以及傳統人權
倡議團體所組成的國際運動。

　　儘管如此，我們還是不能太過樂觀。許多從事自然資源買
賣的企業，仍然表現出相當卑劣的人權（勞工）紀錄，與美洲
地區之服飾工業的表現大不相同。同時，也有許多公司只會作

表面功夫，透過公關來美化公司的表現，而不是誠心誠意想要
尊重人權，或者以其它實際的政策來維護人性尊嚴。這種表裡
不一的現象，才是我們應該要更加關注的。

展望

　　誠如前文所述，國際人權的未來確實無法以輕易地任何具
體性的表徵來加以預測。我們或許會贊同丹麥哲學家
Kierkegaard所言：生命是不斷往前走的，但我們所體驗到的
卻是過去。或者，有人會同意捷克共和國第一任總統Vaclav
Havel說過的一句話：「生命的深不可測，乃是其奪目的美貌
與魅力的一部分。」¹² 雖然每個人的說法都不盡相同，但是對
於國際關係中的人權，卻抱持著一點相同的認知：我們將永遠
生活在爭議之中。

　　人權的確已經被納入國際關係之中，但是相關的論述卻還
是充滿爭議。雖然這種說法有點似是而非，但實際情形就是如
此。最主要的爭辯焦點，還是集中在人權的概念之上。我並不
想在進一步探究其它哲學家的相關著作，以從中獲取人權概念
的終極抽象出處，或者是其辯證原理。相對地，我會願意對不
同決策者與其他對人際關係有興趣者之間的爭辯，作較深入的
探討。大抵而言，不管是深信人權會有良性貢獻的不同類型之
自由主義者，或者是非屬自由主義者之現實主義者和馬克斯主
義者，都對此議題有所爭論。以下，我將逐一簡略說明這些論
點。

自由主義裡的爭論

長久以來的問題

　　總的來說，即使是對那些相信國際人權是相當有益的東西的人而言，還是有一連串問題得到清楚、肯定，或是科學化的答案。舉例來說，究竟什麼叫做普世人性尊嚴？究竟該透過哪種適當的道德人權手段來獲得人性尊嚴？究竟哪些人權是最根本的，而哪些又是可有可無的人權呢？哪些又是最不可或缺，不管是在戰爭時期，或其它威脅到國家安全或民族生存的情況下，都是絕對不能被侵犯的權利，因而成爲國際法上之強制法規（jus cogens）的一部分（亦即不能受到任何衝突或毀壞的法律權利）？道德權利什麼時候會轉變成爲法律權利呢？當不同法律權利之間發生抵觸，應由誰來解決其中的衝突，又該以哪些原則作爲依據呢？

傳統固有原則

　　就算我們從自由主義裡擷取出若干概念，而把焦點放在那些可能成爲當前國際法中之人權原則的特定原則之上，我們還是無法避免相關的爭議與辯論。此外，若我們重新檢視在第二章談到的基本原則，同時也是〈國際人權法典〉裡之兩項國際公約的相關規範：「民族自決的集體權利。」那麼，將會產生以下的問題：我們該如何界定擁有此種權利的民族呢─是柯索夫人、魁北克人、巴斯克人、伊布人、庫德族人、斯洛伐克人、車臣人，或是歐賽提人呢？又有誰被授權能夠發表此一決定性的議題呢？如果我們能夠決定哪一個民族擁有這種權利，那麼，該民族的自決，又會呈現出哪種（哪些）形式呢？爲什

麼當前國際關係裡的各個國家無法依據此項能夠有效解決因為
民族自決所引起之衝突的普遍性原則,而具體指出各項權威性
的法規呢?為什麼許多與這類議題有關的爭議,最後都是經由
政治手段,而且往往是藉由超強的強制力介入才能得到解決,
而不是基於集體權利的法律規範來解決呢?

即使我們接受人們有免於被折磨之自由的原則,我們仍無
法規避爭議。最經典的一個反例就是假設一個囚犯知道某地區
即將遭到核武攻擊,此時,我們若繼續遵守前述不使用酷刑之
原則,而使數百萬人因此喪命,這是否符合道德呢?以色列在
一九九〇年代就面臨到類似這種假設情況的真實困局。[13] 因為
以色列平民不斷遭受到恐怖攻擊,因此許多具有良好聲譽的人
權倡議團體,以及「聯合國人權委員會」,一致認為以色列確
實有對某些巴勒斯坦囚犯採取嚴刑逼供的行為(同時也有許多
誰在過去近一個世紀以來的「以、巴衝突」裡,犯下「原罪」的
爭論)。以色列當局堅決認為其之所以採用這種審問方式,絕
對是以以色列的安全著想,同時以色列司法當局也負責監管所
有的審問過程,因此不可能會有所謂虐待或酷刑的事情。簡而
言之,以色列認為在其民主社會面臨到明顯且立即的危險時,
為了保護自身之安危,其使用的審問手段應是相當合理的。由
此可知,相關的爭議論點是會一直延續下去的。

此外,即使我們認同在各地廣為信奉的宗教信仰自由權利
原則,我們還是可以看到許多爭議性的情形。[14] 就算是在認同
此項原則的國家裡,發生爭議的情況也是層出不窮(因此,在
此我就不討論那些本來就拒絕接受此項原則的國家,如沙烏地
阿拉伯等)。什麼是宗教呢?根據美國政府的說法,科學論派
就是一個宗教;反之,德國政府卻認為科學論派是一種危險

的，甚而是表彰新法西斯主義的異教。那些被囚禁的印地安人，是否有權利把吸食大麻當成是其宗教儀式的一部分呢？是否可以把宗教信仰當成是拒絕服役的正當理由呢？是否應該如同一九九○年代，共和黨在國會居多數時所提出的要求一般，將宗教自由列爲第一順位的基本權利，同時也應該是美國政府關切的首要目標之一呢？或者，宗教自由應該被認爲只是諸多權利中的一種，而不必然在外交政策中具有高於其它權利（例如免於酷刑的權利）的優越性呢？就後者而言，雖然柯林頓政府礙於國會的壓力，而在國務院裡設立一個專門負責處理宗教自由問題的特別辦公室，但是行政部門卻顯然是持反對的立場。

新的要求

　　毫無疑問地，如果我們注意到各界提出承認國際關係裡之新興第三代人權規範之要求，我們就無法避免會遇到持續爭議辯論的事實。舉例來說，擁有一個安全的環境，是否也應該被視爲人權的信條之一呢？果真如此，與過去一再重複強調之資訊取得自由、言論自由、結社自由，以及不受歧視自由等公民權利相比之下，基於前述信條而提出之特定規範的細目，是否能夠提供任何全新的權利呢？另一方面，即使可能是多餘的舉動，但是把預防生態危險視爲人權的一環，有沒有可能是必要的呢？就此而言，如果許多北半球的國家已經制定了大量保護環境的法律規範，那麼，爲什麼我們還需要將人權概念套用到環境法之上呢？我們是不是提出太多浮濫的人權要求呢？我們是不是應該等到國際社會已經確實執行目前被認同的各項人權規範之後，再開始提出新的人權要求呢？[15]

過程中的優先事項

　　我們現在應該已經清楚地瞭解,在究竟該如何看待人權,應該賦予多少重要性,以及各項所欲的目標無法輕易地協調時,該如何建立起優先順序等議題上,古典自由主義者與新自由主義者其實並沒有一致的看法。古典自由主義者向來相當強調透過法律、刑事訴訟,以及其它違反法律時的懲罰方式,來解決人權問題。而新自由主義者則認為提升個人尊嚴與社會正義的方法很多,至於強調法律權利、法律判決,以及制裁等,只是這些方法其中的一部分而已。

　　身為一個新自由主義者,除了依照不同個案加以評估之外,我找不到任何其它的替代方案,能夠決定什麼時候應該強調人權法與訴諸法律判決及硬性法律,換言之,我不知道何時應透過外交手段來選擇其它自由價值的優先順序。舉例來說,我相信國際社會在一九九五年時透過簽訂〈達頓協議〉的方式,來逐漸強化波士尼亞的和平局勢的決定是正確的,儘管該協議並不打算要起訴與逮捕支持並鼓勵殘暴行動的Slobodan Milosevic。不過,該區域的百姓卻可以從漸漸和平的環境中得到平靜的生活,同時各種殘酷的行為也逐漸減少,國際社會想在該地區建立自由民主體制的決心,也讓當地居民獲益匪淺。我相信以漸進式的手段來起訴與逮捕巴爾幹地區的罪犯,是相當明智的方式,這樣可以避免美國與其它西方國家發生人員傷亡,如果透過激進的手段,而發生像一九九三年索馬利亞一樣的情況,那麼,將會使國際社會不願意投注支持與資源,巴爾幹地區將會就像盧安達在一九九四年的情勢一般,面臨孤立無援的局面。

　　此外，儘管在聖薩爾瓦多與普利托里亞等地仍然發生嚴重
違反人權與種族隔離之情事，但是我仍相信國際社會選擇以設
立真相委員會來取代刑事訴訟的決定是相當正確的選擇。就長
期發展來看，這二個國家內部的和解與穩定的自由民主，將會
因此政策而得到強化，相對地，一味強調刑事訴訟的手段，只
會更深化不同社群之間的敵意與仇恨。另一方面，我卻認爲要
求 Augusto Pinochet 應對其統治智利時，所犯下包括酷刑與
滅絕行爲等種種違反人道之罪行付出法律責任的國際行動，乃
是一個相當好的主意。將 Pinochet 從英國引渡到西班牙接受法
律審判的案例，將會使其它國家的專制君主對其違反人權之行
爲有所警惕。同時，我也相信智利的民主制度能夠抵抗
Pinochet 之追隨者所施加之壓力，而繼續穩健地發展下去。

　　根據我的觀察，中國政府的菁英正全神貫注於國家穩定之
上。此外，若從其過去混論的國家歷史與深入檢視蘇聯在
Gorbachev 政治改革後的瓦解來看，我相信透過一種長期性的
外交途徑來改善中國內部的人權情勢，應該是相當正確的做
法。同時，我相信我們應該把國際人權法當成是外交手段與促
使中國進化之目標的導引指南。不過，由於在一九八九年的
「天安門事件」後，中國並未發生類似的屠殺或其他暴力事件，
因此，我認爲目前國際社會所採用之「建設性交往」政策，應
該也是一個相當正確的方向。

　　不過，前述所有政策建議都不是符合教義學理的真相。其
中大部分的政策都必須仰賴未來情勢的發展，而這些發展現在
仍是未可知的。另一方面，這些政策建議都是典型的新自由主
義者所可能採用的選項，其根據也是以自由主義對於個人福利
的承諾爲主，而不管其種族、國籍、性別或其它不同的特質。

此外，這些政策建議有時候也避免強調在可見的未來會出現之刑事訴訟及其它的懲罰形式。

此一新自由主義的途徑考慮很大的彈性，同時也確保相當程度的可變異性。一方面，新自由主義可能會在某種情境下，支持對違反人權之行為提出刑事訴訟，例如智利與西班牙的案例即是如此，但是柬埔寨與赤色高棉的例子，就不適用。另一方面，新自由主義或有可能認為制裁是最不適合用以解決中國違反人權問題的政策，但是此方法卻有可能（或不可能）有效地處理伊拉克、阿富汗、緬甸或南斯拉夫等國的問題。

總而言之，我們往後必然會一直遇到的情形，也就是有關政策抉擇之無止盡的爭辯。即使在自由主義者之間，這種爭論不休的情形也是差不多的。

女性主義的觀點

在這最後一小節裡，我將指出即使是最激進的女性主義者，也不會抵制或否定國際人權法的重要性，[16] 儘管女性主義者之間也存有許多的歧異，但是在此我仍把女性主義者的觀點視為自由主義的一部分。許多女性主義者對當前人權規範所提出的批評，最後都變成一種性別自由主義或新自由主義。[17]

傳統女性主義對人權的批評，主要是認為這些規範是從一個男性主導之立法過程所制定出來的，而其關注的重點乃是公領域，而不是私領域。[18] 公領域乃是男性的世界，而女性往往被限制在家庭之中，扮演著性對象、母親，或是免費的家庭工人等等角色。因此，一般都認為國際人權規範無法適當地處理家庭暴力及壓抑婦女等問題。儘管有某些婦女在〈國際人權宣言〉的制定過程中扮演相當積極的角色（誠如第三章所述），

但是女性權益似乎還是沒有得到國際人權的重視與保障。

　　有一項女性主義者對〈國際人權法典〉提出的批評，就認為相關規範並沒有賦予女性價值足夠的重視，這些價值包括有愛心與責任等。[19] 我則是認為這種以權利為基礎的途徑，只能夠約束消極的多樣化的公民與政治權利。如果想要把約束範圍擴大到足夠的糧食、衣物、居所與醫療照顧等，那麼就必定需要納入女性愛心的倫理，也就是不但強調權利，同時也強調關注、信任，及尊重的道德觀。

　　截至目前為止，有一部分的國際人權法已經根據上述第一點批評做了些許修正。國際難民法以及更具體的比較難民法現在都認為私人的虐待會形成迫害，而婦女往往就是最容易遭受迫害的社會團體。因此，如果婦女跨越國家邊界而淪為難民的原因，是為了躲避這些迫害行為，例如切除女性生殖器，或者是有足夠的理由擔心自己會遭到迫害，例如其祖國無法確實保護婦女之安全，那麼各國應該賦予這些婦女合法的庇護權，並且不可將她們遣送回到危險的環境裡。包括加拿大與美國在內，許多國家都已經以此新的觀點來詮釋難民法的相關規範，同時也依循著「聯合國難民事務署」所制定的建議規範，從事各種保護行動。[20]

　　至於第二點批評，則是重複提到有關人權的論述裡並沒能涵蓋人際關係的倫理全貌。但是毫無疑問地，愛心與責任的倫理的確有其重要性存在。不管國際關係裡的倫理是否與女性相關，不管是否能得到明確的界定與真正以實際行動落實相關規範，而非只是紙上談兵，都是相當有趣的問題。但是權利途徑卻不必然只能約束消極權利，而無法運用到規範最低營養需求、足夠的衣物、住所與醫療照顧等面向之上。[21]

　　女性主義者的第二點批評與部分新自由主義的論點有所重疊。該論點以爲某些補充性的法律權利及行動的優點並不是以權利爲依據，而是與個人福利有關。由此觀之，我們再一次發現女性主義對人權的批評，呈現出部分自由主義的樣貌，主要乃是性別新自由主義。如果我們要解釋有關婦女尊嚴與正義的特殊問題，那麼或許就需要對人權概念做部分的修正，但是我們或許也應該探究各種不受法律支配或是不必然與司法判決有關的計畫，以獲得更多新的思維。

自由主義外的爭議

　　即使有人會接受人權概念乃是國際關係中有益的一部分的論點，但是當我談論到人權的未來時，我總是試著要指出諸多爭議之最極致的樣貌。然而，隨著國際關係裡的人權概念不斷地演進，相關的批評也如雨後春筍般地層出不窮。除了前述自由主義裡的爭議之外，第二類的爭議則是以不同形式或思想學派的樣貌出現，並且認爲以自由主義哲學爲依據之個人權利，並不是獲致人性尊嚴的適當途徑。就西方自由主義者而言，最主要的批評都是由現實主義者提出來的。但是我們卻也應該同時注意到馬克斯主義者的看法。[22]

現實主義

　　從歷史角度來看，不同形式的現實主義確實掌握了某些傳統國際關係裡普遍的特質。其堅決的觀點正是有關對集體利己主義的強調，亦即許多政治領導者往往以國家爲名，而以狹隘的自利立場爲其行動的依據。現實主義同時也正確地指出了權力計算與權力平衡（或說是分配）的論點。然而，不管現實主

義的立場怎麼閃避，有關權力與其分配的客觀認知，最終還是
會顯現出來。這種計算的確是國際關係的普遍性特質之一。正
因爲現實主義是以國家爲其論述中心，因此該理論也掌握了許
多國家主義與國家認同的真實力量。

　　現實主義的主要缺失之一，就是其無法明確指出組成國家
客觀利益的元素爲何，因此也就無法說明什麼是根據權力計算
所爲之對利益的理性追求。現實主義認爲十九世紀的國際關係
觀點，是永遠不會改變的。此種觀點最主要的原則就是被認爲
代表獨立、國內事務不受外界干預，以及各國以戰爭形式不斷
進行權力鬥爭的國家主權。

　　現實主義不相信國家能夠藉由放棄（失去）部分獨立地位
的方式，而得到真正的國家安全與其它國家利益－例如藉由參
加超國家組織等。現實主義也漠視許多導致國內結構、議題及
國際關係失去其意義之重要的跨國利益的崛起。此外，如果強
權之間沒有發生毀滅性的戰爭，現實主義也懷疑霸權終會衰落
的可能。因此，現實主義並不去考慮行爲者審慎思量一個不可
能發生的戰爭的情況－至少不會常常考慮到這個問題。

　　現實主義不但懷疑承諾奉行普世人權等價值的浮現，甚而
在出現許多矛盾的論述的情況下，還斷定國家在提升人權（或
者是藉由貿易取得更多財富，或對環境有更完善保護）之議題
上，往往比較偏好獨立決策過程。當嚴重違反人權之行爲發生
在國家內部，則現實主義往往會視若無睹；道德與國家責任的
約束力就在國家邊境邊止步－同時也不需要花費更多心力去糾
正自身的錯誤行爲。對現實主義者而言，國際自由主義與隨之
而生的國際人權規範，根本就是以往過度信奉人類理性、共同
規範，以及進步之能力的歐洲啓蒙時代所遺留下來的烏托邦陷

阱。

　　然而，一旦處在沒有恐懼、疑慮，以及傳統安全困局的環境裡，現實主義似乎就錯失了許多國際政治的真實本質。如果國家與政府並沒有認知到任何足以對威脅國家生存的危險，現實主義就可能無法預測或解釋國家政府的行動模式了。此外，現實主義與歐洲地區經由「歐洲理事會」與「歐洲聯盟」的運作而出現之國際整合，似乎也沒有什麼關聯。再者，現實主義亦無法解釋「北約組織」致力於促成民主歐洲之出現的堅定承諾，對於「北約組織」爲了保護柯索夫人而介入南斯拉夫聯邦危機的政策，現實主義更認爲那根本是不理智的決定。除了指出大多數國家支持人權規範的態度，以及爲了監管服從情形而設立許多外交機構的決定，不是過於虛僞就是感情用事之外，現實主義也不能明確地說明國際人權在過去五十年來的發展進程。當Kissinger反對一九七五年隻〈赫爾辛基協定〉（Helsinki Accord)裡的人權與人道規範，同時把這些原則當成是對抗歐洲共產集團的武器與談判工具時，我們應當瞭解如Kissinger這類的現實主義者，其實根本與國際關係的重要發展脫節了。儘管如此，他還是比較重視並偏好Metternich與其他十九世紀的外交官所理解之傳統安全事務議題。

　　就某些形式之國際政治而言，現實主義可能具有相當重大的意義，但是對其它形式來說，現實主義就有可能是老舊過時的理論。[23] 某些國家之所以會在國外執行人權政策，主要還是因爲這種政策符合傳統的國家利益。不過，有些國家在某種情勢之下，卻會爲了追求人權理念，而願意犧牲部分傳統利益，例如獨立決策權，甚至是國民生命與金錢（這種情況很罕見，但柯索夫事件就是一例）。現實主義者也無法瞭解爲什麼某些

國家會像部分未開化的人類一般，贊成透過非權謀政治的手段
以取得並利用除了獨立權力以外的東西。

馬克斯主義者

馬克斯主義對國際人權提出之批評，其實足以寫成另一本
專書來加以討論。但是，在此我們可以概略指出，基於經濟力
量與結構阻撓著人權的有效實踐，馬克斯主義者認為個人享有
之法律權利不過是一種虛偽的假象。書面規定的法律人權往往
會被追求利潤之累積的剝削式資本主義所否定，而不是為人類
帶來更多福祉。就此觀之，當世界上大部分地區的人民每天賺
取的薪資不到一塊美金時，法律中規定再多的人權，其實都是
毫無意義的。有鑑於此，一九四五年之後，所謂的國際人權往
往被用以合法化國際資本主義的運作，而非用以保護人類免於
遭受資本國家與企業的掠奪。24

不過，馬克斯主義者與新自由主義者所信奉的理念，有某
一部分確是重疊的。這二派學者都認為國際金融機構，例如
「世界銀行」與「國際貨幣基金」等，都需要審慎考量因為其結
構調整計畫所導致之人類困局。此外，這二類學者也都認為除
了社會－經濟背景之外，檢視與處理人權問題其實是白費力氣
的。不過，馬克斯主義者與新自由主義者也有不少相互抵觸的
理念。與馬克斯主義者不同，新自由主義者認為受規範的資本
主義與主要的資本企業，可成為推動社會進步的一股動力，而
非必然只會剝削勞力而已。此外，新自由主義者從西方歷史的
發展過程中，除了看到無情的剝削紀錄外，也發現國際社會確
實為了結合政治自由、經濟自由，並阻止嚴重侵犯人性尊嚴之
行為，而投注大量的心力。

小結

　　總結上述二組非自由主義的批評，從歷史角度來看，現實主義確實是最重要的理論之一。現實主義也是西方世界瞭解國際關係的主要支柱。該理論認為國家自由主義者，如果真的是理性的行為者，或真的瞭解「人類本性」的邪惡之事實，那麼這些自由主義者將不會在無政府的國際關係裡，採用自由的政策或態度。而馬克斯主義則更不可能促成一個極具吸引力，且包含可接受之個人自由程度的人類發展模型。[25] 然而，若是披上民主社會主義外衣的馬克斯主義，或許會因為能夠反覆提醒我們無紀律之資本主義的剝削傾向，以及與某些社會及經濟事實（例如受教育與最低收入等）脫鉤之其它法律權利的缺點，而持續保有一定的重要性。

　　從這最後的分析部分來看，即使是我稱之為古典政治自由主義所提出的批評，到了二十世紀將結束的時候，其實也並不全然否定普世人權的概念。古典政治自由主義者雖然為其合法正當性提出辯護，但同時卻強調不同的告誡、改革與修正。即使是Kissinger與其它現實主義者，也能夠忍受並尊重國際人權的存在，儘管他們並不認為人權具有較高的優越性，同時他們也不甚願意使傳統外交（行為與理論）和人權有任何牽扯。就此而言，Fukuyama指出除了某種形式之自由主義外，在二十一世紀裡，沒有任何其它理論能夠展現出未來有一美好世界之展望的論點，或許是正確的。

最後的想法

在一九八〇年代初期，有關國際關係中之人權概觀的結論，其實是起自於對蘇聯史達林主義的討論，而止於對南非種族隔離政策之討論。[26] 到了一九九〇年代晚期，不管是蘇聯帝國的史達林主義，或者南非的種族隔離政策，都已經不復存在了。環境與事物確實是會改變的，有時候甚至還呈現出一種革新式的樣態。[27] 對於人權未來的發展，我們有理由抱持著一種謹慎的樂觀態度。

包括歐洲史達林主義與南非的白人種族主義，都已經是過時、失效的影響力。因為面對數十年來不斷的批評，這二種主義最終也屈服在國際潮流之下。然而，莫斯科與普利托里亞的菁英卻以追求「更高的善」為藉口，依舊堅持執行並合理化其嚴重違反人權之行為。就共產主義的案例來看，其追求的目標乃是未來的烏托邦境界。至於種族隔離的案例，則是宣稱透過隔離發展就能夠得到改善。國際社會要求根本改變人權環境的前景，似乎是沒有任何希望的。但是若透過歷史觀點來看，則可發現相當明確的人權進展。

儘管如此，在前歐洲共產主義與南非施行種族隔離政策的地區，各種違反人權的行為還是層出不窮。甚而，這些地區有許多人依舊面臨缺乏糧食、衣物、住所，以及醫療照顧的情況，而這些都是國際社會認同之最低人權標準。貪污腐敗的法官與警察不但使許多公民權利成為各界嘲弄的笑柄，而各項狂暴的罪行也無法被加以抑制—許多罪行是跨國際的。某些地區的參政權也是形同虛設。更遑論對少數族裔的保護了。

職是之故，國際社會對追求個人與集體人權之保護，仍然

不宜餘力。所有與人權相關的勝利，都只是部分片段而已，因
為一個完美無缺的權利保護社會還沒有真正誕生。史達林主義
在捷克共和國的終結，似乎也無法改變該國對於羅馬族裔的歧
視態度。同樣地，Tito主政時的南斯拉夫並沒有採取任何政策
以確實執行國際認同之公民與政治權利。雖然南國沒有把大規
模謀殺、不幸事件、種族清洗，以及有計畫的搶奪等不法行動
當成是戰爭的一種武器。但是到了一九九〇年代，這些悲劇卻
在波士尼亞與柯索夫同時上演。

　　各種不同層次的人權行動—不管是全球性、區域性、國家
性、或次國家層級—都不會因為世界上不再有違反人權之情事
而完全結束。要在一個現實主義的世界裡追求自由主義的實
踐，其實並不是一件如此簡單的任務。

問題討論

- 你認爲國際社會在過去五十年來對個人權利的嚴肅考量，是否真的改善了由國家體制組成之國際關係中的人權環境呢？

- 如果我們把Leopold王主政時期的剛果，與現在民主制度的剛果的局勢相比較，你認爲其人權環境有沒有任何改變呢？

- 爲了改善人權環境，你認爲什麼時候才是免除過去違反人權行爲之罪行，或者是免除該類罪行被提起法律訴訟的最佳時機呢？

- 我們是否應該仔細考量所謂的「第三代人權」（包括和平、發展、以及健全的環境）呢？

- 你認爲我們是否應該徹底修正當前國際社會認可之人權概念，以確實保護女性的尊嚴呢？

- 即使歐洲馬克斯主義現在已經逐漸沒落，不過你認爲馬克斯主義者提出之資本主義與跨國公司基本上都是一直在剝削勞工的說法是否正確呢？你認爲市場經濟究竟能提升哪些價值的地位（例如效率？），而市場經濟又無法提升哪些價值的地位（例如平等？）？

- 對於人權在國際關係中的未來，我們應該抱持著樂觀或是悲觀的態度呢？

建議閱讀

Alston, Philip, "Conjuring Up New Human Rights: A Proposal for Quality Control," *American Journal of International Law*, 78, 3 (July 1984), 607-621. 作者認為在目前已經被認可的人權尚未得到確實的保障之前，我們應該中止發展新興的人權規範。

Boyle, Kevin, and Juliet Sheen, eds., *Freedom of Religion and Belief: A World Report* (London: Routledge, 1997). 本書可說是一本有關人權議題的百科全書。

Brzezinski, Zbigniew, *The Grand Failure: The Birth and Death of Communism in the Twentieth Century* (New York: Scribner, 1989). 作者曾經擔任美國總統Carter的國家安全顧問。作者在書中對歐洲共產主義國家的衰敗提出概略的解釋。

Cook, Rebecca, J., ed., *Human Rights of Women: National and International Perspectives* (Philadelphia: University of Pennsylvania Press, 1994). 本書從女性主義的觀點出發，對人權議題提出廣泛且完善的介紹。

Franck, Thomas M., "Is Personal Freedom a Western Value?," *American Journal of International Law*, 91, 4 (October 1997), 593-627. 作者認為西方國家仍無法完全控制個人追求自由的慾望。

Gormley, W. Paul, *Human Rights and the Environment: The Need for International Co-operation* (Leiden: W. W. Sijthoff, 1976). 作者認為我們應該要擁有一個健康的環境，此即屬於第三代的人權。作者以此觀點作為本書立論的前提。

Hochschild, Adam, *King Leopold's Ghost: A Story of Greed, Terror, and Heroism in Colonial Africa* (Boston: Houghton Mifflin, 1998). 作者在書中指出剛果曾是比利時國王個人的控制範圍，而中部非洲缺乏人權規範的過去，是一段相當吸引人的歷史。

Hocking, B., *Catalytic Diplomacy* (Leicester: Centre for Diplomatic Studies, 1996). 作者指出在當前的世界裡，國家政府最常做的事，就是組織其它的行為者以共同協議與行動，而不是完全獨立自主，在沒有外力干涉的前提下，制定本身的外交政策。

Ignatieff, Michael, *The Warrior's Honor: Ethnic War and the Modern Conscience* (New York: Metropolitan, 1997). 作者乃是具有世界觀與文藝復興時代之性格的學者。其認為我們應該多加重視傳統概念，例如軍事榮耀等，並認為對人性的限制，或許無法運用到道德戰爭之上。

Johansen, Robert C., *The National Interest and the Human Interest: An Analysis of US Foreign Policy* (Princeton: Princeton University of Press, 1980). 作者認為如果行為者以現實主義之國家利益觀點出發，則其最後的結果可能與原先的預期大相逕庭；若是從自由主義的觀點出發，則結果或許較為一致。

Keohane, Robert O., and Joseph H. Nye, *Power and Interdependence: World Politics in Transition* (Boston: Little & Brown, 1977). 這是一本相當經典的學術著作。作者認為世界上存有許多不同類型的國際關係。現實主義或許可用以解釋某些類型，而自由主義或新自由主義則可用以解釋其它的類型。作者並認為現實主義已經越來越不適合用來解釋當前的國際關係。

本章注釋

[1] Michael Ignatieff, *The Warrior's Honor: Ethnic War and the Modern Conscience* (New York: Metropolitan, 1997), 8.

[2] David Rieff, "The Humanitarian Illusion," *The New Republic*, March 16, 1998, 28.

[3] David Sheffer, "The Clear and Present Danger of War Crimes," Address, University of Oklahoma College of Law, February 24, 1998), unpublished.

[4] 讀者若想進一步瞭解現實主義的內涵，可參考許多相關的著作，例如Jack Donnelly, *Realism and International Relations* (Cambridge: Cambridge University Press, forthcoming)。至於國際關係裡的人類利益與國家利益之間的差異，可參考Robert C. Johansen, *The National Interest and the Human Interest: An Analysis of US Foreign Policy* (Princeton: Princeton University of Press, 1980)。

[5] Adam Hochschild, *King Leopold's Ghost: A Story of Greed, Terror, and Heroism in Colonial Africa* (Boston: Houghton Mifflin, 1998).

[6] Geoffrey Best, Book Review, *Los Angeles Times*, August 16, 1998, 8.

[7] Rein Mullerson, *Human Rights Diplomacy* (London: Routledge, 1997).

[8] Thomas M. Frank, "Is Personal Freedom a Western Value?," *American Journal of International Law*, 91, 4 (October 1997), 593-627.

[9] Ignatieff, *The Warrior's Honor*, 170.

[10] 曾經擔任過美國主管國際組織的副助理國務卿John Bolton即是其中之一，詳見"The Global Prosecutors: Hunting War Criminals in the Name of Utopia," *Foreign Affairs*, 78, 1 (January/February 1999), 157-164。

[11] B. Hocking, *Catalytic Diplomacy* (Leicester: Centre for Diplomatic Studies, 1996).

[12] Vaclav Havel, *Summer Meditations* (New York: Vintage, 1993), 102.

[13] Amnesty International, News Service, 102/99, 25 May 1999.

[14] Kevin Boyle, and Juliet Sheen, eds., *Freedom of Religion and Belief: A World Report* (London: Routledge, 1997).

[15] W. Paul Gormley, *Human Rights and The Environment: the Need for International Co-operation* (Leiden: W. W. Sijthoff, 1976); and Human Rights Watch, *Defending the Earth: Abuses of Human Rights and the Environment* (New York: Human Rights Watch, 1992). 不過，也有學者認爲在當前各項人權規範尙未確實執行前，實在不宜提出更多有關人權的新發展。請參考Philip Alston, "Conjuring Up New Human Rights: A Proposal for Quality Control," *American Journal of International Law*, 78, 3 (July 1984), 607-621。

[16] Eva Brems, "Enemies of Allies? Feminism and Cultural Relativism as Dissident Voices in the Human Rights Discourse," *Human Rights Quarterly*, 19, 1 (February 1997), 140-141.

[17] 附帶一提，以下還有一件值得注意的事：有一部分的女性主義觀點顯現出「後現代」或「批判性」或「簡要」的研究途徑。亦即，除非研究者是一個女性，否則其絕對無法瞭解女性尊嚴與該保護的權利（以及其它制度）爲何。男性觀察者與學者，以及決策者，都無法完全理解問題的根源及其解決方式。我個人並不會將這種研究途徑視爲自由主義傳統思想的一部分，因爲自由主義所強調的乃是不分性別的理性與科學化研究途徑。關於此議題的討論，詳見Christine Sylvester, "The Contributions of Feminist Theory to International Relations," in Steven Smith, Ken Booth and Marysia

Zalewski, eds., *International Theory: Positivism and Beyond* (Cambridge: Cambridge University Press, 1996), 254-278。

[18] Rebecca J. Cook, ed., *Human Rights of Women: National and International Perspectives* (Philadelphia: University of Pennsylvania Press, 1994). 目前關於此項議題的著作已經越來越多。讀者可從網路上找到許多與婦女權利,以及國際關係中的婦女議題有關的文獻,請參考 http://www.law-lib.utoronto.ca/diana; http://www.umn.edu/humanrts/links/women/html.

[19] Fiona Robinson, "The Limits of a Rights Based Approach to International Ethics," in Tony Evans, ed., *Human Rights Fifty Years On: A Reappraisal* (Manchester: Manchester University Press, 1998), 58-76.

[20] Stephen H. Legomsky, *Immigration and Refugee Law and Policy*, 2nd edn (New York: The Foundation Press, 1997); and Connie M. Ericson, "In Re Kasinga: An Expansion of the Grounds for Asylum for Women, " *Houston Journal of International Law*, 20, 3 (1998), 671-694.

[21] Paul Hunt, *Reclaiming Social Rights: International and Comparative Perspectives* (Alder-shot: Dartmouth, 1996).

[22] 值得注意的是,瞭解國際關係的途徑相當多,而探究人權的定位只是其中的一種。我們在此提出的簡略介紹,並不能算是相當全面、透徹的說明。讀者可參考 Scott Burchill and Andrew Linklater, eds., *Theories of International Relations* (New York: St. Martin's Press 1996)。誠如第一章所言,Michael Doyle 認為專注研究自由主義、現實主義,以及馬克斯主義/社會主義,將可獲得相當多的見解。本書即是依循著此一途徑所寫。不過有些作者強調的並不是自由主義對現實主義的問題,而是自由主義對社群主義-亦即認為最適當的主要考量應是社群的概念,而非個人。所有的自由主義規範都必須要處理有關個人權利及自治權力對較大社群之權利與需求的問題。我們於前文談論到「亞洲價值」的時候,就曾對此爭議做過部分的探究。

[23] Robert O. Keohane and Joseph H. Nye, *Power and Interdependence: World Politics in Transition* (Boston: Little, Brown, 1977).以這二位學者的觀點來看,在一種呈現出複雜互賴的國際關係裡,現實主義其實不具有非常重大的意義。

[24] Norman Lweis, "Human Rights, Law, and Democracy in an Unfree World," in Evans, ed., *Human Rights Fifty Years On*, 77-104.

25 Zbignew Brzezinski, *The Grand Failure: The British and Death of Communism in the Twentieth Century* (New York: Scribner, 1989).

26 David P. Forsythe, *Human Rights and World Politics* (Lincoln: University of Nebraska Press, 1983), ch. 6.

27 Paul Gordon Lauren, *The Evolution of International Human Rights: Visions Seen* (Philadelphia: University of Pennsylvania Press, 1998).

國家圖書館出版品預行編目資料

人權與國際關係 ／ David P. Forsythe 作 ；高
德源譯. -- 初版 -- 臺北市 ： 弘智文化，
2002〔民 91〕
　　　面 ； 公分
　　譯自 ： Human rights in international
relations
　　ISBN　957-0453-68-0　（平裝）

　1. 人際 2. 國際關係

579.27　　　　　　　　　　　91014048

人權與國際關係
Human Rights in International Relations

【主　　編】陶在樸 博士
【原　　著】David P. Forsythe
【譯　　者】高德源
【執行編輯】黃彥儒
【出 版 者】弘智文化事業有限公司
【登 記 證】局版台業字第 6263 號
【地　　址】台北市丹陽街 39 號 1 樓
【 E-Mail 】hurngchi@ms39.hinet.net
【郵政劃撥】19467647　　戶名：馮玉蘭
【電　　話】（02）23959178．0936252817
【傳　　眞】（02）23959913
【發 行 人】邱一文
【總 經 銷】旭昇圖書有限公司
【地　　址】台北縣中和市中山路 2 段 352 號 2 樓
【電　　話】（02）22451480
【傳　　眞】（02）22451479
【製　　版】信利印製有限公司
【版　　次】2002 年 9 月初版一刷
【定　　價】300 元（平裝）
ISBN　957-0453-68-0
本書如有破損、缺頁、裝訂錯誤，請寄回更換！